国際私法
第4版

神前 禎・早川吉尚・元永和彦 [著]

第4版はしがき

　第3版の刊行から7年が経過した。その間の2013年に「国際的な子の奪取の民事上の側面に関する条約」の国会における承認および「国際的な子の奪取の民事上の側面に関する条約の実施に関する法律」の制定がなされた。そして2018年4月には「人事訴訟法等の一部を改正する法律」が成立し，人事訴訟事件および家事事件に関する国際裁判管轄や，外国裁判所の家事事件についての確定した裁判の承認についての明文規定が置かれた。これにより，2006年に法例を全面改正した「法の適用に関する通則法」が制定されて以降の，国際私法に関する主要な立法作業は一段落したこととなる。

　今回刊行する第4版においては，以上の改正法の内容および第3版刊行後に公表された裁判例を取り込んだ。前回と同様，今回の改訂作業も，第1編および第2編を神前が，第3編および第4編を早川が担当して行った。

　今回の改訂においては，有斐閣法律編集局書籍編集部の中野亜樹氏に詳細にチェックをしていただいた。本書に残る誤りについて著者が責めを負うべきは当然であるが，本書の誤りを減らすことができたのは，ひとえに中野氏のご尽力の賜である。ここに記して感謝したい。

2019年2月

　　　　　　　　　　　　　　　　　　　　　　　　執筆者一同

第3版はしがき

　2011年5月に,「民事訴訟法及び民事保全法の一部を改正する法律」が成立し,民事訴訟法第1編第2章に「日本の裁判所の管轄権」すなわち国際裁判管轄に関する規定が新設された。財産関係事件一般についてのわが国裁判所の国際裁判管轄については,これまで明文の規定が置かれておらず,裁判例の展開に委ねられてきたところであるが,同改正法が施行される2012年4月以降は,このような状況は大きく変化することが予想される。

　これを受けて,上記の改正法の内容を中心に,第2版刊行後になされた関連法規の改正や公表された裁判例を取り込み,国際私法判例百選〔第2版〕への対応その他の修正を行って,第3版を刊行することとした。今回の改訂作業は,中心となる第3編および第4編については主に早川吉尚先生にお願いし,第1編および第2編については主に神前が担当して行っている。

　本来であれば,今回の改訂作業にも加わっていただくはずの元永和彦先生は,2008年6月に46歳という若さでお亡くなりになった。いまだに信じられない思いであり,それについてこの短いはしがきの中で何かを語ることは控える。ここではただ,元永先生のご冥福をお祈りするとともに,元永先生ご担当の部分について変更や修正・補足を加えることをご快諾くださったご遺族の方に心からお礼を申し上げたい。元永先生の文章を損なうことなく改訂ができたか,心許ないところではあるが,元永先生は後輩たちの作業をきっと——苦笑いしながらも——暖かく見守ってくださるのではないか。そう信じたい気持ちである。

　第3版がこうして刊行の日を迎えられたのは,有斐閣書籍編集第1部の藤木雄氏のご尽力のおかげである。深くお礼を申し上げる。

2012年2月　　　　　　　　　執筆者を代表して　神　前　禎

初版はしがき

　本書は，国際私法および国際民事手続法を，初学者向きに概観したものである。

　昨今の技術の発展や国際化の進展は著しいものがあるが，その影響によって，国際私法・国際民事手続法が対象とする分野でも，多くの新しい問題が生じてきている。その最たるものの1つがインターネットの登場である。インターネットは取引当事者を場所の制約から解放したという意味で画期的であるが，同時にそれは，インターネットを通じて成立した契約を場所的な要素によって特徴づけることが困難であることも意味している。これは，従来の国際私法が予想していなかった事態である。また，私的法律関係に影響を及ぼす公法的な規定は近年ますますその重要性を増しており，その国際的適用関係をめぐる問題も頻発している。伝統的な国際私法は，公法の国際的適用範囲の問題をその対象から除いてきたのであるが，その立場に固執し続けることは今や困難であろう。このような事情の変化は，国際私法の伝統的な考え方のみならず，その構造そのものにも，再検討を迫るものであるといえる。

　本書は，このような事情を意識しつつ書かれたものである。その結果，近年生じてきた問題のいくつかを第4編で取り上げたが，反面，従来取り上げられてきた問題についての説明を簡略化し，あるいは省いたところがある。また，伝統的な国際私法の教科書とは叙述の順序が異なっている部分もある。新しい時代の国際私法・国際民事手続法の教科書をという執筆者一同の試みであるが，全体的な叙述は概ね伝統的な構造に沿って行ったので，結果的には過渡期の教科書と呼ばれることになるのかもしれない。

　ところで，よく「国際私法はわかりにくい」と言われる。確かに，独特な感覚を必要とする部分もあるので，民・商法のような他の法律

分野と同じような理解の仕方をしようとすると難しいかもしれない。しかし，その感覚をつかんでしまえば，それほど難しいものではない。また，感覚といっても要は慣れの問題であるから，基本となる概念をしっかり押さえながら理論的に理解していけば，その過程で自ずと備わっていくものである。国際化の進展の中，国際的な法律関係にかかわることが決して例外的なことではなくなってきた現在，国際私法を学ぶ必要性はより一層高くなっている。この本が初学者の理解の一助となれば，幸いである。

　本書の執筆に当たっては，執筆者が一堂に会して全体について議論する場を数度もった。共同執筆になる本であるにもかかわらず全体の統一がとれているとすれば，このような作業の賜物である。もとより，各部分については，最終的には分担者の責任において執筆されたものである。

　なお，索引の作成については，立正大学非常勤講師の宮澤愛子氏の御協力を頂いた。深く感謝したい。また，有斐閣書籍編集第一部の神田裕司，林直弘両氏の力強い叱咤激励がなければ，この本は完成しなかったであろう。ここに深く御礼申し上げたい。

2004 年 1 月

　　　　　　　　　　　　　　　　　　　　　　　　　　　執筆者一同

著 者 紹 介 (五十音順)

神前 禎(かんざき ただし)　第2編第2章執筆

1962年　生まれ
1986年　東京大学法学部卒業
現　在　学習院大学教授

〈主要著作〉『プレップ国際私法』(弘文堂, 2015年),『解説　法の適用に関する通則法』(弘文堂, 2006年), 櫻田嘉章=道垣内正人編『注釈国際私法　第1巻, 第2巻』(法の適用に関する通則法10条, 22条, 34条, 信託を担当)(有斐閣, 2011年),「法人の設立準拠法とその適用範囲・外国会社規制」須網隆夫=道垣内正人編『国際ビジネスと法』(日本評論社, 2009年)

早川 吉尚(はやかわ よしひさ)　第3編, 第4編執筆

1968年　生まれ
1991年　東京大学法学部卒業
現　在　立教大学教授

〈主要著作〉『法学入門』(有斐閣, 2016年),『海外腐敗行為防止法制と国際仲裁法制の戦略的活用』(共編著, 商事法務, 2015年), 山野目章夫編『新注釈民法(1) 総則(1)』(民法35条を担当)(有斐閣, 2018年), 櫻田嘉章=道垣内正人編『注釈国際私法　第1巻, 第2巻』(法の適用に関する通則法4条, 5条, 35条, 倒産実体法を担当)(有斐閣, 2011年)

元永 和彦(もとなが かずひこ)　第1編, 第2編第1章執筆

1961年　生まれ
1985年　東京大学法学部卒業
元筑波大学教授

〈主要著作〉「相場変動等に起因する危険」ジュリスト1126号(1998年),「国際的な相殺に関する諸問題(1)～(6・完)」法学協会雑誌113巻5号～10号(1996年),「国際的な株式公開買付けにおける抵触法上の諸問題(上)(下)」国際商事法務19巻7号・8号(1991年),「著作権の国際的な保護と国際私法」ジュリスト938号(1989年)

目　次

第1編　国際私法と国際民事手続法　1

1. 国際私法の意義 …………………………………………………… 2
   1. 定義的な説明 (2)　2. 国際私法の法源 (6)
   3. 国際私法の目的 (8)
2. 国際私法と統一法 ………………………………………………… 12
   1. 統一法による問題解決のメカニズム (12)　2. 統一法の種類 (12)　3. 統一法と国際私法の関係 (16)
3. 国際私法による問題解決の実際 ………………………………… 18
   1. 人の行為能力（通則法4条1項）(18)　2. 法律行為（契約）の成立と効力（通則法7条以下）(20)　3. 物権その他登記すべき権利（通則法13条）(21)　4. 法定債権の成立と効力（通則法14条以下）(22)　5. 相続（通則法36条）(23)
4. 国際民事手続法 …………………………………………………… 24

第2編　国 際 私 法　27

第1章　国際私法総論　28

1. 国際私法の構造 …………………………………………………… 28
2. 単位法律関係および性質決定 …………………………………… 30
   1. 単位法律関係 (30)　2. 性質決定 (32)
3. 連結点の確定 ……………………………………………………… 37

① はじめに（37）　② 連結点概念の解釈方法（38）
　　③ 日本の国籍法（39）　④ 連結点としての国籍および常
　　居所（49）　⑤ 連結点の定め方（連結政策）（53）
　　⑥ 連結点の詐欺的変更（法律の回避）（57）

4　準拠法の特定 …………………………………………………59
　　① はじめに（59）　② 反　致（60）　③ 不統一法国法
　　の指定（70）　④ 未承認国法の指定（78）

5　準拠法の適用（国際私法上の公序）……………………82
　　① はじめに（82）　② 国際私法上の公序（83）

第2章　国際私法各論　96

1　各論総説 ……………………………………………………96
2　自　然　人 …………………………………………………100
　　① 総　説（100）　② 権利能力（105）　③ 行為能力
　　（106）　④ 氏　名（111）
3　法　　人 ……………………………………………………113
　　① 法人総説（113）　② 従属法の適用範囲（116）
　　③ 外国法人に対する規制（119）
4　法律行為 ……………………………………………………121
　　① 法律行為総説（121）　② 当事者自治の原則（123）
　　③ 当事者による準拠法の選択がない場合（132）　④ 準拠
　　法の事後的変更（134）　⑤ 方　式（135）　⑥ 消費者契
　　約（139）　⑦ 労働契約（144）
5　法定債権 ……………………………………………………147
　　① 法定債権総説（147）　② 不法行為（149）　③ 事務
　　管理および不当利得（156）　④ 例外条項（158）
　　⑤ 準拠法の事後的変更（161）
6　婚　　姻 ……………………………………………………162

1 総　説（162）　　2 婚姻の成立（162）　　3 婚姻の一般的効力（169）　　4 夫婦財産制（171）　　5 離　婚（176）　　6 婚姻に類似する諸制度（180）

7 親　子 …………………………………………………………182
　　　1 総　説（182）　　2 嫡出親子関係の成立（184）
　　　3 非嫡出親子関係の成立（186）　　4 準　正（191）
　　　5 養親子関係の成立（192）　　6 親子間の法律関係（195）
　　　7 国際的な子の奪取とハーグ条約（197）

8 扶　養 …………………………………………………………201

9 物　権 …………………………………………………………203
　　　1 総　説（203）　　2 単位法律関係（204）　　3 目的物所在地（205）

10 その他の財産権 ………………………………………………209
　　　1 債　権（209）　　2 知的財産権（217）　　3 その他の財産権（223）

11 相　続 …………………………………………………………225
　　　1 総　説（225）　　2 相　続（225）　　3 遺　言（230）

12 多数当事者の関係 ……………………………………………231
　　　1 代　理（232）　　2 債権の対外的効力（234）

第3編　国際民事手続法　239

第1章　国際民事訴訟法　240

1 国際民事訴訟法の全体像 ……………………………………240
　　　1 国際民事訴訟の概要（240）　　2 国家管轄権理論との関係（242）

2 国際裁判管轄 …………………………………………………245

1　国際裁判管轄に関するルールの状況 (245)
　　　2　裁判例による国際裁判管轄に関するルールの形成 (248)
　　　3　財産法関係事件の国際裁判管轄に関する明文規定 (255)
　　　4　家族法関係事件の国際裁判管轄に関する明文規定 (261)
　　　5　国際訴訟競合 (269)

3　送　　達 ……………………………………………………273
　　　1　国境を越える送達に関する国内法・条約 (273)
　　　2　国境を越える送達における手続の流れ (274)
　　　3　米国からの直接郵便送達 (277)

4　証 拠 調 べ …………………………………………………280
　　　1　国境を越える証拠調べに関する国内法・条約 (280)
　　　2　国境を越える証拠調べの手続の流れ (281)
　　　3　米国の証拠開示手続・証言録取手続 (282)

5　外国法の取扱い ……………………………………………285
　　　1　「外国法の取扱い」という問題の体系上の位置づけ (285)
　　　2　外国法の主張・立証 (288)　　3　外国法の不明 (290)
　　　4　外国法の解釈 (292)　　5　外国法の適用違背と上告理由 (294)

6　外国判決の承認執行 ………………………………………295
　　　1　外国判決承認執行制度の全体構造 (295)　　2　外国判決の承認要件 (296)　　3　実質再審査禁止の原則 (299)
　　　4　解釈上の争点 (301)　　5　家族非訟事件裁判の承認執行 (303)

第2章　国際倒産　305

1　国際倒産における問題の所在 ……………………………305
2　国際倒産の手続の流れと外国倒産承認援助法 …………307
　　　1　国際裁判管轄 (308)　　2　公　告 (310)　　3　配　当

（310）　④　外国倒産手続の承認援助（311）

第3章　国際商事仲裁　314

1　国際商事仲裁とは何か ……………………………………314
2　国際商事仲裁における手続の流れ ……………………318
　　①　仲裁合意（319）　②　仲裁人の選定（322）　③　審問手続（324）　④　仲裁判断とその取消し（326）　⑤　仲裁判断の承認執行（328）
3　国際商事仲裁の利点と限界 ………………………………330

第4編　国際私法をとりまく現代的問題　333

1　法の統一や調和のための国際機関の活動 ……………334
2　科学技術の革新 ……………………………………………338
3　公的規制の国際的適用関係 ………………………………342

資　料

　　法の適用に関する通則法 ……………………………………349
　　扶養義務の準拠法に関する法律 ……………………………356
　　遺言の方式の準拠法に関する法律 …………………………358
　　法　　例 ………………………………………………………359
　　民事訴訟法 ……………………………………………………362
　　人事訴訟法 ……………………………………………………371
　　家事事件手続法 ………………………………………………373
　　民事執行法 ……………………………………………………377

判例索引 …………………………………………………………379
事項索引 …………………………………………………………382

Column 目 次

① 法律関係全般説と国際的法律関係説 (3)
② 公法の国際的適用関係 (4)
③ 法源としての「条理」(8)
④ 国際私法的正義と実質法的正義 (11)
⑤ 地域的法統一, モデル法およびリーガル・ガイド, 私的統一規則 (14)
⑥ 国際私法による統一法条約適用の回避と憲法上の条約遵守義務 (17)
⑦ 先 決 問 題 (32)
⑧ 適 応 問 題 (35)
⑨ 性質決定と具体的な送致範囲 (37)
⑩ 無国籍と重国籍 (43)
⑪ 実効的国籍論 (50)
⑫ 「共通本国法」(51)
⑬ 間接反致・二重反致 (62)
⑭ 分裂国家法の指定 (79)
⑮ 場所的連結点の示す地に「法がない」場合 (81)
⑯ 機能的公序論——準拠法選択の一般条項としての公序 (92)
⑰ 単位法律関係の「欠缺」(99)
⑱ 「属人法」(101)
⑲ 本国法主義と住所地法主義 (103)
⑳ 身分関係と戸籍 (112)
㉑ 本拠地法主義 (115)
㉒ 会社法と国際私法 (118)
㉓ 実質法的指定 (125)
㉔ 合意の成否の判断基準 (127)
㉕ 補 助 準 拠 法 (130)
㉖ 強行法規の特別連結 (146)
㉗ 被侵害権利の準拠法との関係 (150)
㉘ 日本法による損害賠償額の算定 (155)

㉙ 配 分 的 適 用（163）
㉚ 婚姻の届出意思（166）
㉛ 婚姻挙行地の意義（168）
㉜ 離婚に伴う財産的給付（178）
㉝ 同 性 婚 等（181）
㉞ 二当事者間の関係としての親子（183）
㉟ 嫡出子と非嫡出子（189）
㊱ 親 族 関 係（200）
㊲ 担保としての集合財産（224）
㊳ 「手続は法廷地法による」の原則（241）
㊴ 主 権 免 除（243）
㊵ 国際裁判管轄に関する諸外国の状況（246）
㊶ 国際裁判管轄に関する学説とマレーシア航空事件最高裁判決（250）
㊷ ルールの柔軟化を打ち出した最高裁判決（253）
㊸ 当事者能力・訴訟能力・当事者適格（270）
㊹ 準拠外国法の性質論と内国実体法秩序の関係（286）
㊺ 実質再審査禁止の原則に違反した可能性がある裁判例（301）
㊻ BCCI 事件（306）
㊼ UNCITRAL 国際商事仲裁モデル法とわが国の新しい仲裁法（315）
㊽ 仲 裁 機 関（316）
㊾ リング・リング・サーカス事件最高裁判決（321）
㊿ 仲　裁　地（323）
(51) 外国仲裁判断の承認及び執行に関する条約（ニューヨーク条約）（329）

■本書のなかで，判例の後に〈百選 18〉という形で表記されているものは，国際私法判例百選〔第 2 版〕（有斐閣，2012 年）に登載されている項目番号を示す。

第1編

国際私法と
　　国際民事手続法

Summary

　国際的な民事紛争の解決には，国内的な場合とは異なる特徴がある。すなわち，紛争解決の基準として日本の法律ではなく外国法が用いられることがありうるし，紛争解決手続についても国内事件とは異なる考慮が必要となる。前者，すなわち国際的な民事紛争の実体的解決基準の問題を扱うのが狭義の国際私法であり，後者，すなわち国際的な民事紛争の解決手続を扱うのが国際民事手続法である。本編ではその両者を概観し，統一法の問題にも触れる。

---

1 国際私法の意義

① 定義的な説明

> はじめに

「国際私法」は，狭義あるいは伝統的意味においては，「国際的要素を含む私的法律関係につき，その法律関係にいかなる国の法律が適用されるかを決定することによって，当該法律関係の法的安定性と国際私法的正義を実現するための法律」と定義される（もっとも，国際法上は単一である国の中に別個独立の法体系を有する複数の地域〔例えば，アメリカ合衆国の州〕がある場合もあるので，正確には，1個の独立の法体系を有している地域的単位を指す「法域」という言葉を使って，「いかなる法域の法律が適用されるかを決定する」とした方がより正確であるが，以下では特に必要のない限り「国」という言葉を用いる）。この「国」は日本に限られず，場合によっては適用される法律として外国の法律が指定されることもありうる。このときには，日本の裁判所において外国の法律が適用されることになるわけである。

近年，国際私法の機能をより広い文脈の中で捉え直そうとする動きもあるが，それは後ほど説明することとして，ここではしばらくこの定義を詳しく説明してみよう。

> 国際的要素

法律関係は，種々の要素によって成り立っている。例えば，売買契約には，当事者の国籍・住所，売買目的物の所在地・引渡場所，代金として支払われる通貨の種類といった要素がある。これらの要素がすべて

国内的なものであれば，その法律関係に日本法を適用するのは自明と考えられて，格別意識はされない。日本に在住する日本人同士の間で日本にある物を目的として行われる売買契約であって，代価が日本円で支払われるべきものについては，日本法が適用されることに疑問を抱く者はいないだろう。

しかし，これらの要素のうち1以上が国際的色彩を帯びてくるとどうだろうか。例えば，買主は日本の会社だが，売主はドイツの会社であるような場合，この売買契約に日本法が適用されるのかドイツ法が適用されるのかは自明ではない。日本法とドイツ法の内容が同じであれば問題は少ないのだが，実際には内容が異なる（法の衝突）ので，いずれの法律によるべきかが極めて重要な問題となる。どの法律が適用されるかによって，当事者の権利義務の内容が異なってくるからである。

国際私法とは，このような場合，すなわちある法律関係が国際的要素を含むために適用される法律が自明ではない場合を解決しようとする法律なのである。

Column ① 法律関係全般説と国際的法律関係説

国際私法の対象は国際的要素を含む法律関係に限られるのか，それともより広く法律関係全般が対象となるのかが問題とされることがある。前者によれば，国際的要素を含まない法律関係に国内法が適用されるのは自明であって国際私法によるまでもないとされ，後者によれば，国際的要素を含まない法律関係についても国際私法を適用した結果国内法が準拠法になるとされる。しかし，後で述べるように，国際私法は問題となっている法律関係の要素のうちあらかじめ定められたものを基準として当該法律関係に適用されるべき法律を決定するので，すべての要素が国内的な法律関係については国際私法によったとしても国内法が適用されるのは当然であり，いず

れの立場に立つかによって差があるわけではない。国際私法によったとしたら外国法を適用すべきこととなる法律関係につき、国際的法律関係ではないとして国内法を適用する場合のあることを認めるならば、両者に差が出てくることになるが、そのように解するのは、当該法律関係には国内法が適用されるべきであるという価値判断の表れであって、こういった解決自体が国際私法的な考慮に基づくものであると言える。

私的法律関係　しかし、国際私法は国際的要素を含むすべての法律関係を対象としているわけではない。少なくとも伝統的には、私的法律関係のみを対象としてきている。したがって、外国で人を殺した者が刑罰を受けずに日本に入国した場合、この者はいかなる国の刑法で裁かれるか、また、日本の株式会社がインターネット上で全世界に向けて自社の新株の購入を勧誘した場合にいずれの国の金融商品取引法が適用されるか等の問題は、国際私法の対象外の問題だとされてきたのである。

Column ② 公法の国際的適用関係

国際私法は、伝統的には私的法律関係のみをその対象としてきたのであるが、近年、私法と公法の差がますます不明確になってきている。私的な法律関係に正義を実現するために、元来私人間の合意に任されていた領域に法律が介入する現象、すなわち私法の公法化が生じてきたのである。例えば日本でも、高金利の制限については、私法的に一定限度を超える利息が無効とされる（利息制限法1条1項）のに加えて、一定限度を超える利率の約定には刑事罰が科されている（出資の受入れ、預り金及び金利等の取締りに関する法律5条）。このように同一の法律関係について私法的規制と公法的規制を併せ行うことによって規制目的を達成しようとするケースが増加してく

ると、国際私法が私的法律関係のみを対象とするのは不適切ではないかという疑問も当然出てくる。これが、公法の国際的適用関係が問題とされる理由である。

いわゆる公法の国際的適用関係の問題は、「自国の公法的規定がどのような場合に適用されるか」という文脈で考えられる。もっとも、法廷地実質法（⇒6頁）の一部が準拠法（当該法律関係に適用される法律。詳しくは、⇒59頁以下）の如何にかかわらず常に適用されることについてはかねて異論がなく、これを「公法的規定の属地的適用」と呼ぶか「絶対的強行法規」と呼ぶか「法廷地強行法規の特別連結」と呼ぶかは、この現象をどのように説明するかという問題であるとも言える。この問題をいかに考えるかは、国際私法の構造全体にも影響する。詳しくは第4編で触れる（⇒342頁以下）。

**解決手段
——間接規範性**

国際私法が対象とする問題はおおむね以上に述べた通りであるが、問題の解決手段としては「その法律関係にいかなる国（法域）の法律が適用されるかを決定する」という方法を採用している。つまり、国際私法は、それ自体として具体的な基準を提示するわけではなく、その基準たるべき法律を指定するだけなのである。

未成年者の行為能力を例にとって説明してみよう。日本の民法では、満20歳（改正法施行後は18歳）に達していない者は未成年者であって（民法4条）、その者が法律行為をなすには原則として法定代理人の同意が必要であり（同法5条1項）、同意なしになした行為は取り消すことができる（同条2項）。このように、民法は一定の条件（法律要件）が充足される場合に一定の効果（法律効果）が生じる旨を定めている。言い換えれば、民法は、

1　国際私法の意義

問題となっている法律関係に適用すべき具体的な内容を有しているのである。

しかし，国際私法の問題解決の方法はこれとは異なる。日本の国際私法の大部分は，後述のように「法の適用に関する通則法」（以下，通則法と呼ぶ）という名の法律の中で定められているが，人の行為能力について定めている通則法4条1項は，「人の行為能力は，その本国法によって定める」とするのみで，具体的な解決基準については何ら述べるところがない。未成年者として行為能力が制限されるのは何歳未満か，行為能力を補完する方法は何か，この補完方法によらずに法律行為をなした場合の効果等は，通則法4条1項を見ただけでは分からないのである。そういったことは，国際私法（この例では通則法）が指定する法律の内容を参照して初めて分かる仕組みになっている。国際私法によって指定されて当該法律関係に適用される法律のことを，準拠法と言う。

このように，国際私法は，準拠法を指定することによって問題を解決しようとするものであり，このような形式の規範を間接規範と言う。抵触法と呼ばれることもある。これに対して，民法のように，問題となっている法律関係に適用されるべき具体的内容を定めている法律を，実質法（事項規定）と言う。

② 国際私法の法源

かつて，国際私法は，それが主権国家の定める法律の適用関係を定めるものであるが故に，国際法（国際公法）と観念されていた時代がある。そのような時代には，法典としての国際私法に規定のない部分については，国際法に問題解決の根拠が求められていた。しかし，現在においては国際私法も国内法であると考えら

れている。

日本において最初に作られた実定国際私法は，1890年に制定された「法例」（旧法例）である（ただし，最初の2ヵ条は国際私法規定ではない）。しかし，この法律は，同年に制定された民法（旧民法）と同じく，結局施行されなかった。最初に施行されたのは，1898年に制定された「法例」である。この法例については，1989年に家族法に関する規定を中心とした改正（平成元年改正）が行われ（1990年1月1日施行），最近まで施行されていた。

しかし，2006年6月15日に通則法が成立し（2007年1月1日施行），現在においては，この法律がわが国の実定国際私法の中心である。

今次の通則法の制定は，交通手段や情報通信技術の進展にともない，国境を越えての人・物・情報の移動が増加し，国際的な取引の内容も複雑多様化しているという社会経済環境の近年の変化に応えるためのものであった。すなわち，そのように環境が変化しているにもかかわらず，法例は，1989年に改正がなされた一部を除けば，1898年に制定された規定がいまだに使い続けられているという状況にあった。そこで，2003年に法制審議会の国際私法（現代化関係）部会が設置され，1989年に改正された家族法関係部分以外の規定を中心に検討作業が重ねられ，2006年の立法にまで至ったのである。

さて，国際私法は国内法であるから，国によってその内容は異なりうる。ただし，次に述べる国際私法の目的からすれば，その内容が国際的に統一されていることが望ましいとも言える。そのため，古くからハーグ国際私法会議等の場で，その国際的な統一についての努力が続けられている（⇒334頁）。その成果として

いくつかの条約が採択されているが，日本もその一部を批准しており，それを受けて制定された国内法として「扶養義務の準拠法に関する法律」（⇒202頁），「遺言の方式の準拠法に関する法律」（⇒231頁）がある。

Column ③ 法源としての「条理」

　国際私法も国内法である以上，その法源は他の国内法と同じく，まず成文法（条約を含む）が重要であり，次いでその解釈を述べた判例が重要である。このほか，戸籍窓口における取扱いにも事実上の影響力がある。

　しかし，民・商法のような実質法と比べると，通則法を中心とする日本における実定国際私法は網羅的ではなく，しばしば「規定のない」場合に遭遇する。そのため，国際私法において条理の果たす役割は，相対的にいえば大きいのも事実である。

　しかし，「条理」の名の下に，無から有を作り出すかのような解釈が許されるわけではない。それは，裁判官による法創造であって三権分立上の問題もあるし，予測可能性を著しく低下させもする。国際私法においても，「条理」の名の下になしうることは，民・商法などの他の実定法の場合と変わらないといえよう。

③ 国際私法の目的

ところで，国際私法の目的とは何であろうか。これは，大きく2つ考えることができる。1つは法的安定性の確保であり，もう1つは国際私法的正義の実現である。

　法的安定性の確保　　国際的法律関係における問題は，当該法律関係にいかなる法律が適用されるかが分からないところにある。しかし，この問題は，当該法律関係に

適用される法律があらかじめ明らかであれば解消される。国際私法は，準拠法の定め方を明らかにすることによって，準拠法が分からない不安定な状態を解消することをその目的の1つにしているのである。

ところで，国際私法が国内法であり，ある国で裁判が起きたときにはその国の国際私法によって準拠法が定まるとすると，国によって国際私法が異なる場合にはどの国で裁判が行われるかによって準拠法が異なることになる。そうすると，裁判をする国によっては，同一の事件に正反対の判決が下されることもありうることになり，法的安定性という観点からは問題がある。そこで，国際私法それ自体を統一することによって，裁判が行われる場所（法廷地）の如何を問わず準拠法が同じになるようにするべきだ，ということが主張されている。

国際私法的正義の実現

国際私法のもう1つの目的は，国際私法的正義の実現である。しかし，「国際私法的正義」というのは，やや分かりにくい概念である。そこで，これを詳しく説明してみよう。

現在，地球上には極めて多くの国（より正確には法域）があり，そのそれぞれに独立した法の体系がある。当然の事ながら，各々の法体系はその内容を異にしており，言い換えれば，異なる価値観の下に作られているのである。これらの実質法は，その内容の如何にかかわらず価値的には平等であるということが，国際私法の前提である。

さて，国際私法は，これらの実質法のうちの1つを準拠法として選び出すのであるが，その際に，実質法の内容を比較検討してどれを選び出すかを決定してはならない。なぜなら，それは特定

1 国際私法の意義　9

の実質法的価値観に立たなければできないことであり，実質法の価値的平等という国際私法の前提に反するからである。

　婚姻制度を例にとってみよう。イスラムの婚姻法では，男は妻を4人まで持つことができるとされている。これは，日本のように一夫一婦制を採用している国から見れば奇異に映る。しかし，それは一夫一婦制という特定の実質法的制度を前提にイスラム婚姻法の一夫多妻制度を見るからであって，逆にイスラム婚姻法から一夫一婦制を眺めれば，これも奇異に映るはずである。

　こういった制度相互の優劣は，特定の実質法的価値観を前提としない限り決められない。しかし，それはその実質法的価値観に優越的地位を与えることに他ならず，大前提である実質法の価値的平等という原則に反する。したがって，国際私法による法選択は，実質法の内容の比較以外の方法によって行われなければならない。法を適用した具体的結果を比較検討することによっていずれの解釈が適切かを判断するという思考方法は，法律学の多くの分野で用いられる有力なものであるが，国際私法ではその方法は取れないのである。

　では，国際私法が法選択に用いる基準は何か。それは「当該法律関係に最も密接に関係する実質法は何か」という基準である。そして，当該法律関係に最も密接に関係する実質法を選択適用することが，国際私法的正義なのである。「最も密接に関係する実質法」を選択するのには，実質法の内容を比較検討する必要はないし，それはむしろ有害でもある。そこで，実際に法選択を行う場合には，実質法の内容を参照しないで行う。すなわち，その内容が何であるかがわからないままに適用すべき法律を選択することになる。「暗闇への跳躍」という言葉は，これをスローガン的

に表現したものである。

Column ④　国際私法的正義と実質法的正義

　実際の国際私法規定にあっては，国際私法的正義のみならず，実質法的正義が考慮されている場合もある。

　例えば，法律行為の方式（通則法 10 条）は，その行為の成立について適用すべき法の他，行為地法によることもできる（ただし，物権その他登記すべき権利を設定しまたは処分する法律行為についてはこの限りでない）が，これは方式の履践を容易にするという実質法的な価値観の表れであると言える。「遺言の方式の準拠法に関する法律」が，数多くの連結点（準拠法を導く法律関係の要素）を掲げて，そのいずれかによって導かれる法律の方式を満たしていれば遺言は方式上有効となるとしている（同法 2 条参照）のも同様である。

　また，嫡出親子関係（通則法 28 条）は，子の出生当時における夫婦の一方の本国法でその成立が認められればよいとされているが，これも，子が嫡出子たる身分を取得する機会をなるべく多くしようとするものだと言える。

　さらに，親族関係から生じる扶養義務については「扶養義務の準拠法に関する法律」による（同法 1 条参照）ところ，そこでは，まず扶養権利者の常居所地法によるが，その法律によると扶養を受けることができない場合（扶養義務者に法律上の扶養義務がない場合）には当事者の共通本国法により，当事者の共通本国法によっても扶養を受けることができなければ日本の法律によるとされている（同法 2 条。ただし，3 条 1 項参照）。これが，扶養権利者の保護という実質法的な価値観を体現しているものであることは明らかである。

　このように，今日の国際私法においては，実質法的な価値観に影響を受けている規定も少なくないのである。

2 国際私法と統一法

① 統一法による問題解決のメカニズム

ところで,国際私法は国際的法律関係から生じる問題を解決する唯一の方法ではない。ここでの問題は,実質法の内容が相異なる(法の衝突)ために適用される実質法が違えばその結果も異なることによって生じるのであるから,どの実質法が適用されてもその結果が同じであれば,問題の発生そのものを回避することができる。つまり,国際的法律関係から生じる問題は,実質法の統一によっても解決できるのである。

② 統一法の種類

統一法は,実質法のいかなる部分が統一されているかによって,2種類に分かれる。1つが世界法型統一法であり,もう1つが万民法型統一法である。

世界法型統一法　世界法型統一法は,実質法のすべての部分が統一されたものである。例えば,日本の法律が世界法型統一法によって統一された場合,純然たる国内的法律関係もこの統一法によることになる。

世界法型統一法によって完全に法統一がなされれば,事案の国際性に関係なくこの統一法を適用すればよいので,法の衝突を防ぐという観点からは大変優れている。しかし,各国の法律は,歴史的経緯によって様々な内容を持つに至っている場合もあり,また,特に家族法の分野では,宗教的・倫理的バックグラウンドを

有することも多いので、完全な形での世界法型統一法を作り出すのは極めて困難である。

実際に世界法型統一法が作られているのは、主として取引法の分野である。その代表的な例が、「為替手形及約束手形ニ関シ統一法ヲ制定スル条約」および「小切手ニ関シ統一法ヲ制定スル条約」であり、通常この両者を合わせて「ジュネーブ手形・小切手統一条約」と呼んでいる。これは、世界法型統一法なので、各国はこれを国内法化して国内事件についてもこの条約に従った処理を行うことになる。日本の手形法・小切手法も、この条約を国内法化したものである。もっとも、「ジュネーブ手形・小切手統一条約」も、英米が批准していないので、統一法としては不完全である。

万民法型統一法

万民法型統一法は、国内的法律関係と国際的法律関係で適用される法律を分け、後者についてのみ統一することを意図したものである。

世界法型統一法が成立しにくいのは、各国が、歴史的に成立してきた自国法を廃して統一法を受け入れる必要に迫られるからである。そこで、国内法の違いはそのままにしておいて、国際事件に適用される法律を国内法と別に定めて、それを統一しようという試みがなされるようになった。このような法律は、ローマ帝国において、ローマ市民の間で適用された市民法とは別に、ローマ市民と非ローマ市民の間および非ローマ市民相互間で適用された万民法と似た性格を有するので、万民法型統一法と呼ばれている。このタイプの統一法では、国際事件に適用されるべき法律が統一されるので法の衝突を回避することができる一方、各国は国内法の違いをそのままにしておけるというメリットがある。

2 国際私法と統一法

万民法型統一法の代表的な例としては,「1924年8月25日の船荷証券に関するある規則の統一のための国際条約」(いわゆるヘーグ・ルール) があり,日本もこれを批准して国際海上物品運送法を制定している。この法律は,「国際海上運送契約」という国際的法律関係のみに適用されるものである (同法1条参照)。また,「国際航空運送についてのある規則の統一に関する条約」(いわゆるモントリオール条約) も,「国際運送」という国際的法律関係に適用される (同条約1条参照)。国際売買の分野における国際物品売買契約に関する国連条約 (ウィーン売買条約, CISG) も, 営業所が異なる国に所在する当事者間の物品売買契約のみに適用されるものであり, やはり万民法型統一法である。

　このように,万民法型統一法は,一定の分野においてそれなりの成果を挙げているが, 国際私法に代わるまでの機能を果たしうるまでには至っていない。特に, 各国法の立場が大きく異なる家族法の分野においては, 見るべき成果が上がっていないのが現状である。

Column ⑤　地域的法統一, モデル法およびリーガル・ガイド, 私的統一規則

　法統一の方法としては, 本文で述べた以外の手段もある。

　その1つが, 地理的に近接した国の間で実質法を統一する地域的法統一である。統一法を形成するのが困難なのは, 当該の問題について大きく異なった価値観を有する法体系を一致させることが難しいことが一因である。だとすれば, 類似した価値観を有する法律同士の統一は, よりたやすいはずである。地域的法統一の試みは古くから行われているが, 近年では, ヨーロッパ連合 (EU) の成果が地域的法統一の代表例と言えるだろう。しかし, このような地域的法統一が一定の成果を挙げうるのは, まさに統一される範囲が地理

的に限定されているからであるので、これが全世界的に拡大していくことは望めない。

次に近年よく行われているのが、モデル法またはリーガル・ガイドといったより拘束力の少ない形での法の統一である。その例としては、UNCITRAL（United Nations Commission on International Trade Law, 国連国際商取引法委員会）の活動を挙げることができる（→335頁）。統一法形成の努力が実を結ぶことが少ないのは、条約という形式が加盟国を強く拘束することにも一因がある。そこで、より拘束力の弱い形式による法統一が試みられるようになったのである。このような弱い形式による法統一であっても、それが形成される過程で問題点の洗い出しやその理解の共通基盤を作ることが可能であるし、それまで議論のなかった新しい分野においては指導的役割を果たすこともありうるので、決して無意味ではないが、拘束力を持たないためにその役割には限界がある。また、こういった試みが行われているのは主として取引法の分野であることにも注意すべきである。

また、インフォーマルな形で行われる法統一として、私的統一規則によるものがある。特に契約法の領域では、当事者の意思が法律の規定に優先する場合が多いが、そのような領域においては、当事者の合意内容を統一することができれば、事実上法律を統一したのと似たような効果を得ることができる。これを可能にするのが、援用可能統一規則と呼ばれるものである。これは、民間団体の作成するものであって、何ら法規としての性格を有するものではないが、当事者がこれによることを合意することで当事者間の契約の内容となり、その限度において妥当するものである。ある取引分野にこのような統一規則が存在し、かつその規則によることが一般的な取引慣行であれば、事実上その取引の内容は同一のものとなる。このような私的規則の例としては、民間団体であるICC（International Chamber of Commerce, 国際商業会議所）の貿易用語の統一と意味の

明確化を目的としたインコタームズ（Incoterms, International Rules for the Interpretation of Trade Terms の通称）や，同じく ICC の作成にかかる荷為替信用状に関する統一規則および慣例が挙げられる。しかし，統一規則には，当事者によって援用されなければ何ら効力がなく，また，援用されたとしても，それは当事者間の契約としての効力しか認められないという限界がある。すなわち，その契約に適用される法律は別途国際私法によって選択されるし，そのようにして選択された法律の強行規定に統一規則と異なる規定があれば，強行規定の方が優先することになるのである。

③ 統一法と国際私法の関係

問題の所在　　現実に存在する統一法は，その統一の度合いに関してもそれが対象としている分野に関しても不十分であり，国際私法に取って代わるだけの力はない。少なくとも当面は，国際的法律関係から生じる問題の解決については，国際私法が主要な役割を果たさざるをえないだろう。しかし，限られた分野にせよ現実に統一法が存在する以上，その領域において国際私法は不要になるのかどうかということは問題になる。これが，統一法と国際私法の関係いかんという問題である。

法典の統一と法の統一　　現状では領域を限っても完全な統一法は存在しないので，常に国際私法的な処理が必要となる可能性はある。また，法典が統一されていても法が統一されているとは限らない。法統一によって作成された法典にも，当然解釈の幅はあるわけであり，各国の裁判所が可能な解釈のうちいずれを採用するかは，それぞれの裁判所の自由である。

したがって、同一文面の統一法であっても、国によって解釈が異なることはありうる。国内では、ある法律の解釈が下級裁判所によって異なる場合に最上級の裁判所がこれを統一することができるが、国を超えて法の解釈を司法的に統一する手段は存在しないので、国による統一法の解釈の違いは放置されざるをえない。このように、統一法が存在する領域においても真の意味で法統一が達成されているとは言い切れない以上、統一法条約に国際私法に関する別段の定めがない限り、国際私法的な処理は不可欠であるといえる。

ところで、日本で統一法が適用される場合、裁判所は準拠法について言及することなく統一法を直接適用する場合がある（例えば、ワルソー条約に関する例として、東京地判平11・10・13判時1719号94頁〈百選18〉）。しかし、準拠法について言及することなく統一法を適用すると、結果的に日本の解釈に従って統一法を適用することになりかねない。そこで、統一法を適用する前に、まず準拠法を決定するべきであるとの見解もある。

Column ⑥　国際私法による統一法条約適用の回避と憲法上の条約遵守義務

統一法が形成されている場合であっても国際私法による処理が必要であるとすると、問題となっている国際的法律関係に適用されるべき統一法条約を日本が批准している場合であっても、日本の国際私法が当該統一法条約を批准していない国の法律を準拠法として指定する結果、日本の裁判所ではその統一法が適用されないという事態が生じうる。これが、統一法条約を批准した日本の条約遵守義務（憲法98条2項）に反しないのかということは一応問題となりえよう。

しかし、理論的には、実質法を統一する条約を批准しても、日本

の裁判所は常にその条約（ないし条約に基づいて立法された国内法）を適用する義務はなく，日本法が準拠法になる場合にそれを適用すれば足りると言える。実質法を統一する条約は，抵触法に関して締約国を拘束するわけではないからである。抵触法について何らかの手当てを要求する必要がある場合には，統一法条約の側で手当てするべきであろう。例えば，国際航空運送についてのある規則の統一に関する条約（モントリオール条約）47 条は，一定の条件の下に当事者による法選択をこの条約の締約国法に限定するという機能を有する抵触法的規定であると言える。また，統一法条約には，それ自身に適用根拠を有しているものがあり，そのようなものが国際私法とは無関係に適用されるのは当然のことである。

3 国際私法による問題解決の実際

さて，国際私法は実際にはどのような形で問題を解決しているのだろうか。以下ではいくつかの実例を挙げてみよう。

1 人の行為能力（通則法 4 条 1 項）

若年者は取引において自らの利益を守ることが困難であることにかんがみて，それに完全な行為能力を与えず，その行為の効力を後から失わせることができるものとされていることが多い。例えば，日本法では，成年年齢を満 20 歳とし（民法 4 条。なお，改正民法が施行される 2022 年 4 月 1 日以降は 18 歳），それに満たない者（未成年者）の行為は，法定代理人の同意を得ていない限り原則として取り消しうるものとされている（同法 5 条）。

しかし，いかなる者の行為能力が制限されるか（成年年齢の問題）や，行為能力が制限された者の行為の効力（無効なのか取り消しうるにすぎないのか）は，立法例によって異なる。例えば，ドイツにおいては，18歳が成年年齢であり（ドイツ民法2条），7歳に達しない者は行為能力を有さず（同法104条），7歳に達した未成年者も単に法律上の利益を得るのみではない意思表示には法定代理人の同意が必要で（同法107条），同意なくしてなされた契約の効力は法定代理人の同意に依存することになる（同法108条）。日本法の内容とは異なるのである。

　したがって，ある者の法律行為が当人に行為能力がなかったという理由で取り消されうるかどうかを決定するには，まずその基準となるべき法律を決める必要があることになる。例えば，満19歳のドイツ人が日本において契約を結んだ場合，当該ドイツ人の行為能力について，行為地法たる日本法が適用されればこの契約は取り消しうるものとなるし，行為者の本国法であるドイツ法が適用されれば行為者は完全な行為能力を有しているからこの契約をその理由で取り消すことはできない。ここに，法の抵触が存在するわけである。

　この問題を解決するのが，通則法4条1項である。そこでは「人の行為能力は，その本国法によって定める」と定められており，行為能力の問題は行為者の本国法によって解決されることになる。したがって，上の例では，19歳のドイツ人は本国法によれば成年であって完全な行為能力を有するから，その行為が行為能力の欠如という理由で取り消されることはないことになる。

3　国際私法による問題解決の実際

② 法律行為(契約)の成立と効力(通則法7条以下)

　国際私法上契約と考えるべきものの中には,立法例によっては拘束力が認められないものもある。例えば,英米法においては,約束が拘束力を持つためには約因(履行の対価)が必要で,これを欠く約束には原則として拘束力が認められない。贈与のような片務的な約束は,原則として拘束力がないのである。一方,日本法においては,贈与も契約の一種であり,拘束力が認められている。したがって,日本人がイングランドで自己所有の車をイングランド人に贈与する約束をした場合,この約束に日本法が適用されるかイングランド法が適用されるかは非常に重要である。それによって,当該約束に拘束力が生じたり生じなかったりするからである。

　この問題は,通則法では7条以下の規定の下で解決される。つまり,まず「法律行為の成立及び効力は,当事者が当該法律行為の当時に選択した地の法による」こととなる(7条)。これを,準拠法選択上の当事者自治という。ここにいう「選択」は,典型的には「本契約にはイングランド法が適用される」というような準拠法選択条項によって表される。

　しかし,当事者意思が明確ではない場合もある。その場合,通則法では「最も密接な関係がある地の法による」ものとされており,どのような法がここにいう「最も密接な関係がある地の法」にあたるのか,推定規定も置かれている(8条)。

　このように,契約に関しては当事者が合意で準拠法を定めることができるのだが,当事者の力関係によっては,一方当事者が自己に有利な準拠法を選んでこれを他方当事者に押しつける可能性

がある。これは、実質法のレベルでも、一方当事者が自己に有利な内容の契約条項を他方に押しつけるという形で発生しうるのだが、その弊害を取り除くために設けられている強行規定を回避することができるという点において、準拠法レベルの当事者自治の弊害はより深刻である。そこで、以前から準拠法選択上の当事者自治に制約を加えようという試みがなされてきたが、通則法においては、消費者契約、労働契約について特例を置き、当事者自治の原則に一定の変更を加えている（⇒139頁以下）。

③ 物権その他登記すべき権利（通則法13条）

物権をめぐる問題には、物権の効力の問題の他、物権の得喪の問題も含まれる。即時取得の成立要件もこの物権の得喪の問題に含まれるが、その要件は国によって異なる。例えば、日本法によれば、盗品についても即時取得が成立しうる（民法192条。ただし、盗難の時から2年間は被害者の回復請求に服する。同法193条）が、ドイツ法によると盗品については即時取得が成立しない（ドイツ民法935条）。したがって、被害者の所有権に基づく動産引渡請求に対して占有者が即時取得を主張する場合には、その準拠法を定める必要がある。

例えば、ドイツにおいて登録されている自動車が盗取され、中古車として日本に輸出されて日本国内で転々譲渡された後、現占有者に対して盗難の被害者が引渡しを求めた場合、ドイツ法が適用されれば盗品について即時取得の余地はないから引渡請求は容認されるべきであるのに対し、日本法が適用されるなら即時取得が成立していてかつ盗難時から2年を超える期間が経過していれば引渡請求は容認されないことになる。このように、いかなる法

律が適用されるかが，事案の解決に大きく影響するのである。

　この問題の準拠法は，通則法13条2項に基づいて決定される。通則法13条2項は「同項に規定する権利〔注：「動産又は不動産に関する物権及びその他の登記をすべき権利」を指す〕の得喪は，その原因となる事実が完成した当時におけるその目的物の所在地法による」としているから，日本国内における占有移転によって占有取得者が所有権を取得したかどうかは日本法によって判断することになり（最判平14・10・29民集56巻8号1964頁〈百選26〉），日本国内で転々譲渡される間に善意取得が成立していれば，盗難の被害者の返還請求は認められないことになる。

④　法定債権の成立と効力（通則法14条以下）

　法定債権とは，当事者の意思に基づかず法の規定によって生じる債権である。不法行為に基づく損害賠償請求権，事務管理に基づく費用償還請求権，不当利得返還請求権がこれに該当する。これらの債権は，当事者間の正義・衡平の実現のために認められているものであるが，何が当事者間の正義・衡平であるかは価値観に依存するので，法定債権の成立や効力は立法例によって異なることになる。

　例えば，日本法においては，自動車の運転者は，対価なく自動車に同乗させた者に対しても，自己の過失によって事故を起こしてその結果その同乗者が受傷した場合，その賠償の責めに任ずるが，立法例によっては，運転者と一定の関係にある者が無償で自動車に同乗している場合には，運転者が事故を起こして同乗者が受傷しても，その事故が運転者の故意または重過失に基づくものでないときには，運転者はその賠償をする責任を負わない（この

ような内容の法律を, guest statute〔好意同乗者法〕という)。例えば, 米国インディアナ州にはこの趣旨の法律がある (IC 34-30-11-1)。

そこで, 日本人の旅行者がインディアナ州内でヒッチハイクしていたが, 無償で乗せてもらった車の運転者が故意または重過失 (wanton or willful misconduct) なく事故を起こした結果そのヒッチハイカーが受傷した場合には, 日本法が適用されれば運転者に対して身体損害の賠償を請求することができるし, インディアナ州法が適用されればそれができないことになる。どちらの法律が適用されるかで結果が大きく異なるので, いかなる法律が適用されるかをまず決定する必要があるわけである。

この問題は, 通則法17条の下で解決される。通則法17条は, 不法行為によって生じる債権の成立と効力は「加害行為の結果が発生した地の法による」としているので, この事案において事故がインディアナ州内で起こったのであれば, インディアナ州法が適用されてヒッチハイカーの運転者に対する賠償請求は認められないことになる。

5 相続 (通則法36条)

相続をめぐる問題には様々なものがあるが, 誰が相続人となるか, またその相続分はどれぐらいかという問題もこの中に入る。この問題の解決は, 立法例によって様々である。

例えば, 死亡した被相続人に配偶者が1人おり, その配偶者との間に嫡出子が2人いた場合, 日本法によれば配偶者の相続分は2分の1, 子の相続分はそれぞれ4分の1となる (民法900条) が, 大韓民国法によると配偶者の相続分は7分の3, 子の相続分はそ

れぞれ7分の2となる（大韓民国民法1000条・1003条・1009条。配偶者は子供それぞれの持分を1として，その5割を加算する）。

このように，どの法律を適用するかによって，相続人の相続分は変わってくる。そのため，例えば被相続人は韓国国籍のみを有し，相続人は皆日本国籍を有するような場合，いずれの法律が適用されるかは重要な問題である。

この問題を解決するのが通則法36条である。通則法36条では「相続は，被相続人の本国法による」と定められており，韓国国籍のみを有する者の本国法は大韓民国法であるから，配偶者と子の相続分は大韓民国法によって定められることになる。

4 国際民事手続法

はじめに　「国際私法」という言葉は，広義には国際民事手続法を含む。

紛争の法的解決は，解決基準が法律であると同時に，法の定める手続に従って紛争が解決されるということも意味している。さらに，その解決内容が強制的に実現されて「紛争の法的解決」が完結することになる。紛争解決の法的手続という局面においても純粋に国内的な紛争とは異なる考慮が必要となることがあるが，国際民事手続法とは，このような国際的要素を含む紛争の法的解決における手続的側面に生じる問題を対象としている法分野である。紛争解決手続としては狭義の民事訴訟手続が典型的であるので，この観点から「国際民事訴訟法」と呼ばれることもあるが，調停や仲裁といった裁判外の紛争解決手続（ADR＝Alternative

Dispute Resolution）や集団的債務処理手続である倒産手続もここに言う紛争解決手続に含まれるので,「国際民事手続法」という名称を用いるのがより適切である。

国際民事手続法の法源

現状では,国際的要素を含む紛争を法的に解決する手段が,特定の国家を離れた形で提供されているわけではない。よって,それらの紛争もいずれかの国の民事紛争処理制度の下で解決されることになる。したがって,国際的要素を含む紛争の解決も,いずれかの国の法律が定める手続に従って行われることになる。言い換えれば,国際民事手続法も,国際私法と同様に,国際法ではなく国内法なのである。

そこで次に問題になるのは,国際的要素を含む紛争の解決手続にいずれの法律が適用されるかということである。国際私法的な用語を使えば,紛争解決手続の準拠法は何かということになるが,この点については「手続は法廷地法による」という広く認められた原則がある (⇒*Column* ㊳)。これは,国際的な民事紛争解決の手続は,それが行われる国の法律によるということを意味している。つまり,例えば日本で行われる国際的な紛争解決の手続は,日本法によるということになる。

ところで,日本には今のところ「国際民事訴訟法」のような国際的要素を含む民事紛争に適用される体系的な成文法はない。したがって,国際的要素を含む事件にも,そうでない事件と同じく,民事訴訟法を初めとする国内法が適用されることになる。日本の民事訴訟法の中には国際的な要素を含む訴訟に関する特則がいくつかあるが,これらの規定は網羅的ではなく,明文の規定がないことも多い。

なお，国際民事手続法の分野においても，法統一のための条約策定が行われている。日本が批准しているものとしては，送達や司法共助に関する「民事訴訟手続に関する条約」，「民事又は商事に関する裁判上及び裁判外の文書の外国における送達及び告知に関する条約」，また，仲裁に関して，「外国仲裁判断の承認及び執行に関する条約」がある。

第2編
国際私法

Summary

　国際私法は，国際的な民事紛争の解決基準を定めるものである。具体的には，一定の手続に従って問題となっている法律関係に適用される法律（準拠法）を選択し，これを適用するのであるが，問題となっている法律関係の種類によって準拠法の定め方は異なる。本編では，第1章（総論）において準拠法の選択・適用に共通する事項を述べ，第2章（各論）では個別の法律関係に即した準拠法の選択の問題について言及する。

第1章　国際私法総論

1 国際私法の構造

　国際私法における準拠法の選択・適用は，以下のようなプロセスに従って行われる。

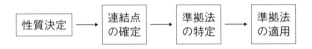

　第1編でも述べたように（⇒8頁以下），国際私法の目的の1つは当該法律関係に最も密接に関連する法律を適用すること，すなわち国際私法的正義の実現である。ただし，事件ごとに最も密接に関連する法律を探求することとすると，当該法律関係の当事者が事前にその法律関係の準拠法を知りえないことになり，国際私法のもう1つの目的である法的安定性を害すること甚だしい。そこで，国際私法においては，私的法律関係をいくつかの類型に分け，その類型ごとに準拠法の決定方法をあらかじめ定めている。国際私法による問題解決の最初のステップは，問題となっている法律関係がいずれの類型に属するかを決定することになるわけである。この類型のことを単位法律関係と呼び，問題の法律関係がいずれの単位法律関係に属するかを決定する作業を性質決定と呼

んでいる。

　さて、性質決定が終わると、いかなる方法で準拠法を選択するかが決まったことになる。準拠法の選択方法を定めた規則を抵触規則と言うので、性質決定が終われば、当該法律関係にどの抵触規則が適用されるかが決まったことになるとも言える。ところで、抵触規則は、当該単位法律関係の構成要素のうち、類型的にみて当該法律関係に最も密接に関係する法律を媒介すると考えられるものをあらかじめ定め、その要素を参照することで準拠法を決定するという手法をとるのが典型的である。例えば、通則法13条1項は「動産又は不動産に関する物権及びその他の登記をすべき権利は、その目的物の所在地法による」と述べているが、この規定では、「動産又は不動産に関する物権及びその他の登記をすべき権利」という単位法律関係について、その構成要素のうちの「目的物の所在地」という要素に着目し、それに準拠法を媒介する役割を持たせていることになる。このように、ある抵触規則の中で準拠法を媒介する役割を果たすべく指定されている法律関係の構成要素のことを、連結点ないし連結素と呼んでいる。準拠法の決定のためには、この連結点が何であるかを具体的に確定する作業が必要である。先程述べた通則法13条の例では、「目的物の所在地」が日本なのか韓国なのかドイツなのかを決める必要があるわけである。この作業のことを、連結点の確定と呼んでいる。

　連結点の確定という作業が終われば、準拠法が何であるかが一応導かれたことになる。しかし、場合によっては、それだけでは適用すべき法律が具体的に定まらない場合もある。例えば、本国法として外国法が適用される場合、当該外国の国際私法において当該法律関係につき日本法が適用されるべきものとされていると

きには，日本においても日本法を適用すべきものとされている（反致。通則法41条本文参照）ので，その成否を確認する必要がある。このように，連結点の確定の後にも，具体的に適用すべき準拠法を決定するためにはいくつかの作業が必要となることもあるが，この作業を準拠法の特定と呼んでいる。

さて，準拠法が特定されれば，後はその法律を適用するだけである。準拠法が日本法の場合には，国際私法上の問題は特にない（ただし，国際事案に日本法を適用する場合，国内事案と全く同じように適用してよいかどうかという，日本法の解釈問題があることに注意）が，準拠法が外国法である場合には，その適用結果が公序良俗に反する場合にはこれを適用できない（通則法42条参照）。

国際私法における準拠法の選択・適用のプロセスは，おおむねこのように4つの段階（性質決定，連結点の確定，準拠法の特定，準拠法の適用）に整理することができる。性質決定が終わった後は，個別の抵触規定の解釈問題であることも多いが，各抵触規定に共通の問題も多い。後者を扱うのが，国際私法総論という部分である。以下では，各段階のそれぞれについて説明を加えよう。

2 単位法律関係および性質決定

① 単位法律関係

先にも述べたように，国際私法においては，私的法律関係をいくつかの類型に分け，その類型ごとに準拠法の決定方法をあらかじめ定めている。この類型が，単位法律関係である。つまり，同一の単位法律関係に属すると目される法律関係については，同じ

方法で準拠法が選択されることになる。

つまり,単位法律関係は,基本的に「ある特定の方法で準拠法を選択することが適切か否か」という基準によってその広狭が定まることになる。Aという法律関係とBという法律関係についての準拠法の選択方法が同一であるべきと考えるならば,両者は同一の単位法律関係に属するべきだからである。

ある特定の国際的法律関係についての準拠法の選択方法は1つに定まっているべきであり,かつ何らかの選択方法によるべきであるから,理念的には,私法的法律関係のすべてがいずれか1つだけの単位法律関係に属するべきであることになる。

日本における実定国際私法の規定は,主として通則法4条以下に定められている。単位法律関係は,準拠法の選択方法を同じくする法律関係の類型であり,もっぱらその観点から定められているので,その範囲の広さはかなり異なる。例えば,事務管理・不当利得はまとめて1つの単位法律関係である(通則法14条・15条)が,婚姻については,実質的成立要件(通則法24条1項),形式的成立要件(同条2項・3項),身分法的効力(通則法25条),財産法的効力(夫婦財産制)(通則法26条)がそれぞれ別の単位法律関係とされており,さらに離婚(通則法27条)もまた別の単位法律関係である。

ところで,理論的にはすべての私的法律関係はいずれかの単位法律関係に包含されているべきであるが,実定国際私法の規定は必ずしも網羅的ではないため,それが定める単位法律関係に属するものとして準拠法を選択するのが不適切な場合に「条理上認められる単位法律関係」が新たに作り出されることがある。しかし,立法論としては格別,解釈論としては,実定法にない単位法律関

係を作り出すのは予測可能性を著しく害するので，慎重であるべきであろう（→*Column* ⑰）。

② 性 質 決 定

性質決定の意義　単位法律関係とは，おおむね以上のようなものであるが，国際私法における準拠法の選択・適用のプロセスのうち最初にくるのは，問題となっている法律関係がどの単位法律関係に属するかを決める作業である。この作業のことを，性質決定という。

　性質決定は，一面では問題となっている法律関係がどの単位法律関係に属するかを決定する作業であるが，その過程で単位法律関係の意義も問題になる。例えば，2つの単位法律関係のいずれに属すべきかが一見して明らかでない場合には，関係する単位法律関係の意義を明らかにしつつこれを決定する必要があるわけである。このように，性質決定とは単位法律関係の外縁を明らかにする作業であるとも言える。

Column ⑦　先 決 問 題 -----------------------------------

　法律上の問題は，ある法律関係について単独で生じることもあるが，他の法律関係を前提として生じることも多い。例えば，相続において配偶者に相続権が与えられている場合，被相続人の配偶者と主張する者に相続権を与えて良いかどうかは，その者が真実被相続人の配偶者であったかどうかに依存する。この場合，相続の前提として被相続人のした婚姻の有効性が問題となるわけである。このように，ある問題の前提として解決する必要のある問題を，元の問題（本問題）との関係で先決問題という。

　先決問題論で議論されるのは，先決問題の準拠法をどう定めるかについてである。特に，先決問題の準拠法に関する本問題準拠法所

属国国際私法説ないし従属連結説の当否が問題となる。この説は，本問題についてある国の法律を適用するのは，その国において（その国の法律を適用して）裁判がなされるのと同等の結果を得ることであるとするならば，先決問題の準拠法は本問題の準拠法が所属する国の国際私法に従って選択すべきであると主張する。そうすることによって本問題準拠法所属国で裁判がなされた場合と同じ準拠法によって裁判をすることができるから，判決の国際的調和も保たれるというのである。しかし，この立場によると，同じく「婚姻の有効性」という問題であっても先決問題として問題になる場合と本問題として問題になる場合で準拠法が異なりうることになる。本問題準拠法所属国で裁判が行われた場合と準拠法を揃えることが判決の国際的調和にどれほど役立つか疑問であることをも考えれば，先決問題だからといって特別な準拠法選択方法をとる必要はなく，通常通り法廷地の国際私法によって準拠法を決めれば足りると言えよう（先決問題否定説ないし独立連結説）。最高裁は，後者の立場を採用している（最判平 12・1・27 民集 54 巻 1 号 1 頁〈百選2〉）。

性質決定の基準となる概念

ところで，性質決定を行う場合の基準となるべき通則法上の概念はいかなるものであるべきだろうか。

古くは，法廷地の実質法の概念によるという立場があった。例えば，通則法 17 条にいう「不法行為」は民法 709 条以下に定められている「不法行為」と同じ概念であるとするものである。しかし，国際私法上の概念は，理論上世界中の法律関係を包摂することが可能でなければならないわけだから，これは適切ではない。例えば，国際私法上の婚姻には，男女間の 1 対 1 の婚姻のみならず，一夫多妻婚や同性婚も含まれるものとしなければ，国際私法に期待される役割を果たしえないのである。

また，準拠法上の概念によるべきであるという準拠法説もあった。しかし，性質決定は適用されるべき抵触規則を決定するために行われるものであって，この段階では準拠法が何であるか決まっていないのだから，準拠法説は論理的に成り立たない。

　そこで，通則法上の概念は，抵触規則の相互の関係やその機能・目的を勘案した上で，国際私法が独自の立場で定めるべきであるという立場が主張されるようになった（法廷地国際私法説ないし国際私法独自説）。この立場も，性質決定の基準たるべき国際私法上の概念は各国の実質法を比較した結果導き出しうる共通項であるべきだという考え方と，性質決定の基準たるべき国際私法上の概念は純粋な国際私法の解釈問題であって各国が独自に決定すべき事項であるという考え方に分かれる。両者の違いは，前者では究極的には各国の国際私法上の概念は統一されるべきであると考えるのに対し，後者では各国国際私法による概念の違いを認めるという点にあるが，近年支持されているのは，後者の立場であるといえる。

　しかし，法廷地実質法上の概念によるのは問題であるということに関しては意見の一致が見られるにもかかわらず，裁判において実際に性質決定が行われる場合には，法廷地実質法の概念の影響を受けやすいとされている。例えば，いわゆる債権質の準拠法について述べた最高裁判例（最判昭53・4・20民集32巻3号616頁〈百選30〉）においては，問題となった預金債権につき，預金者が預金受入銀行のために設定した担保的権利と当該預金債権について発せられた転付命令の優劣が問題となったのであるが，最高裁判決がこの担保的権利について「債権質」という言葉を使ってその準拠法について検討を加えているのは，少なくとも言葉の

使い方としては適切ではない。この担保的権利の成立と効力という問題に日本法が適用されるとしたら，(日本法上の) 債権質が問題となるのは確かだが，準拠法の決定前には日本法が適用されることはまだ分からないはずだからである。

注意すべきなのは，国際私法上の概念は，各国の多種多様な実質法上の概念を無理なく包摂しうるものでなければならないので，国際私法上の概念はかなり広くて漠然としたものになりがちであり，各国の実質法上の概念とは根本的に異なるものになるということである。例えば，通則法 14 条に言う「事務管理」の中には，日本の民法の 697 条以下に規定のある事務管理のような制度のみならず，商法 792 条以下に規定のある海難救助のような制度も含まれることになる。

ところで，性質決定は，適用すべき抵触規則を決定するために行うものである。したがって，ある法律関係が複数の単位法律関係に含まれるものとしたのでは，いずれの抵触規則によるべきかが明らかにならないので，性質決定の目的が達せられないことになる。二重の性質決定は避けなければならない。

Column ⑧ 適応問題

国際私法においては単位法律関係を単位として準拠法が選択・適用されるが，1 つの法的紛争が常に同一の単位法律関係に包含されるとは限らず，複数の単位法律関係に分解して準拠法を定めなければならない場合もある。例えば，配偶者の一方が死亡した場合に生存配偶者が相続財産から受けることのできる財産的給付という問題は，相続という問題と (一方当事者の死亡による) 婚姻の解消に伴う財産分与の問題，つまり夫婦財産制の問題に分解され，前者については通則法 36 条により，後者については通則法 26 条によって準拠法を選択することになる。このため，1 つの問題の各部分について

異なる国の法律が準拠法として適用されるという事態も生じうる。

ところが，このような場合には困難な問題が生じる可能性がある。相続と夫婦財産制の例で言うと，A 国の法律では生存配偶者に相続の結果 100 の財産が与えられるが財産分与としては何も与えられず，B 国の法律では生存配偶者に財産分与として 100 の財産が与えられるが相続としては何も与えられない場合，A 国法・B 国法のうちのいずれかの法律が問題の全体について適用される場合にはその結果が変わらない（100 の給付）のに，相続について A 国法，財産分与について B 国法が適用されると生存配偶者は 200 の給付が受けられることになるし，逆に財産分与について A 国法，相続について B 国法が適用されると何も給付を受けられないことになるのである。このように，1 つの法律関係が複数の単位法律関係に分かたれ，そのそれぞれに異なる準拠法が適用される結果，全体として不適切な結論を生じる現象のことを適応問題（調整問題）と呼んでいる。

単位法律関係ごとに準拠法を選択するという国際私法の構造上，適応問題が生じることはある程度覚悟しなければならないとも言えるが，性質決定の失敗によって生ずる問題と考えることもできる。理論的には，実際上両立しないような権利が発生する可能性のある場合，それを同一の単位法律関係の問題と性質決定することで，適応問題の発生は回避できるからである。例えば，配偶者の死亡に伴う財産的給付の問題は，それが準拠実質法上相続の問題とされている場合であっても国際私法上は夫婦財産制の問題と考えれば，適応問題は発生しない。ただし，実質法を適用した結果を比較していずれの問題かを性質決定することは許されない。あくまでも「衝突の可能性を回避」するという観点から一般的になされるべきである。

なお，頻繁に生じる準拠外国法と法廷地手続法の間で生じる適応問題においては，法廷地手続法を準拠外国法の趣旨を活かすように変容させるというのが通常の解決策である。

Column ⑨　性質決定と具体的な送致範囲

　性質決定が終わると，連結点の確定・準拠法の確定という過程を経て具体的にどの法域の法律によるかが決まるのであるが，その後に，適用すべき法域の法律のうち，具体的にどの部分が適用されるのかという問題が出てくる。例えば，国際私法上当該法律関係が不法行為と性質決定された場合であっても，当該準拠法上不法行為の規定とされているもの以外は適用されないわけではなく，また，当該準拠法上不法行為の規定とされているもののすべてが適用されるわけでもない。例えば，株式会社の役員等の第三者に対する責任について定めた会社法429条の規定は，日本法が不法行為の準拠法である場合には適用されると考えられる。このような場合にどの規定が適用されるかを決定するのが，具体的な送致範囲の問題である。

　具体的な送致範囲は，基本的にはこの問題がいかなる単位法律関係に性質決定されたかに従って決定すべきである。性質決定が適正に行われていて，当該準拠法によるものとされる法律関係が適切に切り取られていれば，それに適用可能なものをすべて適用しても特に問題はないと思われる。

3　連結点の確定

① はじめに

　性質決定の段階を終了すると，その法律関係にどの抵触規則を適用すべきかが明らかになったことになる。次の段階は，抵触規則を適用するために，その抵触規則が採用している連結点が具体的に何になるかを確定することである。契約であって法律行為の成立および効力に関する通則法7条の問題であると性質決定され

たのであれば，当事者の「選択」が何であるかを確定する必要があるし，不法行為であって通則法17条の問題であると性質決定されたのであれば，加害行為の結果が発生した地がどこであるかを確定する必要がある。このように，適用されるべき抵触規則が決定した後，その連結点の内容を準拠法を決定できる程度に明らかにするという作業が，連結点の確定という作業の内容である。

この段階で生じる問題としては，各抵触規則における連結点の意義の問題がある。例えば，相続に関しては「被相続人の本国法による」（通則法36条）とされており，この場合の連結点は被相続人の国籍であることになるが，被相続人が重国籍であったような場合や無国籍であったような場合にどうするか，という問題が生じるのである。個別の連結点の意義の問題は各論の問題であるとも言えるが，連結点として用いられることが多い国籍についてはここで述べ，それに伴って常居所および住所についても便宜上ここで述べることにする。その他，ここでは抵触規則全体に共通する事項，すなわち，連結点概念の解釈方法，連結点の定め方（連結政策），連結点の詐欺的変更（法律の回避）についても触れる。

2 連結点概念の解釈方法

連結点となっている概念は，必ずしも事実的概念ではなく，法律的概念であることもある。例えば，「住所」（遺言の方式の準拠法に関する法律2条3号参照）は，単なる物理的所在場所以上のものを意味する概念であり，そこには一定の解釈の幅がある。このような場合には，その連結点概念は国際私法独自の立場で解釈すべきか，それとも適用されるべき法律（準拠法）の概念によるべきかという問題が生じる。これが，連結点概念の解釈方法という

問題である。

　性質決定の場合と異なり，連結点概念の如何を論じる場合には適用すべき抵触規則が明確になっているので，連結点概念を準拠法によらしめることは不可能ではない。事実，国籍という連結点については，その国籍を付与した国の法律によってその有無が判断される。例えば，ある人がドイツ国籍を有するかどうかは，日本の国際私法が独自に決定するものではなく，もっぱらドイツ法によって決定される。しかし，一般的には，連結点概念の内容は抵触規則がその目的を果たすために非常に重要な問題であるから，国際私法がその独自の立場によって決定すべきものであろう。

③　日本の国籍法

国籍の意義

　国籍とは，個人が特定国家の構成員となる資格であって，個人と特定国家との間の法律的紐帯であるとされている。

　いかなる者を自国民と認めるか，すなわち，いかなる者に自国籍を付与するかは，国家の基本にかかわる問題であり，各国の専管事項である。例えば，どのような者に日本国籍を与えるかは日本の専管事項であり，他国が決める事柄ではないということである。ちなみに，日本においては，日本国憲法10条において，日本国民たる要件は法律でこれを定めるとしており，具体的にはこの規定を受けて定められた国籍法が定めを置いている。

　ここでは，連結点としての国籍を検討する前提として，国籍の取得，選択など，日本の国籍法の概要について説明しよう。

出生による国籍の取得

　出生による国籍の取得については，大きく分けて，自国民の子に自国籍を与える

血統主義と，自国の領域内で生まれた者に自国籍を与える生地主義の2つが考えられるが，多くの国では，このいずれかを基本としながら，折衷主義がとられている。日本では，主として血統主義を採用し，生地主義によってこれを補完している（これに対し，例えば米国では，主として生地主義を採用し，血統主義によってこれを補完している）。

順序は逆になるが，補充的に生地主義を採用している規定が国籍法2条3号であり，子が「日本で生まれた場合において，父母がともに知れないとき，又は国籍を有しないとき」に，子は日本国民とするとされている。これは，無国籍者の発生を極力防止しようという趣旨であり，1号および2号の血統主義を補完するものである。この「父母がともに知れないとき」というのは，「父及び母のいずれもが特定されないときをいい，ある者が父又は母である可能性が高くても，これを特定するには至らないときも，右の要件に当たるものと解すべきである」というのが最高裁の判例である（最判平7・1・27民集49巻1号56頁〈百選123〉）。

他方，主たるものとして採用されている血統主義については，まず，国籍法2条1号が，「出生の時に父又は母が日本国民であるとき」は，子は日本国民とするとしており（父母両系血統主義），同条2号が，子の出生前に父が死亡した場合で，父が死亡の時に日本国民であったときも，子は日本国民とするとしている。国籍法は，出生による国籍の取得を出生時における法律的な親子関係に基づいて確定しているので，出生後に父親から認知がなされても「出生の時」には法律上の父が存在しなかったことになり，同条1号の適用はない，というのが判例である（これを前提とするものとして，最判平9・10・17民集51巻9号3925頁〈百選121〉お

よび最判平 14・11・22 判時 1808 号 55 頁がある)。

とすると,日本人を父,外国人を母とする非嫡出子に同条 1 号の適用があるのは,子の出生前に法律上の非嫡出父子関係が確定している場合,すなわち胎児の間に父親が子を認知した場合に限られることになる。日本人である母との間の親子関係は分娩の事実のみによって生じる(最判昭 37・4・27 民集 16 巻 7 号 1247 頁)ので,結果的に母のみを日本人とする子には常に同条 1 号の適用がある一方,父のみを日本人とする子は出生前に認知されない限り適用がないことになるが,これは憲法 14 条に反しないとされる(前掲最判平 14・11・22)。

認知による国籍の取得 ところで,現在の国籍法 3 条 1 項は,「父又は母が認知した子で 20 歳未満のもの(日本国民であつた者を除く。)は,認知をした父又は母が子の出生の時に日本国民であつた場合において,その父又は母が現に日本国民であるとき,又はその死亡の時に日本国民であつたときは,法務大臣に届け出ることによつて,日本の国籍を取得することができる」としている。とすると,父のみが日本人である子も,生後に認知を受ければ,2 条 1 号の適用はなくとも,3 条 1 項によって,結局は日本国籍を取得できることになる。

もっとも,かかる 3 条 1 項は,平成 20 年に改正されたものであり,改正前は「父母の婚姻及びその認知により嫡出子たる身分を取得した子で 20 歳未満のもの(日本国民であつた者を除く。)」が日本国籍を取得するための規定であった。しかしこれでは,父のみが日本人である子は,同じく生後に認知を受けても,父母が婚姻しているか否かによって日本国籍の取得に大きな差が生じることになる。この点が最高裁により憲法 14 条に反するものとさ

れたため（最大判平20・6・4民集62巻6号1367頁〈百選122〉），父母の婚姻を不要とする改正がなされたのである。

その結果，出生前に認知がなされた場合には国籍法2条1号または2号により，出生後に認知がなされた場合には3条1項により，血統主義による日本国籍の取得がなされることとなった。

帰　化

帰化とは，日本国民でない者が，その自由意思により，日本国籍を取得することである（国籍法4条1項）。この場合，法務大臣の許可を要する（同条2項）。

帰化の要件は，帰化しようとする者の日本との関係によって，普通帰化，簡易帰化，大帰化に分けられる。普通帰化の要件は，国籍法5条1項各号に定められている。すなわち，引き続き5年以上日本に住所を有すること（1号），20歳以上で本国法によって行為能力を有すること（2号），素行が善良であること（3号），自己または生計を一にする配偶者その他の親族の資産または技能によって生計を営むことができること（4号），国籍を有せず，または日本の国籍の取得によってその国籍を失うべきこと（5号），そして，日本国憲法施行の日以後において，日本国憲法またはその下に成立した政府を暴力で破壊することを企て，もしくは主張し，またはこれを企て，もしくは主張する政党その他の団体を結成し，もしくはこれに加入したことがないこと（6号）である。簡易帰化とは，日本と一定の関係にある者に対し，帰化の条件を緩くしたものであり，同法6条ないし8条がこれを定めている。大帰化は，日本に特別の功労のある外国人については，同法5条1項の要件にかかわらず，国会の承認を得て，日本への帰化を認めることができるという制度である（同法9条）が，その適用を

受けた外国人は，いまだかつて1人も存在していない。

　帰化要件は，それが備わっていなければ帰化を許可してはならないという要件であり，それが備わっていても帰化を許可するか否かは法務大臣の裁量に属する。つまり，帰化を不許可とする法務大臣の決定が取り消されるためには，それが裁量権を逸脱してなされたものであることを帰化の許可申請者が主張・立証しなければならない（東京地判昭63・4・27判時1275号52頁）。

国籍の再取得　　国籍の再取得とは，一定の喪失原因によって日本国籍を喪失した者が，一定の要件を充足しているときは，法務大臣への届出によって日本の国籍を取得することができるとする制度である（国籍法17条）。国籍の再取得が認められるのは，国籍留保の意思表示をしなかったことにより日本国籍を喪失した場合（同法12条参照）と，国籍選択の催告（同法15条1項）を受けながら国籍選択をしなかったことにより日本国籍を失った場合（同条3項）である。

Column ⑩　無国籍と重国籍

　いずれの国の国籍も有していない状態が無国籍であり，複数の国の国籍を有している状態が重国籍である。

　前述の通り，誰に自国の国籍を与えるかは，各国の専管事項であり，特定の個人がいずれの国の国籍を取得しまたは失うかは，もっぱらその国の法律による。しかし，各国は他国の国籍法と調和するように自国の国籍法を作っているわけではないから，ある特定の個人について複数の国の国籍が付与されたり，どの国の国籍も付与されなかったりすることが生じうる。国籍をどのような者に与えるかについては，大きく分けて，自国民の子に自国の国籍を付与する血統主義と，自国の領域で生まれた者に自国籍を与えるという生地主義があるが，生地主義をとる国で血統主義をとる国の国籍を有する

者の子として生まれた者は，双方の国の国籍を取得して重国籍となるし，血統主義をとる国で生地主義をとる国の国籍を有する者の子として生まれた者は，いずれの国の国籍も取得できない結果，無国籍となるわけである。また，父母の国籍が違い，かつそれぞれの国が日本のように父母両系血統主義を採用していると，その子は重国籍となる。

　無国籍は，どの国にも束縛されないというよりは，どの国の保護も受けられないという状態だと言え，それが望ましくないのは言うまでもない。世界人権宣言15条1項および市民的及び政治的権利に関する国際規約24条3項でも，国籍を取得することが人権の一内容をなすものと規定されている。日本が補完的に生地主義を採用している（国籍法2条3号）のも，日本国において出生した者が無国籍にならないように配慮したものであると言える。

　これに対して，重国籍に対する評価は近年流動的になっている。元来，国籍は国家が対人管轄権を行使する根拠であるという側面を重視し，個人が異なる国家の対人管轄権の狭間に立つことがないようにすべきであるという趣旨で，重国籍を防止するというのが支配的な立場であった。しかし，外国人に対する人権保障の拡大という流れの中で，自国民のみに留保されるべき性質の権利（参政権）を外国人にも付与するために自国籍も与えるという考え方も出てきているからである。これは，国籍の保有が必然的に重大な義務を伴う事態が実際上減少してきていることとも関係がある。

　しかし，日本の国籍法は，重国籍については一貫して否定的な立場で臨んでいる。例えば，外国籍を有する者が日本に帰化する場合には原則として現在有している国籍を失わなければならないし（国籍法5条5号），日本国民は，自己の志望によって外国の国籍を取得したときは，日本の国籍を失う（同法11条1項）。また，重国籍の解消のために国籍選択制度が設けられている（同法14条）。

国籍の選択

各国がそれぞれに自国の国籍法を定める状況の下では、一国の国籍法をどのように定めても重国籍を防ぐのは困難である。そこで、重国籍は望ましくないという前提に立つ場合には、一旦生じた重国籍を事後的に解消する方法を用意することが望ましい。国籍選択制度は、このような観点から設けられたものである。この制度の概要は以下の通りである。

国籍選択制度の対象となるのは、「外国の国籍を有する日本国民」である（国籍法14条1項）。「日本国民は、自己の志望によつて外国の国籍を取得したときは、日本の国籍を失う」（同法11条1項）ので、ここに言う外国の国籍を有する日本国民とは、自己の志望によってではなく外国国籍を取得した場合ということになる。最も多く生じるのは、出生によって外国国籍を取得した場合であろう。

選択をなすべき時期は、重国籍となった時期が20歳以前の場合は22歳に達するまでであり、重国籍となった時期が20歳に達した後である場合はその時から2年以内である（国籍法14条1項）。日本において成年年齢とされる20歳に達した後に、2年間考慮期間を与えるという趣旨である。

選択の方法は、以下の通りである。外国国籍を選択する方法については、その外国の国籍法によるべきであるから、日本の国籍法には定めがない。ただし、「外国の国籍を有する日本国民は、その外国の法令によりその国の国籍を選択したときは、日本の国籍を失う」と定められている（国籍法11条2項）。日本の国籍を選択する方法については、外国国籍を離脱するという方法と、戸籍法の定めるところにより、日本の国籍を選択し、かつ、外国の

国籍を放棄する旨の宣言（「選択の宣言」）を行うという方法が認められている（同法14条2項）。選択の宣言という方法が認められているのは，重国籍となっている外国の国籍法上，その国籍の離脱が認められていない場合がありうるからである。したがって，この選択の宣言がなされただけであれば，重国籍状態が継続することになるが，選択の宣言をした日本国民は外国国籍の離脱に努めることが義務づけられている（同法16条1項）。

さらに，この国籍選択の制度を実効性あるものにするために，国籍選択制度上選択をなすべき期間の間に日本の国籍の選択をしない者に対しては，法務大臣が書面により国籍の選択をすべきことを催告することができる（国籍法15条1項）。「日本の国籍の選択を」とあるのは，外国の国籍を選択した者は日本の国籍を喪失する（同法11条2項）ので，日本国籍との重国籍状態は解消するからである。催告を受けた者は，催告を受けた日から1ヵ月以内に日本国籍を選択しなければ，その期間が経過した時に日本の国籍を失うことになる（同法15条3項）。ただし，国籍の選択の催告が催告すべき事項を官報に掲載してなされたとき（同条2項）は，日本の国籍を失った者が国籍を再取得する途が開かれている（同法17条2項）。

国籍の喪失

国籍を有することは人権の一内容をなすものであるから，制裁として日本国籍を剝奪し，無国籍状態にすることは，人権の侵害であって許されない。国籍法が定める国籍の喪失は，専ら重国籍の解消に関する場合である。以下で説明する。

(1) **志望による外国国籍の取得** 日本国民は，自己の志望によって外国の国籍を取得したときは，日本の国籍を失う（国籍

法11条1項)。重国籍を防止する趣旨である。「自己の志望によつて」(同項)というのは，外国の国籍の取得が自由意思に基づいてなされたことが必要であるということで，それが強迫その他やむを得ない事由によるものであれば，日本国籍を喪失しない。

(2) 外国国籍の選択 外国国籍を選択した日本国民は，日本の国籍を失う(国籍法11条2項)。これも，重国籍解消のために認められたものである。

(3) 国籍留保の意思表示がないこと 出生により外国国籍を取得した日本国民で国外で生まれた者は，戸籍法の定めるところにより日本国籍を留保する意思を表示しなければ，その出生時にさかのぼって日本国籍を失う(国籍法12条)。国籍留保の意思表示は，出生の日から3ヵ月以内に出生届とともになさなければならない(戸籍法104条1項・2項)。このようにして日本の国籍を喪失した者で20歳未満の者に対しては，日本国籍を再取得する途が開かれている(国籍法17条1項)。

この規定は，国外で生まれた者を対象としているから，国内で生まれた者は日本国籍を留保する意思を表示しなくても日本国籍を失わない一方，外国で生まれた子供の場合，日本の戸籍制度が知られておらず，かつ届出期間が出生の日から3ヵ月と短期であるため，場合によっては当事者にかなりの困難を強いる結果となっているのも事実である。しかし最高裁は，国外で出生したものと日本で出生したものとを区別する国籍法12条の規定は憲法14条1項に違反しないとした(最判平27・3・10民集69巻2号265頁)。

(4) 届出による国籍離脱 外国の国籍を有する日本国民は，法務大臣に届け出ることによって日本の国籍を離脱することができ，これによって届出の時に日本国籍を喪失する(国籍法13条)。

憲法22条2項が国籍離脱の自由を認めていることに対応する。

(5) 国籍選択の催告後の選択の懈怠　国籍選択の催告を受けた後，1ヵ月以内に日本国籍を選択しなかった者は，日本の国籍を失う（国籍法15条3項）。これは，国籍選択制度において説明した通りである（→45頁）。

(6) 国籍喪失宣告　国籍喪失宣告を受けた者は，日本の国籍を失う。

国籍喪失宣告の制度は，国籍選択制度に伴うものである。国籍選択制度は，重国籍の解消のために設けられている制度であるが，日本国籍を選択する宣言によって日本国籍を選択した者については，重国籍状態が継続することになる。この場合，選択者は外国国籍を離脱するべく努力する必要があるが（国籍法16条1項），日本国籍を選択した趣旨に反する者について国籍を喪失させるのが，国籍喪失宣告の制度である。

国籍喪失宣告の対象となるのは，選択の宣言をした日本国民で外国の国籍を失っていない者である。そして，喪失宣告の要件は，その者が自己の志望によりその外国の公務員の職（その国の国籍を有しない者であっても就任することができる職を除く）に就任した場合において，その就任が日本の国籍を選択した趣旨に著しく反すると認められることである（国籍法16条2項）。国籍喪失宣告に先立ち，公開の聴聞を行い意見を述べる機会などを与えなければならない（同条3項）。国籍喪失宣告は，官報によって告示され（同条4項），宣告を受けた者はこの告示の日に日本の国籍を失う（同条5項）。

国際法上の国籍の得喪　以上が，日本の法律である国籍法に基づく国籍の得喪であるが，この他に，領土

の変更などに伴い，国際法上の原因により，国籍の変動が生じる場合がある。このような場合に条約で国籍の変動について定めることは，日本国民たる要件は法律でこれを定めるとした憲法10条に反しないとした最高裁判所の判例がある（最大判昭36・4・5民集15巻4号657頁）。

④ 連結点としての国籍および常居所

連結点としての国籍　ある者がある国の国籍を有するか否かはその国の法律によるのであって，国籍概念は国際私法の外で決まっていると言える。そのため，重国籍や無国籍という状態が生じうる。この場合，本国法が何になるか明らかでないので，これに対処する規定が必要になる。

重国籍者の本国法は，以下のようにして決定される。当事者が有する国籍の中に日本の国籍があれば，本国法は日本法となる。それ以外の場合，当事者が有する国籍の国のうち当事者が常居所を有する国があれば，その国の法律が本国法となる。そのような国もない場合には，当事者に最も密接な関係のある国の法律が本国法となる（通則法38条1項）。重国籍のうちの1つが日本の国籍であればそれが優先されるわけだが，日本国籍を有する重国籍者が常に日本と密接な関係を有しているとは限らないから，立法論的には疑問の残るところである。なお，重国籍者が有する国籍の中に日本国籍も重国籍者の常居所地国の国籍もない場合，重国籍者に最も密接な関係のある国の法律が本国法となるが，これは，当該重国籍者が国籍を有する国のうち最も密接な関係のある国という趣旨である。重国籍者の国籍保有国以外にさらに密接な関係のある国があっても，そのような国の法律を本国法とすることは

許されない。

　一方，当事者の本国法によるべき場合において，当事者が無国籍である場合には，その常居所地法による（通則法38条2項本文）。ただし，通則法25条（26条1項および27条で準用される場合を含む）または32条により，夫婦または親子の本国法が適用されることとなる場合において，夫婦または親子の一方または双方が無国籍者のときには，この規定は適用されない（通則法38条2項但書）。したがって，通則法25条（婚姻の効力）が問題になる場合において，夫がA国に常居所を有するB国人で，妻がB国に常居所を有する無国籍者である場合には，同一本国法も同一常居所地法もない場合として，夫婦に最も密接な関係を有する国の法律によることになる。

Column ⑪　実効的国籍論

　国籍は，一般には変更が容易ではなく，連結点としては安定的なものである。しかし，その反面形骸化しやすく，当事者とその本国との実質的な結びつきが希薄になることもありうる。このような場合にも本国法を当事者に密接に関係する法律として適用するのは，実質的には適切ではない。そこで，このような場合には，本国法がないものとして扱うべきであるとする説がある。これを，実効的国籍論という。本国法が準拠法として指定された場合，それが真実その事件を規律するのにふさわしい密接関連性を有しているかどうかを検討し，それがないと判断される場合にはその法律を適用しないというものである。

　実効的国籍論は，個別の事件における準拠法選択の具体的妥当性を図ったものだと言える。しかし，その一方で，裁判所の判断を経るまでは準拠法がどこの法律になるかの予測が困難になるという意味で，法的安定性が犠牲になっていることに注意しなければならな

い。通則法では，実効的国籍論は採用されていない。

Column ⑫ 「共通本国法」

　本国法は，準拠法として適用されるべきものであるから，唯一無二に定まっている必要がある。そのため，重国籍者についてはその保有する国籍の法律の中から1つを本国法として選ばなければならない。しかし，扶養義務の準拠法に関する法律2条1項および3条1項にある「共通本国法」は，当事者が有する国籍の中に共通のものがある場合にその国籍の国の法律を指す言葉であって，各当事者の本国法が問題になるわけではない。通則法の「本国法」とは使い方が少し異なるのである。

　例えば，日本国籍とフランス国籍の重国籍者Aと，ドイツ国籍とフランス国籍の重国籍者でドイツに常居所を有するBについては，Aの本国法は日本法，Bの本国法はドイツ法であって（通則法38条1項）両者は同一ではないので，A・B間の婚姻の効力はAの常居所地法がドイツ法ならドイツ法に，そうでなければAとBに最も密接な関係のある地の法律によることになる（通則法25条参照）が，A・B間の共通本国法はフランス法である。ある2人の者の本国法が同一である場合にこれを「同一本国法」と呼ぶとすれば，A・B間には同一本国法はないが共通本国法はある，ということになる。

　「本国法」は「国籍を有する国の法律」でなくてはならないが，その逆は真でないので，「共通本国法」という言葉遣いが適切かどうかには疑問が残る（実際，扶養義務の準拠法に関する法律のもととなった扶養義務の準拠法に関する条約の英語正文の文言は，"the law of their common nationality"となっている〔同条約5条および7条〕）。呼び方の問題にすぎないとも言えるが，概念の違いには注意する必要がある。

連結点としての常居所

「常居所」は，本国法主義と住所地法主義の対立を止揚するために，ハーグ国際私法会議において作り出された概念である。法例の平成元年改正においては，家族関係の連結点としてこれが一定の範囲で取り入れられた。

この概念は，いずれかの国の法概念として発展してきたものではない以上，常居所の存否が問題となる地の法律によって決めることはできない。また，ハーグ国際私法会議においては常居所概念の内容は詳しく詰められておらず，常居所の定義がハーグ国際私法会議において採択された条約の中でなされているわけでもない（むしろ，ハーグ国際私法会議では，常居所はあくまでも1つの事実概念であって万国共通であるという立場をとっている）。つまり，常居所の概念は，国際私法独自の立場から，これが連結点として採用されている趣旨に照らして決定する他はない。

常居所の具体的意義については，現在のところ，これを述べた判例もなく，学説も明確なものがあるとは言えず，今後の展開を見守る必要がある。法例の平成元年改正に伴う法務省民事局長通達（平成元年10月2日付第3900号）は，戸籍事務の際の常居所の認定基準を定めているが，これは裁判所を拘束するものではない（通達に拘束されずに日本に常居所を認定した例として，横浜地判平3・10・31家月44巻12号105頁）。

ところで，常居所の決定については国際私法独自の立場からこれを行うとされる以上，常居所地の重複ということは考えられない。重複しないように常居所を1つ決めれば済むからである。しかし，常居所地が存在しない場合はありうるので，通則法39条は，常居所が知れないときは居所地法によるとしている（同条本

文)。ただし、夫婦の同一常居所地法によるべき場合については、この規定は適用されない（同条但書）。その結果、夫婦の一方の常居所地が不明であり、かつその居所地法が他方の常居所地法と一致するような場合でも、同一常居所地法は存在しないことになる。

また、常居所という連結点は場所的意味をもつので、地域的不統一法国に常居所がある場合であっても、そのうちどの法律を適用するかという問題は生じない。地域的不統一法国内のいずれかの法域の法が直接に指定されるからである。これに対して、人的不統一法国（人種や宗教によって適用される法律が異なる国）に常居所がある場合には、準拠法の決定の必要が生じると一般に解されており、通則法40条2項がこれを定めている。これによれば、間接指定（→72頁以下）を原則とし、それによりえない場合に最も密接な関係のある国の法律を適用する、とした通則法40条1項の規定が準用されている。

連結点としての住所 なお、法例においては、連結点としての住所に関する規定が置かれており（法例29条）、無住所の場合（法例29条1項）、重住所の場合（法例29条2項）につき、その処理のための明文の規定が存在していた。しかし、通則法の下では、連結点として住所を用いる単位法律関係が存在しなくなったため、この規定は削除されている。

⑤ 連結点の定め方（連結政策）

通則法は、一部の単位法律関係については、単一の連結点によって準拠法を媒介するのではなく、複数の連結点を採用し、その組合せによって準拠法を決定している。1個の連結点のみでは適

切な準拠法を導くことには無理があるという価値観の反映とも言えるが，特定の実質法的価値観に影響されているという点で，抵触法の実質法的価値観からの中立性という観点からすれば問題がある場合もある。しかし，近年は抵触法上も特定の実質法的価値が重視されるという傾向を反映して，この種の連結政策が採用される場合も多くなっている（→*Column* ④）。

複数の連結点の組合せで準拠法が決定される例としては，以下のものが挙げられる。

累積的連結　累積的連結とは，複数の連結点が導き出す法律のすべてがある法律効果の発生を認める場合にのみ，その法律効果の発生を認めるという連結政策を言う。適用される法律の側から言えば，累積的適用ということになる。重畳的連結・重畳的適用という言葉を用いることもある。例えば，通則法22条1項は，「不法行為について外国法によるべき場合において，当該外国法を適用すべき事実が日本法によれば不法とならないときは，当該外国法に基づく損害賠償その他の処分の請求は，することができない」としているが，これは，通則法17条にいう「加害行為の結果が発生した地の法」と日本の法律の両方で不法行為の成立が認められなければ不法行為の成立は認められないということである。

累積的連結が採用されている場合，その抵触規則にかかる単位法律関係に該当する法律効果の発生はより困難になる。

選択的連結　選択的連結とは，複数の連結点のうちいずれかが導き出す法律によってある法律効果が認められれば，その法律効果が認められるという連結政策を言う。適用される法律の側から言えば，選択的適用ということ

になる。択一的連結・択一的適用という言葉を用いることもある。この例として挙げられるのは、法律行為の方式に関する通則法10条である。この規定は、10条1項が「法律行為の方式は、当該法律行為の成立について適用すべき法(当該法律行為の後に前条の規定による変更がされた場合にあっては、その変更前の法)による」としているのに加えて、2項が「前項の規定にかかわらず、行為地法に適合する方式は、有効とする」としているから、法律行為の方式については、その成立を定める法律と行為地法のいずれかによればよいことになる。

このように選択的連結が採用されている場合、その抵触規則にかかる単位法律関係に該当する法律効果の発生はより容易になる。言い換えれば、そのような法律効果の発生を容易にしようという価値観がその背後にあるということになる。その極端な例が遺言の方式で、遺言の方式については、数多くの連結点が列挙されていて、それらによって導かれる法律のいずれかによって方式上有効ならば、その遺言は方式上有効なものとされる(遺言の方式の準拠法に関する法律2条)。

配分的連結　1つの法律関係をいくつかの部分に分け、各部分ごとに連結点を定めてそれぞれについて準拠法を定めるという連結政策を配分的連結という。適用される法律の側から言うと、配分的適用ということになる。配分的連結の例としては、通則法24条の婚姻の成立要件で、その1項で「婚姻の成立は、各当事者につき、その本国法による」としているのがこれに当たる。例えば、婚姻適齢、つまり何歳になれば結婚できるかという問題は、各当事者の本国法によるから、夫になろうとする者がドイツ人、妻となろうとする者がフランス人

である場合には、夫の婚姻適齢についてはドイツ法、妻の婚姻適齢についてはフランス法によるということになる。

この連結方法は、問題となる法律効果の発生を容易にしたり困難にしたりするという効果があるわけではないが、細かな点については議論がある（⇒ *Column* ㉙）。

> 段階的連結

以上に述べてきたのは、複数の準拠法が問題となる連結方法であるが、適用される準拠法は1つであるがその選択方法が特殊なものもある。複数の連結点を挙げておいて、それらが導き出す法律が一致する場合にのみその法律を準拠法とし、一致しない場合には新たに複数の連結点を挙げてそれらが導き出す法律が一致するかどうかを判断するという形の連結政策がそれである。これを、段階的連結と言う。適用される法律の側から言えば、段階的適用ということになる。近年の条約や立法例で採用されることが多く、通則法でも婚姻の効力について定めた25条で導入されている。この規定は、婚姻の効力は夫婦の本国法が同一である場合にはその法律により、そのような法律がない場合、夫婦の常居所地法が同一であればそれにより、そのいずれの法律もない場合には夫婦に最も密接な関係がある地の法律によるとしたものである（この規定は、夫婦財産制に関する26条および離婚に関する27条において準用されている）。

この連結方法も、特に法律効果の発生を容易にしたり困難にしたりするわけではない。

6 連結点の詐欺的変更（法律の回避）

> 意義と例

　当事者が，連結点を故意に変更することによって，本来適用されるべき自己に不利な法律の適用を排し，自己に有利な他の法律が適用されるようにしようとすることがある。これを，一般に法律回避と呼んでいる。

　法律回避の例として歴史的に有名なのは，ボッフルモン公爵夫人事件である。この事件は，フランス人ボッフルモン公爵と結婚してフランス国籍を取得したボッフルモン公爵夫人が，当時（1816〜1884年）離婚を禁止していたフランス法の適用を回避するため住所をドイツのザクセン・アルテンブルグ公国に移して同国に帰化した上で，同国法により離婚したというものである。フランスの最高裁判所に当たる破毀院は，内国法の回避行為であるとして，ドイツへの帰化および同国法による離婚，さらにその後の再婚も無効であると判決した。

　近年の例としては，取締役の責任が軽く，会社運営に関する規制も緩やかである地に会社の名義上の本店を設置するという例が挙げられる。この適例は，デラウェア会社と呼ばれるものである。アメリカ合衆国の巨大企業はデラウェア州で設立されたものが多いのだが，デラウェア州が商業の中心地であるわけではなく，ここに挙げた理由でデラウェア州で設立されたものが多い。このように，登録手数料を目的として登録を誘引することは，国際的には船舶について行われる。便宜置籍船と呼ばれるのがそれで，パナマやリベリアがその例として著名である。

法律回避無効論の根拠　法律回避の問題点は，当事者が自己に有利な法を選択適用することを許すと，結果として国際私法が掲げる「最も密接な関係を有する法律の適用」という原則が歪められてしまう可能性が高いことにあるとされる。もっとも，法律回避無効論の根底には自己に不利な法律の適用を回避することに対する嫌悪感があることは否めず，初期には法律回避を無効とすることの根拠として詐欺や権利濫用などの実質法上の概念が主張されていた。しかし，実質法上の理由をもって抵触法的帰結を導くのが適切でないことは当然であり，後になると内国の強行法規の潜脱に対する制裁という側面が強調されるようになる。しかし，強行法規の潜脱は内国法には限らず，内国法を特に重視するのは国際私法の基本理念の1つである内外実質法平等の原則に反するという批判を受け，その根拠を準拠法の選択における黄金律である「最も密接な関係を有する法律の適用」を害する点に求めるようになったものと考えられる。

法律回避への対処　旧法例は，法律行為の方式について法律回避を無効とする規定を有していた（10条）。法例や通則法にはこのような規定はないが，にもかかわらず法律回避を一般的に無効とするような解釈が可能かどうかがここでの検討課題である。

　法律回避は，「当事者が連結点を故意に変更する」という要素を含んでいるので，どうしても故意の認定で不確実な部分が生じる。当事者が自己に都合の良いように連結点を変更することは許されない，あるいは望ましくないという理念には傾聴するべきものがあるとしても，実際どのような場合に「連結点を故意に変更した」と認定できるかという問題は，かなり解決が難しい。この

不確実性,および旧法例にあった法律回避を禁ずる規定が削除されたという経緯からすると,通則法の下で解釈論上法律回避無効論を採用するのは困難であろう。むしろ,当事者が左右しうる連結点を採用していること自体,通則法の規定が当事者の意思によって連結点が変更され,その結果準拠法が変更されうることを容認とは言わずとも予想はしていることを意味していると思われる。

もっとも,法律回避無効論が提起した問題は今なお有効であり,立法政策としては当事者が変更しにくい連結点を採用するべきであるという立場が有力である。この場合において,いつの時点の連結点によって準拠法を決定するかについて,不変更主義を採用することも一考に値するであろう。例えば,平成元年改正前の法例 16 条は,離婚については原因事実発生時の夫の本国法によるものとしていたが,この規定は,その本国法によれば離婚原因となる事情がある場合に夫が国籍を変更してそれが離婚原因とならないようにする(またはその逆)を防ぐためのものであったとされている。

4 準拠法の特定

1 はじめに

性質決定がなされて連結点が確定した段階で,その法律関係に適用されるべき実質法を選択することが可能になったことになる。しかし,指定された法律によっては,これだけでは具体的にどのような法律を適用すればいいのか確定しない場合がある。例えば,異なる法律を有する複数の地域を有する国の法律が指定された場

合には，その複数の地域の法のいずれを適用すればよいのかが分からない。また，準拠法と目される国の法律の国際私法を参照して，日本法や他の国の法律を適用すべきこととなる場合もある。

このように，連結点の確定によって一応準拠法を指定することが可能となった後，実際に適用される法律を具体的に特定するまでの段階で生じる問題を，この「準拠法の特定」という項目で扱うことにする。以下，反致，不統一法国法の指定，未承認国法の指定の順で解説する。

② 反　　致

はじめに　（広義の）反致の定義的な説明は，「準拠外国法の国際私法を参照して，その外国法以外の国の法律によるものとすること」である。

それによれば，例えば，相続準拠法がイングランド法である場合に，イングランド国際私法の規定によれば相続は被相続人の住所地（ドミサイル）の法によるとされており，かつ同人のドミサイル（当然，イングランド法上のもの）が日本にあれば，イングランド国際私法上は日本法によるべきであるので，日本法を適用するということになる（通則法41条本文参照）。

反致は国際私法の制度の中でも特に難解であるとされるが，それに理由がないわけではない。と言うのは，この反致という制度は，理論的根拠がはっきりしないか受け入れ難いものであるのみならず，実際上の効果も必ずしも正当化されるものではないからである。

以下では，まず反致をやや詳しく説明した後，それが認められる理由について考察し，その後で通則法41条の規定について説

明を加えることとする。

> 反致の種類

前述の通り、「準拠外国法の国際私法を参照して、その外国法以外の国の法律によるものとすること」というのが（広義の）反致を定義的に説明したものであるが、最終的にいかなる国の法律によることを認めるか、およびそのような法律によることとなった経緯によって、（広義の）反致はいくつかの種類に分かれる。

```
反致（広義）─┬─反致（狭義）
            ├─転致
            ├─間接反致
            └─二重反致
```

　最も狭い形態が、法廷地国際私法によって指定された国の国際私法によれば当該事件について法廷地実質法によるべき場合に法廷地実質法による、とするものである。A国の国際私法によればB国法によるべきところ、B国の国際私法ではA国法によるとされていれば、A国法によることになる。例えば、通則法41条本文は、「当事者の本国法によるべき場合において、その国の法に従えば日本法によるべきときは、日本法による」としているが、これはこの形態の一種である。このような種類の形態を、狭義の反致と呼んでいる。

　それに加えて、法廷地国際私法によって指定された国の国際私法が指定する実質法が第三国法である場合に、当該第三国法によるという形態がある。A国の国際私法によればB国法によるべきところ、B国の国際私法でC国法によるとされていれば、C国法によることになる。このような種類の形態を転致と呼んでいる。手形法88条1項および小切手法76条1項が、それぞれ「為替手形及約束手形ニ依リ義務ヲ負フ者ノ行為能力」および「小切手ニ依リ義務ヲ負フ者ノ行為能力」につき、「其ノ本国法」によ

るものとし,さらに「其ノ国ノ法ガ他国ノ法ニ依ルコトヲ定ムルトキハ其ノ他国ノ法ヲ適用ス」と定めているのは,このような転致をも認めたものと言える。

両者の具体的差異は,以下の通りである。例えば,イングランドに属する連合王国人の行為能力が問題となり,その者のドミサイルがフランスに認められるとする。行為能力の問題は通則法4条によってその本国法が適用されることになる。ここで,通則法41条の反致の成立が問題となるのだが,当該人の本国たるイングランドの国際私法によれば,人の行為能力の問題はそのドミサイルがある国の法律によることとされており,この場合はフランス法によるべきこととなるので,通則法41条に言う「その国の法に従えば日本法によるべきとき」には該当しない。したがって反致は成立せず,本則通りイングランド法を適用することになる。これに対して,同じ者の手形能力が問題になったとすると,手形法88条1項では,本国国際私法によれば第三国法によるべきものとされている場合にも当該第三国法によるとしているから,イングランド法ではなくフランス法を適用することになるわけである。

Column ⑬ 間接反致・二重反致

間接反致も反致の一形態である。これは,法廷地国際私法によって指定された国の国際私法が第三国法によるべき旨を定めており,当該第三国の国際私法によれば法廷地法によるべき旨を定めていれば,法廷地実質法を適用するというものである。A国国際私法によればB国法によるべきであり,B国国際私法によればC国法によるべきであり,C国国際私法によればA国法によるべきである場合には,A国法によることになる。狭義の反致が成立するためには,法廷地国際私法によって指定された準拠法所属国の国際私法によって直接法廷地の法律が指定されていることを要するが,間接

反致では，第三国の国際私法を介して間接的に法廷地法が指定されている場合にも反致の成立を認めることになる。後で述べるように（⇒68頁），通則法41条は間接反致を認めていないと考えられる。

二重反致は，他の反致の形態においては法廷地国際私法によって指定された準拠法所属国の国際私法の反致の原則が顧慮されていないのに対して，これを考慮に入れるものである。すなわち，当該外国の国際私法において反致が成立する場合には，当該外国の法律によることになる。A国国際私法によればB国法によるべきであり，B国国際私法によればA国法によるとされているが，B国国際私法において反致が認められていてこの場合に反致が成立するときには，B国法によることになるわけである。二重反致の成立を明確に認めた裁判例もあるが（東京高判昭54・7・3高民集32巻2号126頁），同じく当初の準拠法によることを認めるとしても，それはその国の国際私法上反致が成立して「その国の法に従えば日本法によるべきとき」（通則法41条）に当たらない，すなわちそもそも通則法41条の反致が成立しないからであるとする理解もある。

反致の根拠

さて，反致はなぜ認められるのであろうか。

(1) 理論的根拠 反致の理論的根拠として挙げられるものには，準拠法所属国が（その国際私法規定を通じて）自国法の適用を欲していないことを表示している以上，当該外国法を適用するべきではないというものがある。これを，棄権説という。しかし，外国法を準拠法とするのは，当該事件に最も密接な関係を有する国の法律を選択・適用するという法廷地国際私法の働きの結果であり，当該外国が自国法を適用する意思があるかどうかは関係がない。また，外国法の適用は，当該外国の主権の作用を国内において認めることに他ならないという前提に立てば，その外国が欲

しないのにその法律を適用するのは問題であるとも言えようが，少なくとも外国の私法を適用することはその国の権力作用を認めることには繋がらない。よって，棄権説は充分な根拠とは言い難い。

　形式論理的には，反致が認められるのは，外国法が準拠法となる場合にはその実質法のみならず抵触法も指定されるためで，その結果その抵触法に従って他の国の法律によることになるのだと説明することも可能であろう。これを，総括指定説という。しかし，この立場によれば，当該準拠法所属国の抵触法が他国法を指定する場合にもその他国の抵触法を含めて指定されることになるはずであるから，いわゆる「際限なき循環」が生じてしまう。この立場が「論理的反射鏡」「国際的テニス」などと揶揄される所以である。

　(2)　実質的根拠　　このように，反致を理論的に根拠づけることは困難である。そこで，これに実質的根拠を与える試みが行われることになる。

　その1つが，判決の国際的調和に資するというものである。そもそも，狭義の反致が問題となりうるのは，国際私法の規定が国によって異なっており，互いに相手の国の法律によるべきものとされる結果，いずれの国で訴訟を提起するかによって準拠法が異なる状況であるから，いずれかの国で反致の成立を認めて相手国法ではなく自国法によるものとすれば，法廷地によって準拠法が異なることを避けることができ，判決の国際的調和を図ることができるというのがこの立場の主張するところである。A国においてはB国法に，B国においてはA国法によるものとされている場合，A国において反致を認めれば，A国においてもB国に

おいてもA国法を適用することになって調和がとれるというわけである。しかし，片方の国のみが反致を採用するのならばともかく，双方の国で反致を採用すると，準拠法が入れ代わるだけで法廷地が違えば準拠法も異なるという状況は変わらない。前述の例で，B国も反致を採用すると，A国ではA国法を，B国ではB国法を適用することとなるわけである。のみならず，準拠法が同じであっても事実認定が異なれば当然判決の結果は異なってくる。さらに言えば，この立場に言う「判決の調和」とは，たかだか準拠法所属国または法廷地国において裁判が行われたときの準拠法を同じにしようということを意味しているにすぎず，第三国で裁判がなされたときのことは最初から埒外にある。反致によって国際的な判決の調和が保たれるというのは幻想であろう。

反致の実質的根拠としては，狭義の反致が成立する結果日本法が適用されるという点を積極的に評価して，反致という制度は自国法の適用機会を増加させるためのものであるという位置づけをする立場もある。この背景には，外国法の適用にはその内容の調査という困難な問題が伴うため，なるべく避けたいという裁判所の現実的要請があるとも考えられるが，内国法の適用を優先させるのは実質法の価値的平等という国際私法の基本理念に反するのみならず，反致を成立させるためには準拠法所属国の国際私法の内容を調査する必要があるところ，これが準拠法の内容を調査することに比べて容易であるとは言い切れない。そこで，この立場が主張するような現実的利益があるかどうか疑問であるという批判もあるところである。

(3) 準拠法選択上の一般条項としての位置づけ　　ところで，反致という制度を準拠法選択上の一般条項と位置づけようという

考え方もある。この立場は，反致という制度を以下のように分析する。もともと，反致という制度の基本的スタンスには2つのもの，つまり形式的に準拠法所属国の扱いにすべてを委ねるという立場と，当該具体的事案において密接に関連する法律は何かということに注意を払いながら，その適用を導くためにある場合には反致を成立させ，ある場合にはその成立を否定するという立場があった。前者は論理的に破綻せざるをえないが，後者は当時意識されていなかった国際私法における黄金律，すなわち「最も密接に関係する法の適用」の実現を不適切な形式において不完全ながら実現しようとしたものである，と。そして，現在の国際私法においても，反致条項を準拠法選択上の一般条項として使用することの可能性を指摘するのである。この立場は，文言解釈上の問題が大きいと考えられるため（同種の事件であっても，最も密接な関係を有する国が違えば，通則法41条が適用されたりされなかったりすることを認めることになる），賛同を得にくい考え方ではある。

さて，以上のように考えると，反致には理論的にも実質的にも根拠を見出し難いということになる。また，厳密に考えると，各国の国際私法において単位法律関係は異なっているから，反致が成立する場合であっても外国法に送致された部分の全部が日本法によるべきものとなるとは限らない。そして，部分的に反致が成立した場合には，困難な適応問題（→*Column* ⑧）が生じる可能性があり，そうなると実際の適用上も大きな問題が発生しうる。そこで，学説上も立法論としては反致否認論が優勢である。

通則法41条の解釈 （1）「当事者の本国法によるべき場合」通則法41条の反致が成立するためには，まず「当事者の本国法によるべき場合」であることが必要である。

これは、通則法上当事者の国籍が連結点となっていることが必要であるという趣旨であり、他の連結点によって媒介された法律がたまたま当事者の本国法と一致していても反致は成立しえない。例えば、債権譲渡の第三者に対する効力は「譲渡に係る債権について適用すべき法」による（通則法 23 条）が、これがたまたま債務者の本国法と一致しており、かつその国際私法によれば日本法によるべき場合であっても、反致は成立しない。

　また、当事者の本国法によるべき場合であっても、通則法 25 条（婚姻の効力）、26 条 1 項（夫婦財産制）、27 条（離婚）および 32 条（親子間の法律関係）の規定によって当事者の本国法によるべき場合には、反致は成立しない（同法 41 条但書）。これらの単位法律関係に共通するのは、段階的連結（⇒ 56 頁）が採用されていることである。前述の通り、反致の根拠ははっきりしないので、なぜ段階的連結の場合には反致を認めるべきでないのかの説明も難しい。ただ、反致にあまり根拠がないとすれば、反致を制限するこれらの規定に異を唱える程のこともないであろう。

　結局、通則法 41 条の文言上、反致が成立しうる単位法律関係は、通則法 4 条、24 条、28 条ないし 31 条、33 条、35 条ないし 37 条の場合であるということになる。

　解釈上、反致を認めるべきではないとされる場合がある。まず、通則法 29 条 1 項後段・2 項後段および 31 条 1 項後段の場合である。これらの規定は、認知や養子縁組の成立について、被認知者や養子となるべき者の保護のために特にその本国法の要件を充足すべきことを定めた規定（いわゆるセーフガード条項）であるから、その本国法から日本の法律に反致を認めたのでは保護にならないし、文言上も特定の規定によるべきことが要求されていると読め

るからである。

　また，通則法24条3項本文，28条，29条2項，30条のように，選択的連結が採用されている場合には反致を認めるべきではないとする考え方がある。例えば，通則法28条においては，子がなるべく嫡出子たる身分を取得するべく選択的連結を採用しているのに，父の本国法と母の本国法が別々のものである場合にもその双方について反致が成立する場合に日本法のみによるとするのは，選択的連結を採用した意味がなくなるとされるわけである。

　なお，反致が成立しえない場合としては，通則法26条2項1号の「夫婦の一方が国籍を有する国の法」の場合がある。これは，通則法41条のいう「当事者の本国法」とは異なるからである。また，遺言の方式の準拠法に関する法律および扶養義務の準拠法に関する法律が適用される場合で本国法によるべきときにも，反致は成立しない。これらの単位法律関係には通則法は適用されないのが原則であり，かつ例外的に適用される条文の中に通則法41条は入っていないからである（通則法43条参照。これは，これらの法律の元となった条約において反致が認められていないことに対応する）。

　(2)　「日本法によるべきとき」　反致が成立するための2番目の条件は，「その国の法に従えば日本法によるべきとき」（通則法41条）であることである。この規定の仕方から，第三国法にもよらしめることのある転致は通則法上認められていないことが分かる。日本の国際私法によればA国法によるべきであり，A国国際私法によればB国法によるべきであるところ，B国国際私法によれば日本法によるべきものとされている場合に，反致を成立させて日本法によるべきものとするか，つまり間接反致を認

めるかどうかについては，これを認めないのが通説であった。文言上も，「その国の法に従えば日本法によるべきとき」とはその国の国際私法によって直接日本法が指定される場合を指すものと考えるべきであろう。

　反致が成立するためには当該外国法が日本の通則法上本国法として指定されていることが必要であるが，当該外国の国際私法上日本の法律が適用される場合の資格は何であっても構わない。住所地法として日本法が適用されるべき場合がほとんどであろうが，相続に関し，不動産所在地法として日本法が適用される場合に反致の成立を認めた例がある（最判平6・3・8家月46巻8号59頁〈百選5〉）。

　なお，「その国の法に従えば日本法によるべきとき」の特別なケースとして，いわゆる「隠れた反致」がある。米国の州においては，養子縁組などの単位法律関係について裁判管轄のルールのみが存在し，準拠法のルールが存在しない場合がある。裁判管轄が認められる場合には，常に自州法を適用するのである。このような州の法律が本国法として指定された場合に，その裁判管轄のルールに従って日本に裁判管轄が認められるときには「日本法によるべきとき」に当たる，と解して反致の成立を認めるのが隠れた反致である。当該州においては準拠法ルールが明示されていないが，裁判管轄ルールの中に準拠法ルールを読み込んで，かつこれを双方化することによって，反致の成立を認めるのである。これを採用して反致の成立を認めた例も多い（例えば，青森家十和田支審平20・3・28家月60巻12号63頁〈百選6〉）が，反致の根拠を判決の国際的調和に求めるとしたら，当該州において裁判がなされたとしたら適用されるであろう法律を準拠法にするべきであ

るところ，そもそもこのような場合には当該州の裁判管轄のルールによれば日本に裁判管轄があるわけだから当該州で裁判がなされないはずであるし，仮に裁判がなされたと仮定したら必ずその州の法律を適用するわけだから説明がつかない，という批判がある。確かに，双方化のための読み替えには無理があると言えよう。いずれにせよ，現在は婚姻の効力，夫婦財産制，離婚，親子間の法律関係については反致が認められないこととなったので（通則法41条但書），隠れた反致が成立しうる場合も制限されることになった。

③ 不統一法国法の指定

> 問題の所在

不統一法国とは，一国の中で相異なる複数の法律の体系を有している国を言う。例えば，アメリカ合衆国においては，連邦は連邦憲法上定められている事項についてのみ立法権を行使できるにすぎず，その余の部分については州が立法権を留保しているので，州ごとに法律が異なる分野が相当広く存在する。契約，不法行為，会社法などの他，国際私法それ自体も州によって異なる。これは，場所的地域によって相異なる複数の法律の体系を有している地域的不統一法国の例である。

また，不統一法国の中には，人種や宗教によって適用される法律が異なる国もある。これは主として婚姻・親子の分野で問題になる。例えば，インドネシアの親子法はこれに当たる（東京地判平2・12・7判時1424号84頁〈百選8〉参照）。このような不統一法国を，人的不統一法国と呼んでいる。

不統一法国法が指定された場合の問題は，場合によっては指定

された不統一法国に施行されている法律のうち、どれを適用すべきなのかが分からないということである。そのような場合には、指定された国の複数の法律の内でいずれの法律が適用されるかをさらに決定する必要がある。その必要を満たすため、通則法は地域的不統一法国法が指定された場合の規定として38条3項を、人的不統一法国法が指定された場合の規定として40条を置いている。

　ところで、地域的不統一法国法が指定された場合に問題になるのは、本国法として指定された場合、すなわち連結点が国籍である場合に限られる。これは、通則法38条3項の文言、すなわち「当事者が地域により法を異にする国の国籍を有する場合には……を当事者の本国法とする」という定め方をしていることからも明らかである。ただし、これは他の連結点、例えば行為地や常居所地などの場所的意味を持つ連結点においては、地域的不統一法国法の指定に関する限り問題が生じないからでもある。例えば、アメリカ人の相続に関しては、通則法36条の規定によってその本国法によるべきことになるところ、アメリカには50の州と連邦直轄地であるコロンビア特別区という51の法域があり、そのいずれによるべきかを特定しない限り具体的によるべき法律が分からないが、通則法10条2項にいう行為地法を決定する場合には、実際にその行為がなされた場所、つまりカリフォルニア州であるとか、ニューヨーク州であるとか、ワイオミング州であるとかを「行為地」と認定してその法律によれば良く、これを殊更「アメリカの法律」が指定されたものと考えて、アメリカは地域的不統一法国であるからそのうちのいずれの法律が指定されたかを考える、ということをする必要はないわけである。つまり、

4　準拠法の特定

「場所的意味を持つ連結点」は地域的不統一法国に属する複数の法域のうちのいずれかに直接連結することが可能であるから、ここで扱う問題、すなわち「指定された不統一法国法のうち、いずれが適用されるかを決定する」という処理を経る必要はないのである。

　一方、人的不統一法国法が指定されたような場合には、連結点が国籍である場合のみならず、行為地、原因事実発生地、住所地、常居所地などの場所的意味を有する連結点によって指定されるようなときにも問題が生じうる。しかしながら、通則法40条は、1項で本国法として指定された国が人的に法律を異にする場合について定め、2項では常居所地法および夫婦に最も密接な関係がある地の法律としてこのような国の法律が指定されるいくつかの場合について1項を準用しているにとどまり、行為地など他の連結点を通じて指定される場合については定めていない。これは、「人的に法を異にする」ような場合が婚姻法・親子法のような家族法分野に限られているからだと思われる。つまり、通則法が規定する単位法律関係のうち、人的に法律を異にする国の法律が指定されるような場合は婚姻・親子に関係するような場合に限られるところ、そのような単位法律関係において採用されている連結点は、本国法・常居所地法が主たるものであるため、それ以外の連結点については規定しなかったと考えられるわけである。

問題の解決——地域的不統一法国法の場合

　地域的不統一法国法が指定された場合の問題の解決方法としては、直接指定と間接指定という2つの方法が考えられる。直接指定とは、当該の国に併存する複数の法域のうち1つを、法廷地の国際私法がその独自の立場に従って直接に指定するという

ものであり，これに対して間接指定とは，当該の国に併存する複数の法域のうちのいずれの法域の法によるべきかは，その国の法律が定める所に従うというものである。

直接指定の利点は，法廷地の国際私法上の価値判断が反映されるということである。つまり，裁判所は，その価値観に基づいて準拠法を選択することができるのである。その一方で，この国際私法上の価値判断は国によって異なりうるから，法廷地が異なると地域的不統一法国の国籍を有する者の本国法とされる法律が異なるという事態も考えられる。

一方，間接指定の利点は，地域的不統一法国法が本国法とされる場合に，法廷地が違えば本国法とされる法律が異なるという事態を避けることができるということであろう。間接指定においては，地域的不統一法国に属する法域のうちいずれの法域の法律によるかは，当該地域的不統一法国の法律によることになるから，各国が間接指定主義を採用する限り同種の問題の決定方法は同じになるはずだからである。これによって判決の国際的な調和が図られるとされるのだが，準拠法が同じになるようにすれば必ず判決の国際的調和が図られるというわけではないのは反致の項で述べた通りである（⇒64頁以下）。また，当該法による決定に法廷地の国際私法が入り込む余地はないから，実際に選択された準拠法が法廷地国際私法の立場からみて当該事案に必ずしも密接な関係があるとは限らないというようなケースも生じうる。国際的に準拠法ということに関しての価値観の対立があることを前提とする限り，間接指定の妥当性には疑いを禁じえない。

この問題は，通則法では38条3項で解決されている。そこでは，まず「その国の規則に従い指定される法」を，そういう規則

のないときは「当事者に最も密接な関係がある地域の法」を本国法とすると定められている。原則として間接指定によることとしながら，間接指定によりえない場合には直接指定によることを定めたものである。同趣旨の規定が，扶養義務の準拠法に関する法律7条（ただし，常居所は場所的意味を持つ連結点であるから，当事者が地域的に法を異にする国に常居所を有していても特に問題はない。本条は，常居所についてはもっぱら人的に法を異にする国に関する規定だと考えられる）と遺言の方式の準拠法に関する法律6条にもある。

ところで，通則法38条3項にいう「その国の規則」とは，一般には当該地域的不統一法国の準国際私法を指すものと考えられている。「準国際私法」というのは，地域的不統一法国において，その国内における法の抵触を解決するための法律を意味する。地域的不統一法国において国全体を通じて準国際私法が同じであるときは，その準国際私法が通則法38条3項にいう「その国の規則」に該当するものとしてそれを適用すれば良いが，各地域によって準国際私法が異なる場合が多いので，その場合にはどの地域の準国際私法によるべきなのかということが問題になる。このような場合には通則法38条3項にいう「その国の規則」はないものとして，直接指定によるべきであるとするのが一般的な見解である。例えば，アメリカ合衆国においては，国際私法ないし準国際私法は州の立法管轄に属し，州ごとに異なっており，英米法系の国際私法にとって日本の国際私法における国籍と同等の重要性を占めるドミサイルの概念についても州によって異なっている。したがって，通則法38条3項にいう「その国の規則」はアメリカ合衆国には存在しないと解すべきであろう（横浜地判平10・5・

29 判タ 1002 号 249 頁〈百選 7〉)。

　また，このような場合に準国際私法と国際私法が厳密に分かれているとは限らない。抵触法的見地からすれば，同一国内にある他の法域の法と外国の法を区別する必要はないので，両者を別々にする必然性がないからである。しかし，両者が融合しているような場合，その準国際私法＝国際私法によって準拠法とされる法律が，当該不統一法国のいずれの法域の法でもないという事態をも生じうる。例えば，A 国人の本国法によるべき場合に，A 国の国際私法＝準国際私法によれば，B 国法によるべきものとされる場合である。日本の国際私法によれば A 国法によるべきものとされるにもかかわらず，間接指定を経由した結果 A 国以外の法律によるべきものとされてしまうわけで，間接指定の問題点とされる「法廷地から見て必ずしも密接に関連するとは思われない法律が指定される危険」が顕著な形で顕在化したものと考えることができよう。

　以上のような場合には，「その国の規則」がない場合であると考えて，直接指定によるとするのが一般的な考え方であるが，このような考え方は技巧的に過ぎるという批判もある。

　そこで，通則法 38 条 3 項に言う「その国の規則」には，外国の法律を指定する可能性のある規則は含まれないと解する見解がある。このように解すると，現実には通則法 38 条 3 項にいう「その国の規則」に該当する規則を有している国はないので，38 条 3 項の前半部分は空文であると解することになる。

　間接指定によりえない場合には直接指定による。この点，通則法 38 条 3 項括弧書は，単に「当事者に最も密接な関係がある地域の法」とするだけで，具体的な判断を個別のケースに委ねてい

る。

問題の解決——人的不統一法国法の場合

人的不統一法国法が準拠法として指定された場合にも，通則法では，地域的不統一法国法の指定の場合と同様の処理がなされる（40条。なお，扶養義務の準拠法に関する法律7条にも同旨の規定がある）。人的不統一法国の場合には，国籍を連結点とする場合だけでなく，常居所や「夫婦に最も密接な関係がある地」（通則法25条参照）を連結点とする場合も問題となるので，それに対応した規定が置かれている（通則法40条2項）。

行為地などを連結点として人的不統一法国法が連結される場合にも，複数の法のうちいずれによるべきかという問題が生じうるのだが，通則法にはこのような場合についての規定はない。その理由は，通則法でこれらの連結点を採用している単位法律関係について，人的に法を異にしている国は現実には存在しないと考えられるからである。ただし，難民の地位に関する条約12条1項により住所地法や居所地法が適用される場合には，通則法40条を類推適用すべきである。難民の地位に関する条約12条1項は，難民，特に政治的難民については，彼らが逃れることを欲した国の法律を本国法として適用するのは不条理であるとして，本国が明確であっても「難民については，その属人法は住所を有する国の法律とし，住所を有しないときは，居所を有する国の法律とするものとする」と規定しているので，この規定に従って住所地法または居所地法が適用されるような場合には，人的に法を異にする事項が問題となりうるからである。

通則法40条の採用した解決方法は，地域的不統一法国法が指定された場合と同じである。すなわち，人的不統一法国法が本国

法として指定された場合，そのうちいずれの国の法によるかはその国の規則に従い，そのような規則のない場合には当事者に最も密接に関係する法を本国法とする（同条1項）。ここに言う「その国の規則」は，人的な法の抵触を解決する規則であるので，人際法と呼ばれる。この規定は，常居所地法または夫婦に最も密接な関係のある地の法として人的不統一法国法が指定された場合に準用される（同条2項）。

ところで，このように通則法は人的不統一法国法が指定された場合についても地域的不統一法国法が指定された場合とほぼ同じ規定を置いているのであるが，学説上は，国際私法は法の場所的抵触の解決を任務とするものであって，地域的不統一法国と人的不統一法国とは同列に扱えないとする立場が有力である。この立場は，地域的不統一法国が指定された場合は，国家単位に法が存在していることを前提として連結点を国籍としたことに起因する問題であり，連結政策の問題として法廷地国際私法が自ら処理すべきものであるが，人的不統一法国は，地域的には統一された1つの国であって，法廷地国際私法がその法を指定したのであれば，その先はその国の実質法秩序の問題であると解するのである。すなわち，人的不統一法国とは，結局のところ，人的に実質法の要件を書き分けているにすぎないと考えるわけである。例えば，ある夫婦について婚姻の効力が問題となった場合，夫の本国法と妻の本国法が共にA国法であるが，A国は人的に法律を異にする国であって，夫に適用される法はA_1法，妻に適用される法はA_2法で両者が相異なるときは，本国法が同一でない場合として次順位の準拠法によるのではなく，A国において，異なる婚姻法が適用される当事者同士の婚姻に適用される実質法を適用すべきこ

とになる。

しかし，この有力説に従っても，通則法40条の解釈にはさほど変わりはない。この立場では，人的に異なる法を有する国の法律が本国法として指定された場合には，その実質法の規定によってどの法が適用されるかを決定することになるから，「その国の規則」すなわちその国の人際法によって適用される法規定を見出すのが当然であるということになる。そして，通則法40条1項括弧書は，「その国の規則」が不明である場合の処理であって，外国法不明の場合の処理の特則を定めたものと考えることとなる。

4 未承認国法の指定

問題の所在 通則法によって指定された法律が，わが国が承認していない国家あるいは政府の法律であっても，これを適用できるかどうかという問題がある。これを，未承認国法の指定の問題と言う。国際私法においては，国際法でいう国家の承認と政府の承認を区別する必要はなく，法律上の承認と事実上の承認を区別する必要もないとされる。そこで問題は，法律上も事実上も承認されていない国家ないし政府の法を適用することができるかということになる。現在の日本で主として問題となるのは，中華民国法および朝鮮民主主義人民共和国法の適用である。

学　説 国際私法は主権国家の立法権の衝突を調整するための法律であると理解すると，未承認の国家ないし政府は存在しないのと同様であるから，それを適用することもできないということになる。しかし，国際私法の性質については，現在これを国際的要素を含む私的法律関係に

ついて最も密接な関連を有する法律を選択するものと理解するのが一般的であり，その観点からすれば，たとえ未承認国家の法律であっても，それが現実に一定の地域において施行されており，かつ当該法律関係に最も密接な関係を有する限り，むしろその法律を適用することが国際私法の目的に叶うものと考えるべきであろう。わが国の学説もこれを肯定する点で一致していると思われる。

判 例 わが国の判例も，肯定説を採用している。正面から認めた例としては，「国家又は政府の承認は，政治的外交的性質を有する国際法上の問題であつて，承認の有無は外国法の実定性にはかゝわりないことであり，未承認の一事をもつて或る一定の社会に一定の法が行われていることを否定する根拠とすることはできないから，国際私法上の関係では，我国の裁判所は未承認の国家又は政府の法令をも外国法として適用しなければならない」と述べた京都地判昭和31年7月7日（下民集7巻7号1784頁。1972年の日中国交回復前の中華人民共和国法の適用が問題となった例）がある。また，最高裁判例として，当時未承認であった中華人民共和国法の適用の可能性を認めた最判昭和34年12月22日（家月12巻2号105頁。中国浙江省鎮海県に本籍を有する者の本国法について，中華民国法を適用しても中華人民共和国法を適用しても結論は変わらないとしたもの）がある。

Column ⑭ 分裂国家法の指定

ここで言う分裂国家とは，元来1つの国であったが第2次世界大戦の後2つの国家に分裂し，それぞれが分裂前の領域全体について領域主権を主張している状態にある国を言う。現在存在するのは，中華民国と中華人民共和国，大韓民国と朝鮮民主主義人民共和国で

ある。これらの国の国民は，分裂前にはその国の国籍を有しており，本国法もその統一国家の法律であったが，国家の分裂と共に分裂したいずれの国の法律を本国法とするべきかが問題になった。これが「分裂国家法の指定」の問題である。

特に，南北朝鮮の場合，サンフランシスコ平和条約によって日本から独立したのであるが，いかなる者が新国家の国民となるべきかは当該条約の中では定められなかった。そこで，日本政府は，当該条約の発効前に朝鮮戸籍に所属する理由が生じた者は日本国籍を失うとしたのであるが，その結果，現在の日本国の領域の中に居住していても朝鮮戸籍に記載されていた人は日本国籍を失うこととされた。このような人々については，朝鮮が分裂国家となってしまったため，そのいずれの国の法律を本国法とするべきかという問題が生じるわけである。しかも日本は出生による日本国籍の付与について血統主義を採用しているので，このような人々の子孫もまた日本国籍を取得することができず，この問題は世代を超えて引き継がれた結果，日本国内で出生し，現在まで日本国内から出たことがなく，したがって大韓民国とも朝鮮民主主義人民共和国とも実質的な繋がりがない人についても，その本国法がいずれであるかという問題を考えなければならないのである。

未承認国家の法律は適用しないのであれば，承認している国の法律を適用すればそれで済むのであるが，それは適切ではないのはすでに述べた通りである。そこで，通則法の下でどう解決するかであるが，これは，分裂国家を1つの国と考えるか2つの国と考えるかによって考え方が分かれる。

分裂国家は1つの国であるとすると，1つの国の中に相異なる法律が施行されている領域が存在する地域的不統一法国であることになり，したがって，通則法38条3項を適用することになる。ただし，分裂国家相互間でそのいずれの国の法律によるかを定める統一された規則があるとは考えられないので，もっぱら分裂国家法のう

ちで当事者に最も密接な関係がある地方の法を適用することになろう。

分裂国家は2つの国家であると割り切る場合は、重国籍者の本国法の問題となる。分裂国家は、互いの国の国民も自国民であると主張し、これらの者にも自国の国籍を付与する国籍法を有しているのが通常だからである。この場合は、通則法38条1項により、重国籍たる国籍の1つが日本の国籍である場合には日本法を本国法とし、それ以外の場合は当事者が国籍を有する国のうちに常居所を有する国があればその国の法律を本国法とし、そのような国がない場合には当事者に最も密接な関係がある方の国の法律を本国法とすることになる。

分裂国家の国民の本国法の問題で、実際に一番重要なのは、いわゆる在日韓国人・朝鮮人の本国法がどうなるかという問題であるが、そのような人々に関する限り、上のどちらの説をとっても大きな差はない。分裂国家のいずれかの国に常居所を有するわけではないので、いずれにせよ最も密接な関係を有する地方ないし国の法律が本国法となるからである。その意味では、どちらによるべきかを論ずる実益は少ないが、分裂国家自身の主張はともかく、これらがまとまった1つの国であると考えるのは実態にそぐわないと考えられるので、分裂国家は2つの国であって重国籍に準じて解決すると解するのが適当であろう。

Column ⑮　場所的連結点の示す地に「法がない」場合

行為地や原因事実発生地のような場所的意味を持つ連結点の場合には、それが指し示す場所で施行されている法律を適用すれば良いが、その場所で法律が施行されていない場合にどうするかという問題がある。例えば、南極大陸での不法行為や、公海上での船舶衝突、さらには宇宙船や人工衛星の衝突事故のような場合がそうである。このような場合には、事案を全体的に考慮して、最も密接に関連する法律を選択する他はないであろう。下級審判決には、リベリア法

人が所有しリベリアで登録された船舶を日本法人が5年間定期傭船していたが，当該船舶が対馬沖の公海で日本の漁船と衝突し，そのために漁船は沈没してその乗組員2名が死亡したため，漁船の船主と死亡した乗組員の遺族が定期傭船者たる日本法人に損害賠償を求めて訴えを提起したという事件で，「本件は，公海上において発生した船舶の衝突にかかる事案である。公海であるから不法行為地法というものはない。そして，本件は，日本人が日本法人に対して請求する訴訟であるから，旗国法などの問題が生じる余地はなく，当事者双方の本国法である日本法が適用になる」としたものがある（東京地判昭49・6・17判時748号77頁）。従来の通説によれば，公海上で旗国を異にする船舶が衝突した場合には，旗国法を累積的に適用（→54頁）するものとされていたので，この判決には批判も多いが，日本法を適用したという結論の当否はおくとしても，旗国法に拘泥せずに事案に密接に関連する法律を探求した判決の姿勢は評価されても良いであろう。

5 準拠法の適用（国際私法上の公序）

1 はじめに

準拠法が具体的に決定した後は，その法律を適用すればよい。特に，準拠法が日本法である場合には，国際私法上の問題はない。準拠法が日本法であっても，事案の国際性に応じて解釈を工夫する必要はありうるが（押印のない自筆証書遺言は方式に違背して無効であるのが原則である〔民法968条〕が，遺言書作成の約1年9ヵ月前に日本に帰化した白系ロシア人の，本人の署名はあるが押印がな

い英文自筆証書遺言を有効と認めた例として，最判昭 49・12・24 民集 28 巻 10 号 2152 頁），これは実質法たる日本法の解釈の問題である。準拠法の適用における国際私法上の問題は，もっぱら準拠法が外国法である場合に生じる。

ここでは，外国法の適用結果が例外的に排除される場合（国際私法上の公序）について述べることとし，裁判手続における外国法の取扱いについては後に譲る（→ 285 頁以下）。

② 国際私法上の公序

「国際私法上の公序」の意義

国際私法上の公序は，通則法では 42 条に定めがあり，そこでは，「外国法によるべき場合において，その規定の適用が公の秩序又は善良の風俗に反するときは，これを適用しない」とされている。要するに，外国法を適用した結果，法廷地における私法秩序の根幹部分を害するような場合には，これを適用しないというものであるが，これは，いくつかの点で，今まで述べてきた国際私法における基本原則に反する面を持っている。

第 1 に，「最も密接な関係のある法律を適用する」という国際私法の基本理念と相容れない可能性がある。性質決定，連結点の確定，準拠法の特定という段階を踏んで選択された準拠法は，一応この「最も密接な関係のある法律」と考えることができるわけだが，国際私法上の公序に反する場合には，これを適用しないこととなるからである。

第 2 に，国際私法上の公序は，外国法の適用結果を問題としている。これは，外国法の内容を問題にすることに他ならないから，実質法からの中立という国際私法の基本理念の 1 つにも反するこ

とになる。

　更に，この国際私法上の公序の内容は，法廷地，すなわち日本における公序であるとされている（ただし，日本民法90条にいう公序良俗との異同については，⇒89頁以下）から，これによって外国法の適用を排除するというのは，結局のところ日本における実質法の法秩序を外国法に優先させるのに他ならない。つまり，実質法の価値的平等という基本理念にも反している。

　このように，国際私法上の公序は，国際私法の基本理念の多くと整合しないのであるが，にもかかわらず，国際私法上の公序は各国の国際私法に例外なく採用されている。それは，公序の存在理由が，1つには「適用結果を考慮せずに準拠法を選択する」という国際私法の構造そのものにあり，もう1つには法廷地の私法秩序の根幹部分を守るというどうしても必要な機能を果たすところにあるからである。

　世界には，日本の法律の内容から著しくかけ離れた法律も存在する。そのため，外国法をそのまま適用すると，法廷地の立場から考えると忍び難い結果となることもある。実質法の価値的平等を標榜する現代国際私法にあっては，外国法を適用した場合に生ずる不都合は，多少であればこれを甘受すべきものではあるが，極端な場合には，法廷地，すなわち日本の私法秩序の根幹部分が害されることにもなりかねない。ところが，このような事態となるかどうかは，準拠法の適用の段階にならないと分からない。現在の国際私法は，準拠法を選択する際に，適用すべき法律の内容を参照しないという方法をとっているからである。それによって，実質法の内容の如何が法選択に影響を及ぼし，結果的に最も密接な関係を有する法の適用ができなくなるという可能性を排除して

いるのだが，その一方で，適用結果が異常である場合を排除することもできなくなってしまう。適用の結果は適用の段階にならなければ分からないからである。そのため，適用結果が異常な場合を排除しようとすれば，それは必然的に適用の段階で行われることになる。

国際私法上の公序は，まさしくこれを目的とする制度である。すなわち，準拠法の適用の結果が法廷地である日本の私法秩序の根幹部分を害するようなとき，それを避けるために当該準拠法の適用を排除するものなのである。言い換えれば，国際私法上の公序は，国際私法の制度における安全弁であり，「暗闇への跳躍」という方法を採用している限り，いわば必然であるとも言える。

しかしながら，国際私法上の公序が国際私法の基本理念に反する側面を多々有していることに変わりはない。したがって，国際私法上の公序によって準拠外国法の適用結果を排除するということ（公序則ないし公序の発動）は，極力避けなければならない（謙抑性）。公序則の発動は「暗闇への跳躍」に必然的に伴うものではあるが，国際私法のメカニズムを動かすに当たって頻繁に適用されることが望ましいという意味ではない。外国法を適用することは多かれ少なかれ法廷地との間に摩擦を起こすことを意味するものであり，多少の摩擦が起きるたびに公序則を発動していたのでは，何のための法選択だかわからない。その意味で，公序は「伝家の宝刀」であるとも言える。

なお，ハーグ国際私法会議において採択された「遺言の方式に関する法律の抵触に関する条約」を批准した結果制定された遺言の方式の準拠法に関する法律8条および，同じく「扶養義務の準拠法に関する条約」を批准した結果制定された扶養義務の準拠法

に関する法律8条1項では，共に「外国法によるべき場合において，その規定の適用が明らかに公の秩序に反するときは，これを適用しない」と定められており，通則法42条に比べて「明らかに」という文言が加えられていて，文言上公序則の発動範囲がより制限されているようにも読める。しかし，公序則の発動に抑制的であるべきなのはこのような文言があるかどうかにかかわらない。

なお，国際私法上の公序は，準拠外国法の規定そのものを非難するものではなく，それを適用した結果を問題にするものである。平成元年改正前の法例30条が「外国法ニ依ルヘキ場合ニ於テ其規定カ公ノ秩序又ハ善良ノ風俗ニ反スルトキハ之ヲ適用セス」としていたのを，平成元年改正後の法例33条が「外国法ニ依ルヘキ場合ニ於テ其規定ノ適用カ公ノ秩序又ハ善良ノ風俗ニ反スルトキハ之ヲ適用セス」（傍点筆者）と改めたのは，これを明らかにする趣旨であり，通則法42条も同様の規定となっている。

公序則の発動要件　公序則の発動の可否を判断するに当たって考慮すべき要素は2つある。その1つは適用結果の異常性であり，もう1つは事案の内国関連性（内国牽連性）である。適用結果が異常であるとは，外国法を適用した結果が客観的に見て日本の私法秩序から著しく異なっていることを意味する。公序は外国法の適用結果から日本の私法秩序の根幹部分を守るためのものであるから，これが要素となるのは当然のことであろう。

ただし，ここで問題とされるのはあくまでも「適用結果」であって，「準拠外国法の規定そのもの」ではない。したがって，同じ外国法の同じ規定が適用される場合であっても，場合によって

適用結果が異常であるとされたりされなかったりする。例えば，債権の弁済期から98年を経過した時点で当該債権について履行請求訴訟が提起された場合，たとえこの債権の準拠法に従えば消滅時効期間が100年とされているためいまだ時効消滅していないとしても，弁済期より98年を経過した債権がいまだ時効消滅していないという適用の結果は，公序に反するとされる可能性が高いであろう。しかし，同じ法律を準拠法とする債権であっても，その弁済期から3年が経過した時点で訴えが提起された場合には，その債権が時効によって消滅してはいないという適用の結果は公序に反するものではないと考えられる。弁済期後105年を経過した後訴えが提起された場合に，その債権が時効によって消滅したとされる場合も，同様である。このように，適用結果の異常性は，事案との関係で問題になるものである。先程「国際私法上の公序は，準拠外国法の規定そのものを非難するものではなく，それを適用した結果を問題にする」と述べたが，それは具体的にはこのようなことを意味している。

　一方，事案の内国関連性とは，その事案が日本と一定程度の密接な関係があることである。内国関連性があればあるほどその事案が日本の私法秩序に与えるインパクトが大きくなるからである。

　一夫多妻婚を例に挙げてみよう。これが日本で問題になるのには，様々な場合がありうる。一夫多妻の婚姻生活を日本国内で行うべく，その強制を日本の裁判所に求めるような場合には，内国関連性は非常に高い。しかし，夫が複数の妻を母国に残して日本にやってきたが，妻たちの扶養を怠ったため，第二夫人が扶養料の支払を求めるというケースでは，婚姻生活そのものは日本で行われておらず，その分内国関連性は小さくなる。このように，同

じ外国法の規定が適用される場合であっても，その事案と日本の関連性は様々なのであるが，この関連性が強ければ強いほど公序に反する可能性は高くなる。それだけ内国法秩序へのインパクトが大きくなるからである。

ところで，適用結果の異常性と事案の内国関連性は，それぞれが独立の要件だというわけではなく，両者を総合して通則法42条に言う「規定の適用が公の秩序又は善良の風俗に反する」か否かが判断される。つまり，適用結果の異常性がさほど強くなくとも内国関連性が強ければ公序に反するとされる可能性があるし，逆に，さほど内国関連性が強くなくとも適用結果が著しく異常であれば公序に反するとされることもありうる。公序則の適用上問題となるのは，外国法の適用結果が日本の私法秩序に与えるインパクトなのであり，それを測る要素として適用結果の異常性と事案の内国関連性があるわけである。もっとも，外国法適用結果の異常性がある限度を超えると，もはや内国関連性の度合いにかかわりなく，一律に公序違反とされると考える立場もある。

公序の内容　公序則発動の是非を判断する場合の要素として「適用結果の異常性」を挙げたが，異常であるか否かの判断は，ある一定の実質的内容を有する規範との関係で決まるものである。例えば，一夫一婦制を有している社会から見れば，一夫多妻制は異常であると言えるかもしれないが，逆に，一夫多妻制社会から言えば，一夫一婦制が異常であるということになる。つまり，何が異常であるかは，何を基準として判断するかに大いに左右されることになる。この判断基準が何か，というのが公序の内容如何という問題である。

公序の内容については，かつては，特定国の国家的立場を離れ

た超国家的なものであり，文明諸国に認められる法の一般原則のような超国家的観念であるべきだとする説が唱えられていた。例えば，一夫多妻制が公序に反するとされうるのは，今日の文明諸国における婚姻制度の本質が否定されるからであるとするわけである。これを通常「普遍的公序説」と呼んでいる。しかし，この立場には問題がある。まず，公序則は，法廷地における私法秩序の根幹部分を保護するという機能を営むものであるから，その内容も普遍的なものではなく，法廷地の公序を中核とするべきものであることは明らかである。次に，理論上は国内法も普遍的公序に反することはありうるのだが，通則法42条は，公序則によって準拠法の適用結果が排除されるのは外国法が適用される場合に限るとしており，国内法の公序違反はこの文言と平仄が合わない。また，「普遍的公序」と言われるものの中身は不明確であり，実際に裁判の場において公序則発動の基準とすることは困難であろう。このような問題点があるので，現在においては，通則法42条の公序とは法廷地，すなわち日本における公序を意味すると考えられている。

しかし，通則法42条にいう公序が日本における公序であるからといって，それが民法90条ないし91条にいう「公の秩序」と内容的に等しいというわけではない。もしも通則法42条の公序が民法90条ないし91条にいうそれと同じであるとすると，親族法や物権法のように日本法において強行規定が主となる分野に関して準拠法を選択・適用する意味はなくなってしまうが，これは適当ではない。

また，通則法42条の公序と民法90条の公序では，その適用の場面が異なる。民法90条の公序では，契約のような法律行為そ

のものが対象とされている一方、通則法42条の公序では、外国法の適用結果がその対象である。また、民法90条の公序が実質法上のものであるのに対し、通則法42条の公序は実質法の適用結果を対象とする抵触法上のものである。例えば、契約の準拠法がA国法である場合、A国法における民法90条に相当する規定上その契約が有効であるかどうかがまずチェックされ、さらにその適用結果について通則法42条の公序の発動の有無が考慮されることになる。

しかしながら、通則法42条の公序と民法90条の公序が、内容的に全く無関係であるわけではない。通則法42条の公序の範囲は、民法90条のそれに比べて広い、つまり裏から言えば、公序に反するとされる場合は通則法42条の方が民法90条よりも狭いのであるが、通則法42条に反するけれども民法90条に反しない場合は考えられないという点で、両者には内容的にも一定の関係がある。強いて言えば、通則法42条の公序は、内国における公序良俗のうち基本的な部分を守るという機能を果たしていると言えよう。

外国法適用排除後の適用法規は何か

公序則の発動の効果は、問題となっている外国法を適用しないことである。そうすると、公序則が適用された結果、法の欠缺、つまり適用すべき規範が存在しない状態が生じることになる。しかし、適用すべき規範がなければ裁判ができないので、この場合にどの法律によるべきかという問題が生じる。これが、外国法適用排除後の適用法規は何か、という問題である。

公序の内容が国家的公序であるとすると、公序則を発動した後の欠缺状態は、内国法によって埋められるとするのが自然である

（内国法適用説）。しかし，これに対しては，公序則を発動した段階で解決についての判断もされているのであるから，実際にはその後どの法律を適用するべきかという問題は生じない，という反対説が唱えられた。例えば，離婚の準拠法として指定された国の法律が一般に離婚を禁止しているときは，当然具体的な適用結果としても離婚が認められないことになるが，そのような適用結果を公序に反するとして排除する場合には，離婚を容認するという判断は既になされているのであって，ここには法の欠缺は存在しないから改めてどの法律を適用すべきか考慮する必要はない，とするのである（欠缺否認説）。この立場に対しては，離婚を認める／認めないといった二者択一の判断に関してはその通りであるが，損害賠償を認めないという適用結果を公序違反として排除する場合には，その後いくらの賠償額を認めるかという問題が生じるのであって，ここには欠缺が存在しないとは言えない，という批判が加えられた。

しかし，内国法適用説には逆転現象が生じるという問題がある。ある損害賠償事件についての賠償額が，日本法によれば3000万円であり，A国法によれば2000万円であり，B国法によれば10万円だとする。A国法の適用結果は公序に反しないとされ，B国法を適用した場合は公序に反するとされた場合，内国法適用説によれば，B国法が準拠法となった場合，その適用は排除されて日本法が適用される結果，3000万円の賠償が認められることになる。これは，元来B国法よりも高い賠償額を認めているA国法が適用された場合よりも高い賠償額が認められることを意味する。これが，逆転現象と呼ばれるものである。国内法の適用結果と異なる外国法の適用結果はすべて国際私法上の公序に反するわけで

はなく，国内法の適用結果とは異なるが国際私法上の公序には反しない一定の幅があるために起こる問題である。

このような場合について，欠缺否認説の中には，公序則が適用される場合にはある一定の基準が前提とされており，その基準に反することが公序違反とされるのであるから，公序に反するとされた場合には，その基準を適用すればよいとするものがある（公序規範説）。損害賠償の例で言うと，その事案においては1500万円を下回る損害賠償しか認めないということが公序に反するとされるのであれば，B国法の適用結果を排除した後は，この規範の基準である1500万円を支払うことを命じることになる。先程，公序に反しない一定の幅について言及したが，公序規範説はその幅の外縁をもって補充するという考え方だと言える。公序規範説は理論的には優れているが，実際に使える基準であるかどうかは問題である。というのは，ここで言う公序規範を具体的に確定するのは困難だからである。公序規範は，公序に反するか反しないかの基準でもあるから，必然的に公序発動の可否の判断要素の1つである内国関連性に影響を受けるのがその理由である。実際には，理論的に公序規範説を採用しても，その実が内国法適用説になる可能性は高いであろう。

ところで，段階的連結（⇒56頁）が採用されている場合には，第一順位の法律が存在するがその適用結果が公序に反するとき第二順位の法律を適用するという解決策も考えられる。この立場に従った裁判例もある（東京地判平2・11・28判時1384号71頁）。

Column ⑯　機能的公序論——準拠法選択の一般条項としての公序

公序則は準拠外国法を適用した場合の異常な結果から法廷地の私

法秩序の根幹部分を守る役割を有するというのが通常の理解であるが，これ以外に，公序則に準拠法選択の一般条項としての役割を持たせるべきだという主張がある。これを「機能的公序論」という。公序則が発動された事例においては，事案と準拠法との実質的な関連性が希薄であった場合が多かった。このような場合，公序則は，選択された準拠法が，当該の事案と真実密接な関係があるかどうかをチェックし，そうでない場合にはその準拠法の適用を排除するという役割を果たしていたとも考えられるわけである。公序条項を準拠法選択上の一般条項として活用するというのは，このような意味においてである。

しかし，公序則を準拠法選択の一般条項として位置づけるのには問題がある。第1に，公序則は準拠法の中身を参照してからその発動を考えるものであるから，公序則を準拠法選択の一般条項とすると，法律の中身を見てから準拠法の選択をするということになりかねない。第2に，公序則適用の後日本法を適用すると，準拠法選択の一般条項といいながらも，その実質は内国法を適用する機会を増やすだけだということになる。つまり，より密接な関連のある他の法律の適用を導くのではなく，日本法を適用することになるという点で妥当ではないと考えられるわけである。「公序の濫用」として批判される所以である。

公序則発動の例

公序則が実際にどのような場合に発動されるかは，事案ごとの事情に大きく左右される。そこで以下では，これまでの判例で公序に反するとされた例を数例挙げてみたい。

婚姻・離婚では，離婚を一般に禁止している国の法律が離婚の準拠法になった場合に，離婚不許という結果を排除したものが多い（例えば，神戸地判昭54・11・5判時948号91頁）が，その多く

は平成元年改正前の法例の旧 16 条によって原因事実発生時の夫の本国法が適用された事例であることに注意を要する。また，異教徒間の婚姻を無効とするエジプト法の適用を排除した例（東京地判平 3・3・29 家月 45 巻 3 号 67 頁〈百選 9〉）や，重婚を無効とするフィリピン法の適用を排除した例（熊本家判平 22・7・6 平成 21 年(家ホ)第 76 号〈百選 10〉）がある。財産分与では，これを認めない大韓民国法の適用を排除した例がある（東京地判昭 63・5・27 判タ 682 号 208 頁）が，同じく大韓民国法を適用しつつ慰謝料として支払われる額（300 万円）が日本の慰謝料および財産分与を含む離婚給付の社会通念に反して著しく低いとは言えないので公序に反しないとした例もある（最判昭 59・7・20 民集 38 巻 8 号 1051 頁〈百選 14〉）。

　親子では，強制認知を認めない法律の適用を排除した例（横浜地判昭 58・11・30 判時 1117 号 154 頁など）や，死後認知を認めない法律の適用を排除した例（東京地判昭 47・3・4 判時 675 号 71 頁など），親子関係の確認の訴えの出訴期間に関する規定の適用を排除した例（大阪高判平 18・10・26 判タ 1262 号 311 頁〈百選 11〉）がある。また，子の出生後 5 年という認知請求期間を定める中華民国法の適用によって認知請求が許されなくなる結果を排除した例もある（神戸地判昭 56・9・29 家月 34 巻 9 号 110 頁）。その一方，死後認知の出訴期間を父の死亡を知った日から 1 年以内に制限する大韓民国法の適用結果は公序に反しないものとされた（最判昭 50・6・27 家月 28 巻 4 号 83 頁）。離婚に伴う未成年の子の親権者を父に限るとした大韓民国法の規定の適用を排除した例もある（最判昭 52・3・31 民集 31 巻 2 号 365 頁）。養親子関係では，そもそも養子縁組を認めないイスラム法の適用を排除した例（宇都宮

家審平 19・7・20 家月 59 巻 12 号 106 頁〈百選 12〉) や，養子は 1 人に限るとする中華人民共和国法の適用を排除して兄弟を共に養子にすることを認めた例（神戸家審平 7・5・10 家月 47 巻 12 号 58 頁) がある。一方，離縁を認めない法律の適用を排除した例もいくつかあるが（那覇家審昭 56・7・31 家月 34 巻 11 号 54 頁など），日本において特別養子縁組制度が導入される前の事件であることに注意を要する。

財産関係の事件の古いものとしては，ロシア法に基づく公示方法のない船舶抵当権の競売申立てが公序に反するとしたもの（長崎控決明 41・12・28 法律新聞 550 号 12 頁) や，米国法に基づく合意による留置権の設定が公序に反するとしたもの（神戸地判大 6・9・16 法律新聞 1329 号 23 頁) がある。

時効期間については，日本法より長いハワイ法の消滅時効の期間を公序に反するとした例がある（大判大 6・3・17 民録 23 輯 378 頁) が，その後，弁護士報酬契約の準拠法上の 6 年の時効期間を適用して請求を認めるのは公序に反しないとした例もある（徳島地判昭 44・12・16 判タ 254 号 209 頁)。

なお，信用による賭博を認めるネバダ州法の適用は公序に反しないとされた例がある（東京地判平 5・1・29 判時 1444 号 41 頁〈百選 13〉)。日本の裁判例が賭博に対して非常に厳しい態度をとっていることもあって，学説上賛否の分かれるところであるが，日本においても公営競技が行われており，免許制にして賭博税を課すか公的部門が直接運営するかは立法政策の問題だとも言えるので，公序に反するとは言いにくいと思われる。

第2章 国際私法各論

1 各論総説

> 序

国際私法総論では，準拠法を選択し，適用する過程において共通に問題となる点を検討した。これによって，国際私法全体の大きな枠組みは理解できたことになる。

国際私法各論では，準拠法を選択する個別具体的なルールを1つずつ取り上げ，順次検討していく。そこでは主に，①それぞれのルールにおける単位法律関係の確定，あるいは具体的問題がいずれの単位法律関係に含まれるか，といった性質決定（⇒32頁以下）の作業，そして②各規定が採用する連結点がいかなるものであるかを確定する作業を行っていくこととなる。

各論の最初に，これから検討していく準拠法選択規則を概観し，いくつかの点を確認しておこう。

> 規定の分類

国際私法各論では，通則法の4条から37条，扶養義務の準拠法に関する法律，遺言の方式の準拠法に関する法律等を取り上げることになる。それらの規定を，各単位法律関係の内容によって大まかに分類してみる。

まず，通則法の4条から6条が自然人という権利の主体にかか

わる条文であり，これが1つのグループとなる。35条もこのグループに含まれる。これに対し，法人についての規定は通則法には見当たらない。

次に，通則法の残りの条文の多くが二当事者間の権利義務関係について準拠法を定めていることに気付く。契約等の法律行為についての7条から12条，不法行為を中心とする法定債権についての14条から22条，婚姻についての24条から27条，親子についての28条から32条がそれである。その他の親族関係についての33条および方式についての34条もここに含めて検討することにしよう。

残った規定のうち，通則法13条は物権という特定の権利の帰属および内容についての規定であり，債権の帰属に関する23条とともに1つのグループと考えて良いであろう。これらは，権利の客体である財産権についての規定である。物権あるいは債権以外の財産権（例えば，知的財産権）の帰属，あるいは負の財産の移転（債務引受け）といった問題については，通則法に規定は存在しない。

また，相続についての通則法36条も自然人の死亡を原因とする財産権の移転という意味では，財産権に関する規定と言うこともできるが，とりあえずは別のグループとしてみよう。遺言についての37条および「遺言の方式の準拠法に関する法律」は広義の相続に関連した問題である。

以上には含まれていない単位法律関係として，三者以上の権利主体相互の関係（多数当事者の関係）という問題がある。代理や，いわゆる債権の対外的効力といった問題である。この点についても通則法に規定は置かれていない。

表1 主な単位法律関係と通則法の規定

権利の主体	自然人	4〜6条, 35条
	法人	?
二当事者間の法律関係	法律行為	7〜12条, 34条
	法定債権	14〜22条
	婚姻	24〜27条
	親子	28〜32条
	その他の親族関係等	33条
扶養		扶養義務の準拠法に関する法律
財産権	物権	13条
	債権（譲渡）	23条
	その他の財産権	?
相続	相続	36条
	遺言	37条, 遺言の方式の準拠法に関する法律
多数当事者の関係		?

図1 規定の分類

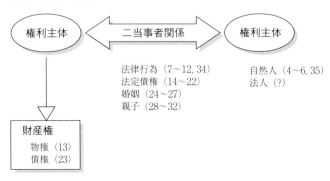

以上の単位法律関係に，特別法で規律されている扶養も加えて作ったものが，**表1**である。

本章では，**表1**の順序にほぼ沿う形で記述を進めていく。

以上に述べた各単位法律関係，特に権利主体，二当事者関係，財産権相互の関係を図で示すと**図1**のようになる。

Column ⑰　　単位法律関係の「欠缺」

現行法に規定されている単位法律関係は，必ずしも網羅的なものではない。例えば法例の起草者は，破産や海事といった問題については特別法によることを予定して規定を置かないこととした。しかし，そういった特別法は現在に至るまで制定されていない。

それでは，現行法で規定されていないと考えられる単位法律関係については，どのように準拠法選択を行うべきであろうか。

まず第1に，ある問題が，現行法の規定するある単位法律関係に含まれるか否かに疑問がある場合でも，他に規定がない場合には規定のある単位法律関係に含まれるものと解釈すべきである。言い換えれば，立法論として別の単位法律関係とすべきか否かという問題と，解釈論とは分けて考えるべきである。

また，ある問題が，現行法の規定する単位法律関係に含まれないことが明らかであっても，現行の規定を類推できる場合には，それによるべきである。同様に，わが国の関連する国内実質法の規定が，一定の準拠法選択規則を前提としていると解釈できる場合には，そのような準拠法選択規則を解釈論として主張することが可能であろう（法人の従属法を設立準拠法と解すべきことについての，⇒114頁以下）。

以上のいずれもが不可能であるような問題についても，可能な限り現行規定の趣旨から準拠法選択を行うべきだと思われる（⇒ *Column* ③）。

1　各論総説

| 単位法律関係 | 具体的な単位法律関係の内容については，次節以下で順に述べるが，ここで成立と効力との区別について触れておく。

各国実質法では，一定の成立要件を充たすと何らかの法律関係や権利が成立し，それにより一定の効力が生じるという制度がとられている。例えばわが国の民法上の婚姻および所有権については，次のように整理が可能である。

成立要件	法律関係／権利	法律効果
当事者の意思の合致・一定年齢以上・婚姻届の提出など	婚姻	同居義務・協力扶助義務など
無主物先占など	所有権	使用・収益・処分の権利など

通則法においても，婚姻や親子といった問題については成立（要件）と効力とが区別され，両者について異なる連結点が規定されている。あらかじめ，この点を念頭に置いておくとよい。

2 自　然　人

1　総　説

| 権利主体と二当事者関係，財産権 | 各論の冒頭に，権利の主体に関する準拠法選択規則を自然人，法人の順に取り上げる。

ある権利主体が，いかなる二当事者関係を形成しうるか，いかなる財産権を有しうるか，いかなる法律行為をなしうるか，といった点については，当該権利主体に着目して準拠法を決定するこ

とも，問題となっている法律関係または権利に着目して準拠法を決定することも，理論上はそのどちらも可能である。

通則法は，ある者の財産法上の能力については，個別的な法律関係または権利とは独立に，当該権利主体に着目して準拠法を選択している。これは，日本法を含む各国実質法において，財産法上の問題については，個別具体的な法律関係または権利とは独立に，当該権利主体に着目してその能力について判断していることに対応するものである。

各国法上，様々な者が権利の主体とされている。権利の主体は，生物としての人間がそのまま権利の主体とされた「自然人」と，それ以外の存在が様々な観点から権利の主体とされた「法人」とに大別される。本節では，まず自然人を取り上げる。

Column ⑱ 「属人法」

自然人の身分（家族法上の問題）や能力といった点について，当該自然人の有するいかなる要素を連結点とするかという問題は，伝統的には，属人法，すなわちある自然人に随伴してその人に関する問題に適用される法の決定基準の問題として議論されてきた。しかし，本書では属人法という言葉は用いない。それは，属人法という表現が，現在わが国が前提としている国際私法の構造と必ずしも整合的なものではないと考えられるからである。

かつて，国境を越えた民事紛争に適用される法規を決定する際に，法規の側から出発し，その適用範囲を考えるという方法（いわゆる法規分類説）がとられていた時代があった。法規分類説によれば，法は人に関する法（人法）と物に関する法（物法）等とに分けられ，人法についてはその者が本来属する法が適用される，と考えられていた。「属人法」という表現は，そのような，「法」から出発して適用規範を決定していた時代の名残と見て良いであろう。

また,「属人法」という表現は,その者がいずれの国に移動しても常にその者に随伴するというニュアンスを有する。この点で,この表現は,国際私法を超国家的な規範と捉える見解（⇒6頁）と整合的であるということもできよう。

　現在においては,国際私法は国内法であり,わが国の国際私法は法律関係から出発して準拠法を決定している。この立場からすれば,属人法は結局,ある者の能力および身分法上の問題について準拠法として適用される法を意味するにすぎないこととなる。

　なお,法人に関する様々な問題については,準拠法として単一の法が適用されるべきであり,そのような法を「従属法」ということがある。この文言は判例でも用いられているものであり,また明文の規定のない現行法の解釈において法人に関する様々な事項に適用される法を意味する用語として便利である。そこで,従属法という表現は本書でも用いることとした。

**本国法の原則
——立法の経緯**

通則法4条1項は,自然人の行為能力について本国法主義を採用した。その立法の経緯は,以下の通りである。

　明治23年の旧法例は,その3条において,「人ノ身分及ヒ能力ハ其本国法ニ従フ」「親属ノ関係及ヒ其関係ヨリ生スル権利義務ニ付テモ亦同シ」との規定を有していた。すなわち旧法例は,自然人の身分,能力および親族関係の問題については,その者の本国法によるとの原則を既に採用していたのである。

　旧法例については,親族関係以外の身分は考えられないのではないか,複数の者が関係する親族関係の問題についていずれの者の本国法によるかが不明確である,といった点が問題とされた。そこで明治31年の法例は,前者の批判に応えて1項の「身分」

という言葉を削り、また後者の批判に応えて2項が規定していた親族法上の諸問題について13条（通則法24条）以下で誰の本国法によるかを規定した上で、さらに22条（通則法33条）という補充的な規定を置いたのである。

すなわち、法例3条1項は、自然人にかかわる法律問題について広く本国法によるという趣旨で置かれた規定ということができる。

その後、平成元年法例改正の際に常居所地が連結点として導入されたが、3条1項等については改正はされておらず、自然人の能力については本国法主義が維持された。

通則法の制定にあたっては、法例3条1項の「能力」という文言を維持することも検討された。しかし、一般的には法例3条1項は年齢による財産的行為能力の制限のみに関する規定と理解されていたこと、権利能力を含むか否かを解釈に委ねることは曖昧にすぎるとも考えられること、などといった理由から、通則法4条1項においては行為能力という文言に変更されたのである。

Column ⑲　本国法主義と住所地法主義

ある自然人の能力や親族法上の問題に関して、その者のいかなる要素を連結点として準拠法を定めるかについては、本国法主義と住所地法主義の対立があるとされる。

本国法主義は、当該者の国籍を基準とするという考え方である。この説は、その者が国籍を有する国の風俗、習慣、宗教等がその者の能力等の問題に大きく関連することをその根拠とする。また、国籍を基準とすれば、その変更が容易でなく、またその機会が少ないことから、準拠法の安定に資するという長所もあるとされる。他方、国籍は本来、人と国家との政治的または公法的な結びつきを示すものであり、私法上の法律関係についての準拠法決定の基準として妥

2　自然人

当ではないとの批判もある。

　本国法主義に対しては，住所すなわち自然人の生活の本拠こそが人の私法的生活に最も密接な関係を有するとして，当該者の住所を基準とする住所地法主義が主張されている。住所地法主義に対しては，本国法主義の根拠として挙げられる点の他，住所概念は各国で大きく異なることから，この考えによっては各国の国際私法を統一することは困難であるとの批判がなされていた。このような住所概念の相違を克服しようとして考え出されたのが，常居所概念である（→52頁）。

通則法の規定

自然人に関して通則法は，4条から6条および35条に規定を置いている。

　このうち，4条は行為能力について，5条は後見開始の審判等について，6条は失踪宣告について規定している。5条および6条は，国際裁判管轄についても規定しているが，これは沿革的な理由によるものである。すなわち，通則法制定の際に，法例において国際裁判管轄についても規定していると解される条項については，通則法においても国際裁判管轄について規定すべきものとされ，後見開始の審判についての法例4条，失踪宣告についての法例6条は国際裁判管轄についても規定しているものと解されたためである。

　また，35条は後見等について規定している。同条は，5条の規定する後見開始の審判等がなされた場合の他，法律の規定により後見が開始する場合にも適用される。なお，後見についての法例24条は国際裁判管轄について規定していないものとされ，後見等の国際裁判管轄については通則法に規定を置かないこととされた。

2 権利能力

> 総　説

ある自然人がそもそもある権利義務の主体となりうるか、という問題も、行為能力に関する通則法4条1項と同様に、当該者の本国法によることが考えられる。

しかし、自然人の権利能力を一般的に否定する実質法が存在するとは考えられず、また仮にそのような法が存在し準拠法として指定された場合には、そのような法の適用は公序に反するとして排除される可能性が高いであろう（通則法42条）。

すると、ある者の権利能力の存否が一般的に問題となるとは考え難く、問題はもっぱら個別具体的な法律関係についてのみ生じると考えて良いであろう。そこで多数説は、そのような個別的権利能力の問題は、問題となっている当該法律関係の準拠法によって判断すべきであるとしている。

これによれば、例えば「胎児の相続可能性」という点が問題となった場合には、誰が相続人として財産を取得するかという問題の一環として相続準拠法すなわち通則法36条により被相続人の本国法によればよいとされる。

> 失踪宣告

失踪宣告とは、一定の事由が存在する場合に自然人の死亡を推定または擬制する制度である。わが国民法が裁判所の宣告により自然人の死亡を擬制していることを受けて、通則法もいかなる場合にわが国で失踪宣告をなしうるかについて6条で規定している。既に述べたように、6条は、失踪宣告の国際裁判管轄と準拠法との双方について規定しているが、国際裁判管轄については第3編第1章2④に

ゆずる（⇒ 264 頁）。

　失踪宣告の準拠法は日本法とされている。わが国でなされる失踪宣告の効力が準拠法如何で異なるとされるのは妥当でないこと，失踪宣告の効力が日本法によるのであればその要件についても同一の準拠法によることが整合的と考えられること，といった点が理由となろう。したがって，外国人についても民法 30 条の要件が充たされる場合には失踪宣告がなされることになる。そして失踪宣告の効力は，民法 31 条が規定するように一定時点における死亡の擬制ということになる。

③ 行 為 能 力

総　説

　行為能力とは，法律行為を単独でなしうる能力のことである。行為能力は広義では，いわゆる婚姻能力，遺言能力等を含む概念であるが，これら親族・相続法上の能力の点は各法律関係の成立の準拠法によるのであり，通則法 4 条は適用されない。また，いわゆる不法行為能力の問題はそもそも法律行為の能力とは無関係であり，準拠法は通則法 17 条以下により定められる。

　通則法 4 条 1 項により，行為能力については原則としてその者の本国法が適用される。しかし，わが国で外国人が取引する場合等について取引の安全を図る規定が置かれている（4 条 2 項）他，行為能力が裁判所等の判断によって制限される場合については，特則である 5 条が適用になる。

本国法の原則

　既に述べたように，財産法上の法律行為に関する行為能力は，通則法 4 条 1 項によりその者の本国法によって判断される。

通則法4条1項が適用される行為能力の問題とは，具体的には，成年に達する年齢，未成年者が単独でなした行為の効力といった問題である。

　通則法4条1項の適用の有無が争われている問題に，身分行為に伴う行為能力の変動という点がある（民法753条参照）。果たしてまたいかなる要件の下にそのような変動が生じるかは，その者の行為能力の問題とも考えられるが，当該身分行為の効力の問題とも考えられるので，いずれの単位法律関係に含めて考えるべきかが問題となる。

　この点は，当該自然人の行為能力の問題として通則法4条によって準拠法を定めるべきであろう。例えば婚姻の効力について通則法25条は夫婦相互の権利義務等を念頭に，夫婦について単一の準拠法によるとしているのであり（⇒170頁），夫婦で単一の準拠法による必要性の乏しい行為能力といった問題について同条によらせる意義は乏しい。また，通則法25条によるとすると，例えば異国籍夫婦については常居所の変更に伴いその行為能力が変動しうることになってしまうが，このような扱いは必ずしも妥当ではないと思われる。

取引保護　行為能力について本国法によるとすると，例えばわが国における取引であっても取引の一方当事者が外国人である場合には，当該外国人は自らの本国法上行為能力が制限されていることを理由として行為の効力を否定しうることとなる。これは，まさに通則法4条1項が予定している結論ではあるが，その本国法が成年となる年齢を極めて高く設定していた場合などには，取引の相手方が思わぬ損害を被るおそれがある。また，このような帰結は長期的には外国人との取

引を手控えさせる効果があることにもなり，外国人にとっても望ましいものとは言い難い。

そこで通則法4条2項は，法律行為をした者がその本国法上は行為能力が制限されている場合でも，行為地法によれば行為能力者とされる場合には，当該法律行為の当時そのすべての当事者が法を同じくする地にあった場合に限り，その者を行為能力者とみなすこととした。取引保護の規定である。

法例においては，このような取引保護規定は，わが国において取引を行う外国人についてのみ適用されるものであった。そのため，「内国取引保護」の規定と呼ばれていたのである。しかし，取引の安全を保護すべき利益状況は，行為地がわが国である場合と外国である場合とで異なることはないとされ，通則法においては行為地が外国である場合にも取引保護規定は適用されることとなった。

通則法4条2項が適用されるのは，「当該法律行為の当時そのすべての当事者が法を同じくする地に在った場合」に限られる。異なる法域にいる者と取引をする者は，取引の相手方の行為能力について行為地法とは異なる法が適用され，相手方の行為能力が不十分とされうることを予期すべきであると考えられるからである。したがって，異なる法域にいる者と取引をする場合には，取引相手方の本国法の内容を調査すべきこととなる。

4条2項にもかかわらず，一定の法律行為については取引保護規定を適用しないとしたのが3項である。このうち，「親族法又は相続法の規定によるべき法律行為」についてはそもそも本条の適用はないと考えられ，この点はあくまでも確認的な規定ということができる。また，「行為地と法を異にする地に在る不動産に

関する法律行為」については，そもそも行為地との関連性が強いとはいえないこと，不動産といった類型的に高額な物に関する法律行為については取引の安全の要請はそれほど強くないこと，といった点が理由と考えられる。また，不動産についての権利の実現といった観点からは不動産所在地法の遵守が要請されることを理由とする見解も存在する。

後見開始の審判

成年者であっても，その判断力が不十分であること等を理由として，その者の行為能力を裁判所等の判断によって制限することがある。わが国では後見開始の審判等がそれに当たる。そのような場合について，通則法は5条を置いている。

通則法5条は，後見開始，保佐開始，補助開始の審判をまとめて「後見開始の審判等」と総称して同一の規律を置いている。後見，保佐，補助の区別はわが国国内法上のものであり，国際私法上はこれらの区別は必要なく，不可能だからである。

通則法5条は，国際裁判管轄と準拠法との双方について規定しているが，国際裁判管轄については第3編第1章2④にゆずる（→266頁）。

後見開始の審判等の準拠法として通則法5条は，もっぱら日本法を指定している。わが国でなされる後見開始の審判等の効力が準拠法如何で異なるとされるのは妥当でないこと，原因と効力とは同一の準拠法によることが整合的と考えられること，といった点が理由となろう。

後 見

行為能力が制限された者には，制限された行為能力を補完する者が必要である。このうち，未成年者については，通常親権者がその役割を果たす。

しかし，親権者のいない未成年者や，行為能力を制限された成年者などについては，別にその保護を考えていく必要がある。それが後見等の問題である。

後見等の準拠法については通則法35条が規定している。35条は5条と同じ理由から，後見，保佐，補助を区別せず「後見等」と総称している。

35条1項は，行為能力についてその者の本国法によるとする4条1項を受けて，後見については被後見人等の本国法によるとしている。しかし35条2項は，各号の規定する場合においては外国人についても，後見人の選任等の後見等に関する審判につき日本法を適用するとした。

35条2項1号は，「当該外国人の本国法によればその者について後見等が開始する原因がある場合であって，日本における後見等の事務を行う者がないとき。」を挙げている。このような場合においては，当該外国人について日本法による保護を及ぼすことが必要であると考えられたからである。

なお，通則法35条2項1号の「日本における」に相当する文言は，法例24条2項には置かれていなかった。しかし，わが国における要保護性を問題にする立場から，後見の事務を行う者が外国にいる場合であっても，そのような者の活動がわが国に法律上または事実上及んでいない場合には後見人を選任すべきものと一般に解されていた。通則法において「日本における」という文言が挿入され，この点は立法的に解決されたのである。

また，通則法35条2項2号は，「日本において当該外国人について後見開始の審判等があったとき。」を挙げている。日本における後見開始の審判等は日本法を準拠法としてなされるのであり，

その後の後見の問題もその延長線上の問題として同一の準拠法によることが整合的と考えられたのである。

後見の準拠法によって，後見についての様々な事項が判断される。後見人の選任および辞任・解任，選任された後見人の権利義務，後見監督人の要否やその権限といった問題がそれに当たる。

④ 氏　名

自然人の能力に関連する問題として，ここで氏名の問題に触れておく。

氏名については，当該自然人の人格権の問題として，その者の本国法によると考えられている。通則法の規定としては，4条1項または33条が対象としている問題に準じるものと考えれば良いであろう。

特に身分関係の変動，例えば婚姻に伴う氏の変更については，婚姻の効力の準拠法によるとの見解も説かれている。しかし，婚姻による行為能力の変動について述べたことと同じ理由から（⇒107頁），本人の本国法によるべきであると考えられる。

近年，そもそも氏名は国際私法による準拠法選択がなされるべき問題ではないという有力説がある。いわゆる「氏名公法理論」である。この見解は，氏名を国家による個人の把握，戸籍等の身分登録簿への記載の問題ととらえており，そのことと，個人が社会においていかなる呼称で呼ばれているかとは次元の異なる問題としているのである。これによれば，日本人の氏名については当然日本法によることとなる。

Column ⑳ 身分関係と戸籍

　わが国の戸籍実務は，例えば，日本人が外国人と婚姻した場合であっても，民法 750 条は適用されず，氏の変更は一切ないとしている。すなわち，より一般的にいえば，日本人と外国人との間に生じた身分変動によって氏の変更が生じることはない，としているのである。

　この扱いを合理的に説明するとすれば，日本法の氏名についての規定は，民法 750 条を含めて，公法的なものであり，その適用範囲はその規定自身の立法趣旨から考えて，日本人同士の間に生じた身分変動にのみ適用される，ということになろう。戸籍実務がこのような処理を行っている背景には，日本法上の氏はわが国に固有のものであるとの考え方があると思われる。さらにその背景に，氏が「家」の呼称であった第2次世界大戦以前の考え方との連続性を指摘する見解もある。しかし，氏名をそのように理解することに対しては，民法上も厳しい批判が存在するところである。

　戸籍法 107 条 2 項以下は，以上の戸籍実務の考え方を前提とした上で，それによって生じる不都合を当事者が回避する可能性を認めたものである。すなわち，日本人は外国人と婚姻しても氏の変更はないので，その者が外国人の称している氏に変更しようとすれば，氏の変更についての一般規定である 107 条 1 項により，やむをえない事由と家裁の許可が必要となる。その要件と手続を緩和したのが，同条 2 項というわけである。

　戸籍法 107 条 2 項および 4 項において，外国人についてはその「称している」氏，という文言としているのも，外国人については氏は観念しえないと考えたためである。

3 法　人

1　法人総説

法人の従属法

　自然人に続いて，本節では権利の主体としての法人を取り上げて検討する。ただし，ある人的・物的な集合体に法人格が認められるか否かは，準拠法を適用した結果明らかになるのであり，その点も含めて厳密に考えるのであれば，当初から「法人」についての準拠法として議論することはできないということになる。この点，およそ人であれば権利能力が認められる自然人とは議論の状況が異なる。しかし，以下では便宜的に法人の準拠法として論じることとする。

　法人については，自然人とは異なり，その内部関係において，様々な法律問題が存在する。そして，それらの様々な法律問題について適用される準拠法は，単一のものである必要性が高い。

　例えば，法人内部の機関の種類や権限について異なる法が適用されると，機関相互の権限分配に齟齬が生じる可能性がある。また，株主総会の権限と株主権の内容，取締役会の権限と取締役の会社に対する責任も同一の準拠法によって判断されるべき事柄であろう。さらに，株主平等の原則といった観点からは，株式会社と株主との関係はすべて同一の準拠法によって規律すべきこととなる。

　このように，法人の設立，内部の諸機関の種類および権限，法人と社員との関係，法人格の消滅および解散，といった問題についてはすべて同一の準拠法を適用して整合的な解決を図るべきで

あるとされる。これら法人に関する諸事項に適用される単一の法は，法人の従属法とも呼ばれる。

設立準拠法主義

法人の従属法を決定する基準について，わが国の現行法には明文の規定は置かれていない。しかし一般に，法人が設立の際に準拠した法を当該法人の従属法と考える設立準拠法主義によるべきものと解されている。その根拠として，設立準拠法主義は一般的に妥当であり，また日本法上の関連規定とも整合的であることが挙げられている。

設立準拠法主義の一般的な根拠としては，法人が法人格を有するのは，まさにそれが設立の際準拠した法によって法人格を与えられるためであること，第三者（例えば，株主になろうとする者）にとって法人の従属法の判断が容易であること，法人がその本拠地を他国に移すことに国際私法上の障害はなくなること，といった点が挙げられている。

また，日本法上の関連規定との整合性としては，設立準拠法主義が法律行為についての当事者自治の原則（⇒ 123 頁以下）ならびに実質法上の規定と整合的であることを指摘することができる。

通則法7条は，法律行為の成立および効力について，当事者による準拠法選択を認めている。同条が主に適用されるのは契約であるが，文言上は法律行為の一種である合同行為としての法人設立行為にも適用があることとなる。したがって，例えば株式会社の発起人間の権利義務関係は同条により当事者が選択した法が準拠法とされることとなる。そうであるとすれば，設立後の法人の内部関係についても当事者による準拠法選択を認めることが整合的であると思われる。

実質法上の規定として，例えば会社法2条2号は，外国会社を

「外国の法令に準拠して設立された法人その他の外国の団体であって，会社と同種のもの又は会社に類似するもの」と定義している。

また，民法 35 条および会社法 821 条は，設立準拠法主義を前提とし，その弊害に対処するために置かれた規定と解される。すなわち，設立準拠法主義を採用すると，外国法に準拠して設立された法人が，わが国の実質法の規定に従わずにわが国で活動する可能性が出てくる。そこで，民法 35 条は一定の範囲の外国法人のみをわが国で認許してその私権の範囲を日本法人と同一のものとし，また会社法 821 条は日本に本店を置く外国会社等は，日本において取引を継続してすることができないとしたのである。

Column ㉑　本拠地法主義

　設立準拠法主義に対し，本拠地法主義とは，当該法人が本拠を有する地の法律を従属法とする見解である。法人の内部関係と最も密接な関係を有する法は法人の本拠地法であるということができ，本拠地法主義はその限りにおいて国際私法の理念に忠実な考え方ということができる。

　なお，本拠地法主義によれば，その法人の設立も本拠地法によってなす必要があることとなる。つまり，本拠地法＝設立準拠法となることを求めるのである。この意味で，本拠地法主義を，本拠地での設立を要件とする設立準拠法主義であると評価することもできる。

　しかし，本拠地法主義が設立準拠法主義の長所と裏腹の短所を有する点は否定できない。例えば，本拠地以外の法によって設立された法人について，本拠地法に従っていないことを理由としてその法人格が否定されてしまうと，取引の相手方が不測の損害を被る可能性があることになってしまう。

2 従属法の適用範囲

総　説

上に述べたように，法人の設立，内部組織および機関の構成，各機関の権限，構成員の法人に対する権利義務，法人の消滅に関する事項，といった問題には法人の従属法が適用される。

法人のいわゆる一般的権利能力についても，法人の設立準拠法による。ただし，自然人の場合と同様に，ある法人が特定の財産権の主体となりうるか否かは当該財産権の準拠法によるものと考えられている（⇒105頁）。

また，法人の機関が有する代表権の内容および範囲も，法人の設立準拠法によって決定される。しかし，それを前提として，法人の機関が第三者との間でなした行為が法人に帰属するか否かについては，それ以外の観点からの検討も必要である。この問題については，代理について述べるところに譲る（⇒232頁以下）。

最高裁は，設立中の会社の発起人が締結した契約の会社に対する効力について，これを会社の行為能力の問題と解した上で，法例3条1項（通則法4条1項）を類推適用して会社の従属法に準拠して定めるべきであるとし，会社の従属法によって行為の効果が会社に帰属することを肯定した（最判昭50・7・15民集29巻6号1061頁）。

個別的問題

法人の従属法に関しては，複数の法人が関係する問題についていずれの法人の従属法によるか，法人の外部関係（例えば契約）の準拠法と法人の従属法との適用関係はどうか，といった点が問題となる。

前者の問題について一般的には，法人の内部関係について従属

法による趣旨である「一体としての規律の必要性」から，いずれの法人の内部関係として単一の準拠法によるべきかを，関連する実質法規定の趣旨とあわせて検討することとなろう。例えば，子会社が親会社の株式等を取得できるか，取得した場合の権利内容如何といった問題（会社法135条参照）については，子会社が親会社の株主となれるか，なれるとして親会社の株主としていかなる権利を有するかといった問題として，親会社の従属法によるべきである。この結論は，子会社による親会社株式取得に対する制限が，一般に親会社に関して不都合が生じないようにするためになされる規制である点とも整合的である。

後者の問題については，原則として，契約自体の成立および効力については契約準拠法により，その前提として法人が内部的に果たすべき義務については法人の従属法による，ということになろうが，両者の境界線をどのように考えるかは難しいところである。

なお，会社法の規定の中には，私人間の権利義務についての純粋に私法上の規定のみならず，より公法的な色彩を帯びた規定もある。そのような規定の中には，準拠法の如何を問わずに適用されるべき絶対的強行法規もあると考えられるが，絶対的強行法規であるか否かについて会社法の各条文に明示的に規定されているわけではない。したがって，その点も解釈によって決する必要がある（絶対的強行法規については，⇒*Column* ②）。

結局，思考の順序としては，①ある問題に関する会社法の規定が絶対的強行法規か否かを検討し，それに当たるとされれば，当該規定の適用範囲は，その規定の趣旨によって決定される，②それ以外の点については，単位法律関係ごとに適用すべき準拠法に

よる，ということになる。

Column ㉒　会社法と国際私法

　会社法においては，2条に定義規定が置かれている。それによれば，例えば会社とは「株式会社，合名会社，合資会社又は合同会社」とされ，外国会社とは「外国の法令に準拠して設立された法人その他の外国の団体であって，会社と同種のもの又は会社に類似するもの」とされている。すなわち，会社法においては，「会社」と「外国会社」とは異なるものとされ，会社についての規定は外国会社には適用されないことを前提に規定が置かれているのである。そのことは，会社についての規定が外国会社にも適用される場合においては，特に「会社（外国会社を含む。）」とされていることからも明らかである。

　このように，会社法においてはその適用範囲がきわめて明確に規定されている。このような会社法の規定と国際私法との関係は，二つの場合において問題となろう。第一に，会社法によればその規律が及ぶ事項ではあるが，国際私法によれば準拠法が外国法と考えられる場合である。このような場合においては，会社法の当該規定を絶対的強行法規と解すべきかが問題となり，それが肯定される場合には準拠法が外国法とされても会社法の当該規定は適用されることとなる。しかし，会社法の当該規定が絶対的強行法規ではないとされれば，準拠法とされた外国法のみが適用されることとなる。

　第二に，会社法によればその規律が及ばない事項ではあるが，国際私法によれば日本法が準拠法とされるような場合がある。このような場合においては，準拠法である日本の会社法の当該規定は適用されないことともなろう。ただし，会社法の解釈として，会社に関する規定が外国会社に類推適用される可能性もある。

　例えば，会社法による社債の定義（2条23号）からして，外国会社が発行したものや，外国法により割当てがされたものは会社法上の社債とされない。したがって，外国会社がわが国において日本法

を準拠法として発行した社債に会社法が直接適用されることはないと解される。しかし，このような場合にも，会社法の社債に関する規定を類推適用することは十分に考えられよう。

③ 外国法人に対する規制

総説　以上に述べた準拠法選択の問題とは別に，外国法人についてはわが国の実質法が直接規制している。その中には，個々の事業分野における規制もあるが，一般的なものとして，民法35条の外国法人の認許および会社法第6編（817条以下）等の外国会社に対する規制がある。

外国法人の認許　民法35条1項本文によれば，外国法人でその成立が認許されるのは国，国の行政区画および外国会社に限られる。

ここでいう外国法人の認許とは，外国法人がわが国において法人として活動することを認めることであると一般に解されている。すなわち，設立準拠法上法人格が認められるもののうち，この認許を得たものだけがわが国において法人として活動できるというのである。

わが国で活動する外国法人が有しうる権利義務の範囲は，民法35条2項により，同種の日本法人と同一とされる。事務所を設ける場合には登記が必要となり，登記前においては他人は法人の成立を否認して取引相手方の個人責任を追及できる（同37条）。

外国会社に対する規制　設立準拠法主義によれば，法人の内部関係に関する日本法の規定は外国会社には適用されないこととなる。しかし，外国法に準拠して設立された

3　法　人　119

外国会社であっても，わが国で取引をする場合は考えられ，わが国としてもその独自の立場から，一定の範囲で外国会社に対して規制を及ぼすべきであると考えられる。それが，会社法第6編等の外国会社に関する規定である。

会社法の外国会社に関する規定は，外国会社に一般的に適用されるもの，外国会社が日本で取引を継続して行う場合に適用されるもの，日本に本店を設けまたは日本において事業を行うことを主たる目的とする会社（擬似外国会社）に適用されるものの3つに分けることができる。

まず，外国会社一般に適用される規定として，外国会社は他の法律の適用上は日本法上の同種のまたは最も類似する会社とみなすとする会社法823条がある。

外国会社が日本で取引を継続してしようという場合には，日本における代表者を定め（会社法817条1項），外国会社の登記をしなければならない（同818条1項・933条以下）。これに反して登記前に取引がなされた場合には，取引をした者は外国会社と連帯して，当該取引によって生じた債務を弁済する責任を負う（同818条2項）。また，外国会社の登記をした外国会社のうち，わが国の株式会社にあたる会社は，貸借対照表に相当するものを公告する等の義務が課される（同819条）。

擬似外国会社に対する規律は，会社法821条に置かれている。かつての商法482条は，日本に本店を設けまたは日本において営業をすることを主たる目的とする会社は外国で設立するものであっても日本において設立する会社と同一の規定に従うことを要すると規定していた。しかし同条の「同一の規定」が設立に関する規定を含むか否かで解釈が分かれており，設立を含むとの説によ

れば，日本法に準拠して再設立がされるまでは当該法人の法人格が否定されることにもなり，取引の相手方に損害を及ぼすおそれがあることが問題とされていた。

　会社法の制定過程においてはかつての商法482条にあたる規定を削除することも検討された。しかし，擬似外国会社に関する規定を一切削除すると，わが国で会社を設立する際に外国法に準拠することも全く自由であることになり，会社法の規律が潜脱されることが懸念された。そこで会社法821条は，擬似外国会社のわが国における継続的取引を禁止し，これに違反して取引を行った者は，外国会社と連帯して，当該取引によって生じた債務を弁済する責任を負うものとしたのである。

4 法律行為

① 法律行為総説

法律行為の意義　　前節まで，自然人および法人という権利の主体に関する準拠法選択の問題を検討した。本節からは，二当事者間の法律関係を順次検討していく。本節で検討するのは法律行為である。

　一般に法律行為とは，当事者が一定の法的効果を意図して行う行為であり，その効果の発生が法によって認められているものを意味する。法律行為であっても，その法的効果の発生はいずれにせよ何らかの法によって認められるものである。しかし，法律行為においては，法的効果の発生の基礎に，その効果の発生を当事者が意図していたこと，すなわち当事者の意思表示が存在する。

そこで，国際私法においても，そのような当事者の意思に着目して準拠法選択を行うことが可能となり，また以下に述べる理由から望ましいとされているのである。この点が，次節で取り上げる法定債権（⇒147頁以下）と決定的に異なる点である。

法律行為は，それを構成する意思表示の数によって，単独行為，契約，合同行為に分類できるとされる。通則法においては，それらを区別せず，法律行為の準拠法について規定している。しかし，実際に問題になるのは，ほとんどの場合契約である。そこで，以下の記述においても，もっぱら契約を取り上げることとする。

なお，国際的な取引を円滑に行うためには，適用されるルールが世界的に統一されていることが望ましい。そこで，国際機関や私的団体によってルールの統一に向けた様々な試みがなされている（⇒334頁以下）。

通則法の規定

法律行為の準拠法について，通則法は7条から12条で規定している。

法律行為の準拠法については，原則として当事者による指定および事後的な変更が認められる。それについて規定しているのが7条および9条である。

当事者が法律行為の準拠法を指定しなかった場合には，8条1項により原則として法律行為の最密接関係地法によることとなる。同条は2項，3項において一定の地の法を法律行為の最密接関係地法と推定している。

法律行為の方式については，10条により法律行為の成立の準拠法と行為地法との選択的連結がされるのが原則である。

以上の原則に対し，弱者保護が要請される契約類型については特則が置かれている。消費者契約についての11条および労働契

約についての12条がそれである。

② 当事者自治の原則

意義および根拠 通則法7条により、法律行為については当事者がその準拠法を指定することが認められている。このような考え方は各国で広く採用されており、当事者自治の原則と呼ばれている。

当事者自治の原則の根拠としては、積極的な根拠として予測可能性の確保、私的自治の理念といった点が、また消極的な根拠として当事者の意思以外の客観的要素によるべきでないこと、法律行為の内容が多岐にわたることといった点が挙げられている。

当事者自治の原則の第1の根拠として、法律行為の当事者にとっては準拠法が事前に明確に定まっていることが非常に重要である、という点がある。契約当事者は、当事者間の権利義務の内容がどのようなものか、いかなる場合にどのような範囲で責任を負うか、また相手方の責任を追及できるかについて、細かなリスク計算を行い、契約条項を詳細に検討し、交渉し、最終的な合意に達する。その際、たとえ大きな責任を負うことになっても、そのようなリスクが事前に明確になれば、それを価格に反映し、あるいは第三者にリスクを分散させるなどの方法で対処することも可能になる。しかし、当事者が当初考えていた法以外の法が準拠法とされてしまうと、そのようなリスク計算の前提が覆ってしまい、予想外のリスクを負わされることにもなりかねない。そのような事態を避けるには、当事者による準拠法選択を容認し、尊重することが、最も良い方法だということになる。

第2の根拠として、私的自治の理念を挙げることができる。そ

れによれば，そもそも市民社会においては，個人がその自由な意思によって権利義務関係を形成することを認めるべきこととされる。その理念を強調していけば，準拠法選択の点も含めて，当事者がその意思に従って権利義務の内容を定めることが認められるべきこととなる。

　第3に，法律行為については当事者の意思以外の客観的な要素によって準拠法を決定することが困難であり，あるいは根拠に乏しいという指摘が可能である。例えば，2人の自然人が動産についての売買契約を締結したという典型的な場合においては，連結点の候補となる客観的な要素として，当事者の国籍，住所，常居所，契約の交渉地，締結地，動産の引渡地，代金の支払地といったものが考えられる。しかし，その中には代金の支払地のように，そもそもその地を特定することが困難であるものもあり，またいずれの要素についても，契約の準拠法を決定する要素とすることに十分な根拠があるとは考えがたい。

　第4に，法律行為の内容には様々なものがあるということも，結果的に当事者の意思によって準拠法を定めざるをえない一要因ということができる。法律行為の中には，客観的な準拠法決定が十分可能である類型も存在する。例えば，不動産の売買契約については，もっぱら不動産所在地法によるという考え方も可能であろう。しかし，細かな類型化は各類型相互間の線引きの必要という新たな問題を引き起こすということもあり，通則法はそのような類型化をせずに，原則として法律行為を1つの単位法律関係とした。すると，多様な内容を含む法律行為について共通に連結点となりうるものは当事者の意思しかないということになるのである。

契約自由の原則との相違

国際私法における当事者自治の原則の根拠は上に述べたようなものであり、その一部は実質法上の契約自由の原則とも共通するものである。しかし、国際私法上の当事者自治の原則と実質法上の契約自由の原則とは次元の異なる概念であり、その相違を正確に理解する必要がある。

国際私法上の当事者自治は、当事者の意思を連結点として準拠法を決定することを意味する。当事者によって準拠法が決定されるのであり、当該準拠法以外の法は全く適用される余地はない（ただし、⇒*Column* ㉖）。また、当事者による指定の対象となりうるものは特定国の法のみである。

これに対し、実質法上の契約自由の原則は、当事者がその権利義務の内容を決定してよいという原則であり、そもそもそのような原則を認めるか、またいかなる範囲において認めるかは、準拠法として適用される法規によって異なるのである。すなわち準拠法は当事者の意思とは独立に存在するのであり、契約自由の原則は、当該準拠法の枠の中において認められるか否かが問題になるにすぎないものなのである。契約自由の原則の下では、当事者は合意内容を具体的な契約条項として書き込んでいくことも、あるいは一定の内容を有する約款や、民間団体や業界で認められている一定の規則によるとすることも可能である。

Column ㉓ 実質法的指定

講学上、国際私法レベルにおける準拠法の指定を「抵触法的指定」、実質法レベルにおいて特定の法域のルールを契約当事者間の権利義務の内容として一括して取り込むことを「実質法的指定」ということがある。ある契約条項において、例えば「本契約における

当事者間の権利義務の内容はA国法による」などとされていた場合，それを抵触法的指定として準拠法をA国法とする趣旨であったと解釈することも，実質法的指定としてA国法の内容を契約当事者間の権利義務の内容として取り込む趣旨であったと解釈することも，いずれの解釈も不可能ではない。しかし実際には，当事者は前者の意思であったと解すべき場合が多いであろう。

なお，分割指定（⇒129頁）を否定する立場からは，例えば「契約の成立についてはA国法による」などという契約条項は抵触法的指定としての意味を持ちえないので，実質法的指定と解さざるをえないこととなる。分割指定を認める立場においては，このような指定も抵触法的指定と解しうるのであり，実質法的指定なる概念を認める意義はそれほど大きくないということになる。

当事者の選択

通則法7条は，「当事者が当該法律行為の当時に選択した地の法」と規定するのみであり，当事者による準拠法選択の成否を何に基づいて判断するかについて具体的に規定していない。

当事者による準拠法選択はいかなる方式を踏む必要もないと解されている。書面によらない選択であってもよく，また両当事者の意思が明示的に表示されている必要もないとされる（黙示の選択）。法例7条の下で，当事者による黙示の準拠法選択を認めたものとして，最判昭和53年4月20日（民集32巻3号616頁〈百選30〉）がある。

また，選択が実質的に成立したか否か（詐欺，錯誤等）については，わが国国際私法の立場から判断するしかないが，それでは基準が曖昧になるとして，「当事者が表見的に選択した法により準拠法選択の有効性を判断する」との立場もある。

Column ㉔ 合意の成否の判断基準

 一般に,連結点の解釈は,特定の実質法を基準として行うのではなく,国際私法独自の立場から行うものとされている。このことは,例えば通則法17条における「結果が発生した地」の解釈からも明らかである。このような一般論をここに当てはめれば,当事者の意思がどこにあるか,契約当事者間で合意が成立したか,といった問題についても通則法7条の解釈として,特定の実質法にはよらずに判断すべきこととなる。

 しかし,例えば,当事者の意思表示の瑕疵(錯誤,詐欺)を考えてみると,そういった判断を特定の実質法によらずに,国際私法独自の立場からすることが可能か,可能だとしても基準が曖昧で恣意的なものになってしまわないか,結局法廷地国の実質法によって判断することになってしまわないか,そうすると,法廷地国いかんによって判断が異なることにならないか,といった問題があることとなる。

 そこで近年,準拠法指定の有効性は当事者の選択した法によって判断すべきであるという見解が有力に説かれており,いくつかの立法例では明文でそのような規定が置かれている。わが国でも解釈論あるいは立法論として主張されているところである。

 このような見解に対しては,当事者による準拠法指定行為が有効か否かを当事者が合意した法によって判断するのでは,循環論に陥るとの批判がある。当事者が選択した法を適用しうるためには,当事者の選択が有効であることが前提となるというのである。しかし,当事者の選択の有効性を判断する基準として,当事者が表見的に選択した法を用いるだけであり,循環論とまでは言えないと考えられる。

 しかし,このような見解にも問題点は存在する。まず,当事者の選択が有効か否かが明らかでないにもかかわらず,当事者が表見的に選択した法を基準とするのは根拠が乏しいのではないか,との批

判は可能であろう。実際問題としても，一方当事者の申込みに対して他方当事者の承諾を擬制してしまう法によって準拠法選択の成否が判断されることは問題であり，立法論としては，そのような場合を念頭において，申込みに対する沈黙の効果については，別の準拠法（例えば，沈黙していた当事者の常居所地法）によるとの特則を置くことも考えられる。

また，当事者が表見的に選択した法が確定できない場合の処理も問題となる。例えば，一方当事者はオーストラリア法を選択したと認識しており，他方当事者はオーストリア法を選択したと考えていた場合においては，そもそもいずれの法によるのかを何らかの基準によって確定する必要があることになる。このような場合にまで，当事者の選択した法によるという考え方を貫徹するのは困難であろう。

準拠法選択の限界　当事者による準拠法選択に関して，それが純粋国内事件においても可能か，契約の一部について別の法を指定することが可能か，特定の法域の現行法以外の法秩序を指定することは可能か，といった点が問題となる。

まず，客観的にみてもっぱらわが国とのみ関連する契約について，外国法を準拠法として指定することは認められるであろうか。これについては，否定的な見解が一般的であり，その理由として，そもそも理論的にもっぱらわが国とのみ関連する事案は国際私法の対象外であること（この点については，⇒*Column* ①），また実際的にはそのような事案において準拠法選択を認めてしまうと，わが国の強行規定を自由に潜脱できることになってしまい，内国私法秩序がその意味を大きく失うことなどが挙げられている。こ

れに対して，もっぱらわが国とのみ関連する事案と，単一の要素（例えば，契約の一方当事者の国籍）のみが外国と関連している場合とで差異を設けることは疑問であること，輸入品を国内で転売する場合など，その取引のみに着目すれば純粋に国内事件ではあるが，準拠法として外国法を指定する正当な利益が存在する場合もあることなどから，これに反対する考え方も存在する。後者の見解による場合でも，法廷地のいわゆる絶対的強行法規は適用されることとなる（→*Column* ㉖）。

次に，単一の契約について，その部分ごとに異なる法を準拠法として指定すること（分割指定）は認められるであろうか。当事者に準拠法の指定を認めた以上，当事者がその意思により分割指定をした場合にはその意思を尊重すべきであること，また，複数の契約についてはそれぞれ異なる法を準拠法とすることが認められる以上，単一の契約についてそれを認めないとすると，例えばある取引関係が全体として単一の契約であるか複数の契約の集合であるかを国際私法上決定する必要が生じるが，それは困難であることから，分割指定を認める立場が有力である。通則法の制定過程においても，分割指定を認める明文の規定を置くことが検討された。しかし，法律行為を際限なく分割することに対する限界を規定するかといった理論的な問題について議論が分かれたこと，また分割指定に対する実務のニーズも一部の分野にしかみられなかったことから，明文の規定を置くことは見送られた。

第3に，当事者が特定の法域の現行法以外の規定を指定することは可能であろうか。具体的には，一定時点（例えば契約当時）の準拠法の内容によるとの指定（化石化条項）や，国家法以外の指定が考えられるが，否定する見解が一般的である。当事者自治

の原則は，現に存在する国家法秩序のいずれによるかを決定するに当たって当事者の意思を連結点にするものにすぎず，当事者がその契約内容をいずれの国家法からも自由に決定して良いとするものではないことが根拠とされる。したがって，このような指定は，実質法的指定（→*Column* ㉓）としてのみ意味を持つと解される。

| 準拠法の適用範囲 |

当事者によって指定された法は，法律行為の成立および効力について広く適用される。

法律行為の成立は，意思表示の瑕疵の有無，瑕疵ある意思表示により無効とされるか取消可能となるか，法律行為が内容に関して有効かといった点を含む。ただし，方式については通則法10条により，また当事者の行為能力については4条等により準拠法が定められる。

法律行為の効力は，権利義務の具体的内容，何が債務の本旨に従った履行とされるか，義務違反の効果，解除の可否，損害賠償の範囲，といった点を含む。

Column ㉕　補助準拠法

学説上，契約に関する一定の事項について，契約準拠法以外の法が適用されることがあるとされ，そのような法は補助準拠法と呼ばれている。補助準拠法としての適用が考えられるものとして，履行の態様に関する履行地法，通貨をめぐる諸問題についての通貨所属国法，契約の言語についての言語所属国法が挙げられる。

しかし，それぞれの場面において，補助準拠法として別の法が適用されていると解するよりも，契約準拠法の枠の中でその契約の趣旨内容の確定の問題として扱えば十分である場合が多いであろう。

例えば，取引日や休日，取引時間といった履行の態様については

履行地法によるとされる。しかし，契約上の債務の内容自体は契約準拠法によって決められるべきものであり，そこで取引日や取引時間といった問題については契約準拠法によって契約の趣旨を解釈すれば足りるということもできる。

　また，通貨についても，契約準拠法がイングランド法であるとしても，契約上支払うべき代金が円建てとされていた場合には，そこでいう「円」がいかなるものであるかについては通貨所属国法である日本法によると説明されることもある。しかし，その場合にも，契約で用いられた「円」という文言を，契約準拠法に基づいて解釈すれば足りるのであり，通貨所属国法が適用されるとの説明は必要ないであろう。また，この場合でも，契約当事者間の権利義務関係は契約準拠法によって定まるのである。例えば，ある売買契約の準拠法がオーストラリア法である場合に，仮に支払代金がドル建てで表示されていたならば，それが米ドルを意味するか，オーストラリアドルを意味するかはオーストラリア法による。通貨について名目主義をとるのか，内国通貨での弁済を認めるか（いわゆる代用給付権）の有無等についても，契約準拠法によると解するべきであろう。

　なお，契約の趣旨を探求した結果，両当事者として，一定の問題については契約準拠法以外の法によらせる意図であったという場合もあるかもしれない。しかし，そういった場合については，分割指定を認める立場からは，同様の結論を当事者による黙示的な分割指定として説明することが可能であり，補助準拠法という概念は必ずしも必要なものではない。また，分割指定を認めないとする立場からは，このような当事者の意図はあくまでも契約準拠法の枠内における実質法的指定としてのみ意味を持つこととなる。

　以上のように考えれば，特に補助準拠法という概念を認める理由または必要はないと考えられる。

4　法律行為

③ 当事者による準拠法の選択がない場合

> 最密接関係地法の原則

当事者による準拠法の選択がない場合には、通則法8条1項により法律行為の当時における当該法律行為の最密接関係地法が法律行為の準拠法とされる。

法律行為の当事者が準拠法を選択しなかった場合には、何らかの客観的な基準に基づいて準拠法を決定する必要がある。そのような場合について法例7条2項は「当事者ノ意思カ分明ナラサルトキハ行為地法ニ依ル」と規定していた。しかし、法律行為はさまざまなものがあり、行為地といった単一の連結点によって準拠法を決定することとしてしまうと、当該法律行為との関係が乏しい法が準拠法とされてしまう可能性がある。

そこで通則法は、最密接関係地法を法律行為の準拠法とすることとしたのである。法律行為の最密接関係地法をどのように認定するかについて通則法は、8条2項、3項の推定規定を置いている他は、「当該法律行為の当時において」とするのみで、具体的にいかなる要素を考慮しうるかについては明示していない。したがって、最密接関係地法の認定にあたっては、関連するすべての要素を考慮すべきであろう。例えば、ある契約について契約当事者が準拠法を指定していない場合には、契約当事者の国籍、常居所、契約締結地、債務の履行地といった要素の他、同一の当事者間で過去に締結された契約の準拠法や当該契約と同一内容の契約について一般的に準拠法として指定されている法といった要素をも考慮して、当該契約の最密接関係地法を認定し、それを準拠法とすべきものと思われる。

最密接関係地法の推定　通則法8条2項，3項は，一定の法を法律行為の最密接関係地法と推定している（そのほか労働契約については，⇒146頁参照）。最密接関係地法を認定するについての手がかりを置き，その認定を容易にする規定である。

8条2項は，法律行為において特徴的な給付を当事者の一方のみが行うものであるときは，その給付を行う当事者の常居所地法を当該法律行為の最密接関係地法と推定している。いわゆる「特徴的給付の理論」を採用したものである。

この考え方は，契約関係の重心が職業的行為を引き受ける者の側にあるとする考え方を基礎としている。職業的行為は，金銭の支払を対価として行われるものであり，「特徴的な給付」すなわち当該法律行為を特徴づけるものとは，通常は金銭債権の反対債権がそれにあたるとされる。したがって，例えば売買契約においては，売主側の行為が「特徴的な給付」ということになるのである。

特徴的給付を行う当事者が当該法律行為に関係する事業所を有する場合には，当該当事者の常居所地法ではなく当該事業所の所在地法が最密接関係地法と推定される。ただし，その当事者が当該法律行為に関係する複数の事業所を法を異にする地に有している場合には，当事者の主たる事業所の所在地法が最密接関係地法と推定される。

また，8条3項は，不動産を目的物とする法律行為について，不動産所在地法を最密接関係地法と推定している。具体的には，不動産の売買契約や不動産の賃貸借契約がこれにあたるが，それらの法律行為は一般的に不動産所在地と最も密接に関連すると考

えられることがその理由である。

8条2項，3項は最密接関係地法を推定しているにすぎない。他の法が最密接関係地法であるとされた場合には，推定は覆されることになる。例えば，売主から製品を購入して買主の名義で市場に売り出すいわゆる OEM 契約においては，特徴的給付を行うのは売主であるが，むしろ当該製品を売り出す買主側の法を最密接関係地法と解すべき場合も多いであろう。

④ 準拠法の事後的変更

総説　法律行為の準拠法は，法律行為の時点において，通則法7条または8条により決定される。このように決定された法律行為の準拠法を法律行為の当事者が事後的に変更することを認めるのが通則法9条である。法律行為については当事者による準拠法指定を認めた以上，準拠法を事後的に変更することも当事者間では認めて良いというのがその趣旨である。

通則法9条は，準拠法の変更方法について特に要件を定めていない。したがって，変更は口頭でも可能であり，また黙示的なものでも良いと解される。例えば，契約の当事者間の紛争がわが国の裁判所で争われる中で，両当事者が準拠法は日本法であることを前提とする主張を行った場合には，契約締結時においては外国法が契約準拠法であったとしても，準拠法は日本法に変更されたと解すべき場合もあろう。

第三者との関係　通則法9条は，第三者の権利を害することとなるときは，法律行為の準拠法の変更をその第三者に対抗することができないとした。第三者が，自

らの意思とは無関係に、その権利を事後的に害されることのないようにするための規定である。

ここで第三者とは、法律行為の当事者以外のすべての者を指す。例えば、金銭消費貸借契約の保証人はこれにあたる。すなわち、保証契約の締結後に、金銭消費貸借契約の当事者間で準拠法を変更することも可能であるが、そのような変更が保証人の権利を害する場合には、保証人に対しては準拠法の変更を対抗できないことになるのである。

5 方　　式

意　義　方式とは、法律行為の形式的成立要件、すなわち法律行為の要素である意思表示をどのような方法で表現する必要があるかという要件を問題にするものである。例えば、わが国においては、契約の成立には何らの方式も要しないのが原則である（諾成契約）。しかし、準拠法によっては、ある種の契約の成立には書面による合意が必要とされたり、公正証書の作成が必要とされたりする場合もある。

通則法は、法律行為の成立要件のうち、その形式的成立要件を「方式」と呼び、実質的成立要件とは別の単位法律関係とした上で、10条、11条3項〜5項、24条2項・3項、34条に規定を置いている。また、遺言の方式については、遺言の方式の準拠法に関する法律が規定している。ここでは、財産法上の法律行為の方式に関する10条および親族関係についての法律行為の方式に関する34条を取り上げる。

なお、いうまでもないことであるが、法律行為は、実質的成立要件および方式の双方を充足して初めて完全に有効なものとして

成立する。

> 行為地法との選択的連結

通則法10条は，1項で法律行為の方式は当該法律行為の成立の準拠法によるとしつつ，2項で行為地法によった方式も有効としている。同様に，34条においては，親族関係についての法律行為の方式は，当該法律行為の成立の準拠法によるが，行為地法に適合する方式も有効とされている。

なお，法律行為の成立の準拠法については9条により事後的な変更が可能である。しかし，10条1項においてはあくまでも法律行為の成立の時点において成立の準拠法とされた法が問題とされ，事後的な変更は方式の準拠法に影響を与えないとされた。方式の有効性については法律行為の成立の時点で確定的に判断されなければならないと考えられたのであろうが，方式についてのみこのような規定が置かれたことについては疑問もあろう。実質的成立要件については，当初の準拠法によれば無効とされた契約が，準拠法の変更により有効な契約となることがありうる。ところが方式については準拠法の変更による有効化が認められないことは不均衡とも考えられるからである。もっとも，そのような場合においては，準拠法を変更する際に新たな契約が有効に締結されたと解すべき場合もあろう。

> 根　　拠

このように，方式については，一般的に法律行為の成立の準拠法と行為地法との選択的連結がとられているのである。

このうち，法律行為の成立（すなわち実質的成立要件）の準拠法によることができるとされていることの根拠は容易に理解できる。方式も法律行為の成立要件の1つなのであり，その点も含めて，

法律行為の成立の準拠法上の要件を充たす場合には，法律行為は有効に成立したと評価できるからである。

それでは，方式について法律行為の成立の準拠法に代えて，行為地法によることができるのはなぜであろうか。すなわち，法律行為の成立の準拠法上の要件を充足しない場合でも，行為地法上の要件さえ充足すれば，方式としては有効とされる理由はどこにあるのか。その理由としては，2つの点を挙げることができる。

第1に，実質的成立要件の準拠法上の方式を準拠法所属国以外の国において履践することが困難である場合がある，という点がある。特に，実質的成立要件の準拠法上，方式について公的機関の関与が必要とされている場合には，そのような方式を当該国以外の国において充足することは極めて困難である。そのような場合において実質的成立要件の準拠法上の方式を履践することを要求すれば，結局，当該準拠法所属国まで出向く必要がある。これは，当事者にとって極めて不便なことである。

第2に，方式については，実質的成立要件の準拠法上の要件を充たす必要性は必ずしも高くないと考えられる，という点がある。方式に「すぎない」のであるから，当事者にとってより便宜な他の法が規定する要件を充足すればよいとしても構わないであろう，というわけである。

逆に，実質的成立要件の準拠法上の方式を充足することが非常に重要だと考えられる場合には，行為地法によることを認めるべきではないことになる。このことは，通則法10条5項にも表れている。そこでは，動産または不動産に関する物権その他の登記をすべき権利を設定しまたは処分する法律行為については，行為地法によることはできないとされている。不動産物権の移転や担

保権の設定のようなものについて、実質的成立要件の準拠法上要求される登記を経ずに権利の設定または移転を認めることは、問題が大きいと考えられたのである。

異法地域者間の法律行為の方式

法律行為の当時において、当事者が法を異にする地にいる場合には、行為地をいかなる地と理解するか、またそもそも行為地法によりうるとすることが妥当であるかが問題となる。通則法10条3項、4項が関連する規定である。

通則法10条3項は、法を異にする地にある者に対する意思表示については、その通知を発した地を行為地とみなしている。行為地法によるとした趣旨が当事者の便宜という点にあることから、当事者が実際に行為を行う発信地が行為地とされたのである。

また、10条4項は、法を異にする地にある者の間で締結された契約の方式については、申込みの通知を発した地の法または承諾の通知を発した地の法のいずれかに適合する契約の方式は、有効とするものとされた。いずれの地の法によることも認めることで、当事者の便宜を図ろうというものである。

親族関係についての法律行為の方式

以上で検討した通則法10条とは別に、通則法25条から33条までに規定する親族関係についての法律行為の方式については、34条が規定している。34条は、10条1項・2項と同様に、法律行為の成立の準拠法と行為地法との選択的連結を定めている。

34条が適用される典型的な事例は、離婚や認知の届出である。なお、離婚について「法律行為の成立の準拠法」とは、当該法律関係の成立の準拠法（婚姻の成立の準拠法）ではなく、離婚準拠法である。

親族関係についての法律行為については、方式として、国家機関への届出が定められている場合がある。そのような届出を国境を越えて行う場合については、届出の発信地と到達地のいずれを行為地と解すべきかが問題となる。法律行為の方式について行為地法によることを認めた趣旨が、当事者がその所在する地の法により法律行為を有効に成立させることができるという点にあることからすると、国家機関への届出といった場合でも当事者の所在を基準に行為地を決定すべきであると考えられよう（婚姻について→*Column* ㉛）。

6　消費者契約

> 総　説

　以上みたように、法律行為の準拠法については当事者自治の原則が認められている（通則法7条）。そこで前提とされているのは、両当事者が対等な立場で交渉し、最終的に合意に至る、古典的な私的自治が妥当するような契約である。

　しかし、現代においては、一方当事者が圧倒的に優位な交渉力を背景に契約内容を決定し、他方当事者はそれを受け入れるか拒否するかの選択肢しか与えられていないような契約類型が相当部分を占めている。そのような契約においても私的自治の原則を貫徹することには問題があり、実質法上も様々な規制がなされているのは周知の通りである。

　国際私法における準拠法選択においても、弱者保護が要請される一定の契約類型については、絶対的強行法規の適用を待たずに、弱者保護の観点から契約当事者による準拠法選択を制限する必要があると考えられる。また、通則法8条2項によれば、例えば消

費者契約については当事者による準拠法選択がなされない場合についても、交渉力が強い当事者の側の法が準拠法とされる可能性が高くなる。そのような原則の修正も問題となる。

以上の観点から、通則法は11条で消費者契約について、12条で労働契約について、それぞれ特則を置いた。ここではまず消費者契約について検討する。

通則法11条は、1項および2項において消費者契約の実質的成立要件および効力について、また3項から5項においてはその方式について規定している。そのような特則が適用される「消費者契約」の範囲については、1項で規定されているほか、6項で適用除外規定が置かれている。

消費者契約の意義 通則法11条が適用される消費者契約の意義は、1項において、消費者と事業者との間で締結される契約であって労働契約ではないものと定義されている。そして、契約当事者が法人その他の社団または財団である場合には事業者とされ、契約当事者が個人である場合には事業としてまたは事業のために契約当事者となったか否かによって事業者か消費者かが区別されることになる。

以上の消費者契約の定義は、わが国の消費者契約法にならったものである（同法2条・48条参照）。消費者契約法は、「消費者と事業者との間の情報の質及び量並びに交渉力の格差」（同法1条）という通則法11条と同様の理由から制定されたものであり、両者において同様の定義が用いられたことにも十分に理由のあるところである。もっとも、通則法11条における消費者契約概念を、わが国の国内法である消費者契約法上のそれと完全に同一のものと解する必要はない。国際私法における単位法律関係概念は、わ

が国の実質法上の概念からは独立のものと解すべきだからである。

消費者契約の成立および効力

消費者契約の成立および効力について通則法 11 条 1 項は，契約当事者が選択した法が消費者の常居所地法以外の法である場合であっても，消費者がその常居所地法中の特定の強行規定を適用すべき旨の意思を事業者に対し表示したときは，当該強行規定をも適用すると規定している。国境を越える消費者契約においては，事業者の交渉力が優位であることから，消費者にとってなじみのない法が準拠法として指定されることが多いと思われる。そのような場合においても，消費者の常居所地法上の強行規定による保護を消費者に及ぼそうというのがこの規定の趣旨である。

消費者の常居所地法上の強行規定が適用されるためには，消費者が特定の強行規定を適用すべき旨の意思表示を事業者に対して行うことが必要とされた。強行規定の特定は，裁判所に過重な負担を課さないために要件とされたものであるが，消費者に対して厳密な規定の特定を要求することは酷であろう。したがって，例えば，「割賦販売法上のクーリング・オフをしたい」といった程度の特定がされれば十分であると解すべきである。

消費者の意思表示の方法については特に規定は置かれていない。したがって，意思表示は口頭でも可能であり，また裁判外で行っても良いこととなる。

消費者の意思表示により適用される消費者の常居所地法上の強行規定は，消費者保護を目的とする強行法規である必要はない。一般契約法上の強行法規であっても適用されることになるのである。

消費者による意思表示がなされた場合でも，当事者が指定した

準拠法もあわせて適用される。通則法11条1項が，その強行規定「をも」適用するとしているのはその趣旨である。両準拠法で異なる結論が導かれる場合には，消費者に対する契約の拘束力を否定する方向で両準拠法を累積的に適用すべき場合が多いであろう。

通則法11条1項は，絶対的強行法規の適用を排除するものではない。消費者による意思表示といった11条1項の要件を充たさない場合であっても，法廷地の絶対的強行法規が適用される可能性は残るのである（→*Column* ㉖）。

なお，通則法11条1項は，消費者契約の当事者が消費者の常居所地法以外の法を選択した場合についての規定である。消費者契約の当事者が消費者の常居所地法を選択した場合の消費者契約の成立および効力については，原則通り，当事者が選択した法すなわち消費者の常居所地法が準拠法として適用されることとなる。

通則法11条2項は，消費者契約の成立および効力について，当事者が準拠法を選択しなかった場合には，消費者の常居所地法によるとしている。消費者契約について当事者が準拠法を選択しなかった場合についても，準拠法は原則通り定めた上で，消費者の常居所地法上の強行規定をも適用することも考えられないではない。しかし，より簡潔かつ明快に，消費者の常居所地法を準拠法とすることで消費者の保護を図ったのが11条2項である。

> 消費者契約の方式

実質法上，消費者契約については，一定の方式を遵守することを契約成立の要件とすることで消費者保護をはかることがある。通則法10条は法律行為の方式について選択的連結を採用しているが，消費者契約の方式の準拠法にも選択的連結を及ぼすこととすると，契約の成

立に厳格な方式を要求することによる消費者保護は貫徹しえないこととなる。

そこで，方式についてもっぱら消費者の常居所地法を適用することで消費者を保護しようとしたのが，通則法11条3項から5項である。

11条3項は，1項と同様の規定である。ただし，消費者による意思表示があった場合には，もっぱら消費者の常居所地法上の強行規定が適用されるものとされた。方式について選択的連結を否定するためである。11条4項は消費者契約の準拠法として消費者の常居所地法が選択された場合について同様の規定を置いている。さらに11条5項も同様の理由から，消費者契約の成立について当事者による準拠法選択がない場合には方式についてもっぱら消費者の常居所地法によるとしているのである。

適用除外

消費者契約であっても，消費者に対してその常居所地法上の保護を強行的に及ぼすことが妥当でない場合がある。例えば，外国からの旅行者が日本の小売店で買い物をした場合，当該売買契約は消費者契約であるが，そのような消費者契約に対して消費者の常居所地法である外国法を強行的に適用することは，小売店側の予期しないところであり，また消費者としてもそのような保護を期待すべきではないであろう。仮にそのような保護を行うとすると，消費者と契約を締結する場合には常に相手方の常居所地法を確認しなければならなくなることも懸念されるところである。

そこで，通則法11条6項は，同項各号のいずれかにあたる消費者契約については，同条の特則は適用されないこととした。

1号は消費者が当該事業所の所在地と法を同じくする地に赴い

て当該消費者契約を締結したときに、また2号は消費者が当該事業所の所在地と法を同じくする地において当該消費者契約に基づく債務の全部の履行を受けまたは受けることとされていたときに、原則として11条の特則は適用しないとした。典型的には、海外旅行先での売買契約がこれにあたる。2号が適用されるのは、旅行に出発する前に契約を締結し、購入した品を旅行先で受け取るような場合である。

　1号および2号のような例外が認められることとなると、事業者が消費者を外国に連れ出して契約を締結することにより消費者の常居所地法上の保護を脱法することが懸念される。そこで1号および2号の但書は、そのような事情が事業者からの勧誘による場合には原則に戻って消費者契約の特則を適用することとしたのである。

　3号および4号は、事業者が消費者の常居所や契約相手がそもそも消費者であることを知らず、かつ知らないことに相当の理由があるときには、11条の特則は適用しないとしている。典型的には、消費者が虚偽の事実を事業者に告げた場合であろう。反対に、例えば事業者が消費者の常居所地を尋ねることもなく契約を締結した場合には、相当の理由の存在は否定されよう。

7　労働契約

総説　労働契約についても、消費者契約と同様に労働者保護の観点から通則法12条の特則が置かれている。しかし、12条は11条と比較すると単純な規定となっている。

　第一に、労働契約については、その定義が置かれていない。こ

れは，わが国の現行法上労働契約を明確に定義する規定は存在せず，また通則法制定時において，労働契約法の成立に向けて審議が進められていたことによるものと推測される。

第二に，労働契約については，方式に関する特則が置かれていない。消費者契約については，実質法上方式を厳格に規律し，それを充足しない契約の成立を否定することがある。契約の成立を否定することは，契約の消費者に対する拘束力を否定することであり，消費者保護につながるのである。しかし労働契約については，労働契約の成立を事後的に否定することは労働者保護にはつながらない。そのような背景から，労働契約の方式については，原則通り選択的連結が維持されているのである。

第三に，適用除外規定が置かれていない。通則法12条はすべての労働契約を対象としているのである。他方，労働契約には様々なものが考えられることから，消費者の常居所地といった単一の連結点によって定められた法の保護を及ぼすといったことはされていない。

労働契約についての特則

通則法12条1項は，労働契約における当事者の準拠法選択を制限するものであり，消費者契約についての11条1項に相当する。そして，消費者契約における消費者の常居所地法に相当するのは，労働契約の最密接関係地法である。

消費者契約とは異なり，単一の基準（例えば，労務提供地）によって定められた法上の強行規定の適用が規定されなかったのは，労働契約における労働の形態としては様々なものが考えられるからであろう。それ以外の点については，11条1項と同様に理解すれば足りると思われる。

労働契約の最密接関係地法は，通則法12条1項により適用される強行規定の基準となるだけではなく，8条1項により，労働契約について準拠法が選択されていない場合には契約準拠法とされる。そして，いずれについても，労働契約においては労務を提供すべき地の法が，そのような地が特定できない場合には当該労働者を雇い入れた事業所の所在地法が，最密接関係地法と推定されるのである（12条2項・3項）。労働契約の最密接関係地法は，労働者が強行規定の適用を要求しうるか否かの基準ともなりうるものであり，労働者の実際の労働形態を重視して認定すべきであろう。

Column ㉖　強行法規の特別連結

　通則法11条，12条による保護とは別に，法廷地法である日本法上，準拠法の如何を問わずに適用すべき規定は，絶対的強行法規として適用されることとなる（→*Column* ②，347頁以下）。その際には両条が規定している消費者または労働者による意思表示といった要件は問題にならず，もっぱら当該規定の趣旨如何が問題となるところである。

　このように，準拠法上のものではない法規定が特に適用されることを特別連結という。特別連結が認められるのは強行法規についてであるので，しばしば「強行法規の特別連結」という表現が用いられる。強行法規の特別連結は，理論的には国際私法のいずれの分野においても問題となるが，準拠法の決定について当事者自治の原則がとられる契約法の分野で特に問題とされることが多い。強行法規の特別連結は，法廷地法のそれと準拠法でも法廷地法でもない法（第三国法）のそれとに分けて論じられている。

　法廷地強行法規の特別連結は，当該強行法規が，国際私法によって指定される準拠法如何を問わずに適用されるべきいわゆる絶対的強行法規として立法された場合には，そのような立法趣旨から直接認められるべきものと考えられている。わが国でも，法廷地の絶対

的強行法規の特別連結は当然に認められると解されている。ただし，ある規定が絶対的強行法規といえるかどうかについては，ほとんどの場合解釈によって決する必要がある。

　第三国強行法規の特別連結は，外国の立法例では認めるものがあり，わが国でも一部の学説が主張しているところである。しかし，現行法の解釈として第三国強行法規の特別連結論をとることは難しいのであり，第三国の法規制は契約準拠法の解釈の枠内で検討していけば足りるといえよう。例えば，第三国の法規制に反する契約を契約準拠法上の公序良俗に反するとして無効としたり，契約上の債務の履行が第三国法により禁止されている場合に当該債務を履行不能と評価するなどの方法がそれである。

5 法定債権

① 法定債権総説

二当事者関係としての法定債権

　二当事者間の法律関係として，前節の法律行為に続いて，ここでは通則法14条から22条が扱う事務管理，不当利得および不法行為を取り上げる。

　事務管理，不当利得および不法行為は，実質法が当事者の意思とは無関係に，特定の事実に対し，衡平の見地から特に債権債務関係の発生を認めたものであり，「法定債権」と呼ばれることもある。

　法定債権については，成立と効力の準拠法は同一とされ，また法律行為とは異なり方式を観念することはできないので，単一の

準拠法が適用されることとなる。ただし，不法行為については通則法22条により日本法の累積的適用が規定されている。

> 立法の経緯

法例は，法定債権についてその原因事実発生地法によるとしていた。そして，とりわけ不法行為について加害者が行為を行った加害行為地と被害結果が発生した結果発生地が異なる場合（いわゆる隔地的不法行為の場合）について，加害行為地と結果発生地とのいずれを原因事実発生地と解すべきかについて見解が分かれていた。また，原因事実発生地を柔軟に解釈することで，不法行為について一律に原因事実発生地法によることの硬直性を緩和しようという試みもなされていた。

後者の例として，カナダへのスキーツアーに参加して接触した日本人間の損害賠償請求について，その損害（治療費や休業損害等）がわが国で現実かつ具体的に発生していること，両当事者が日本法を準拠法として選択する意思であると認められることなどを理由として日本法を適用したものがある（千葉地判平9・7・24判時1639号86頁）。

以上のような議論を受けて，通則法は，不法行為一般について17条により原則として結果発生地法によるとし，また生産物責任（18条）および名誉・信用毀損（19条）については特則を置くことでルールの明確化を図る一方，事務管理および不当利得の場合も含めて，原則的な準拠法以外の法によるべき場合にはそのような例外を認める規定（例外条項）を置くことで具体的妥当性も確保している（15条および20条）。さらに，これらの規定によって決定された準拠法を当事者が事後的に変更することも認めている（16条および21条）。

以下では，不法行為を中心に原則的な準拠法について検討し，その後に例外条項および準拠法の事後的変更について補足することとする。

② 不法行為

> 総　説

　不法行為について通則法では，一般的に17条が規定しているほか，生産物責任および名誉・信用毀損については特則が置かれている（18条および19条）。そして，それらの原則的な準拠法が属する地以外の地が明らかにより密接な関係がある場合には後者の地の法によるとされ（20条），さらに，当事者による準拠法の事後的変更が認められている（21条）。例外条項および準拠法の事後的変更については後に事務管理および不当利得とあわせて検討することとし，ここでは原則的な準拠法および日本法の累積的適用（22条）について取り上げることとする。

> 一般的不法行為

　一般的不法行為について通則法17条は，原則として結果発生地法によるとしつつ，その地における結果の発生が通常予見することのできないものであったときは加害行為地法によるとした。

　加害行為地と結果発生地とは多くの不法行為において一致する。そのような場合においては，当該法域が，不法行為の当事者が自らの行動を律し，その責任および危険を予測する判断基準としてふさわしいものである。また，不法行為が発生した社会の公益や衡平感といった観点から不法行為地法の適用を根拠づけることも可能であろう。

　加害行為地と結果発生地とが異なる隔地的不法行為については，

被害者保護の観点からは結果発生地法の適用が，加害者（とされた者）の予測可能性という観点からは加害行為地法の適用が考えられるところである。通則法17条は被害者保護を重視する観点から原則として結果発生地法によるとしつつ，その地における結果発生が通常予見できないような場合には，結果発生地法の適用は加害者にとって酷であるとして加害行為地法を適用すべきものとしている。

　ここで，通常予見することができるか否かは，結果の発生そのものについて問題とされるわけではない。結果が発生するとした場合にその地がいずれになるかについての予見可能性が問題なのである。結果発生そのものが加害者にとって予見可能か否かは準拠実質法上の問題である。

　また，通常予見することができるか否かは当該加害者に特有な事情によって結論が異なるものではなく，客観的に定まるものと解すべきである。当該加害者に特有の事情によって準拠法が異なるものとされることは，加害者に準拠法を選択する権利を事実上付与することにもなりかねず，被害者保護の観点から問題があるからである。

　一般的な不法行為については，その成立要件および効力のすべてにつき，原則として本条の定める準拠法によることとなる。成立要件には，故意・過失，違法性，因果関係，不法行為能力といった問題が含まれ，効力には損害賠償の範囲および金額といった問題が含まれる。

　Column ㉗　被侵害権利の準拠法との関係
　加害者が被害者の有する権利を侵害した場合に，被害者が加害者に対しどのような救済（損害賠償，差止め等）を求めうるか，とい

う問題は不法行為の効果の問題と理解することができる。しかし他方，そのような問題は，被侵害権利自体の内容または効力の問題とみることもできる。例えば，日本民法においても，加害者が被害者の有する所有権を侵害した場合には，不法行為の問題とも，物権的請求権の問題とも構成しうるのである。

それでは，不法行為の準拠法と被侵害権利の準拠法との適用関係はどうなるであろうか。学説は分かれており，被侵害権利の存否や内容については当該権利自体の準拠法により，その侵害の効果については不法行為の準拠法による説，損害賠償については不法行為の準拠法によるが，妨害排除や差止めといった点はむしろ当該権利自体の効力とみて当該権利の準拠法による説などがある。

最判平成14年9月26日（民集56巻7号1551頁〈百選51〉）においては，米国特許権の侵害を理由とする差止め，侵害品の廃棄，損害賠償が求められていた。最高裁は，差止めおよび廃棄請求については特許権の効力の問題とし，損害賠償請求については不法行為の問題とした。もっとも，前者の点については，「米国特許権に基づく差止め及び廃棄請求は，正義や公平の観念から被害者に生じた過去の損害のてん補を図ることを目的とする不法行為に基づく請求とは趣旨も性格も異にする」ことが根拠とされており，また，いずれの点についても結局米国法によっていることから，本判決の区別をどの程度一般化できるかは今後の問題であると言えよう。

生産物責任　通則法17条の原則を生産物責任にあてはめると，生産物責任についても結果発生地法または加害行為地法によることとなる。しかし，生産物責任における結果発生地はしばしば偶発的に定まり，また加害行為地は生産物が生産された地すなわち工場の所在地になるとも解され，いずれも準拠法決定の基準として必ずしも妥当ではないと考

えられる。

そこで通則法18条は,生産物責任の準拠法を,原則として被害者が生産物の引渡しを受けた地の法とし,その地における引渡しが通常予見することのできないものであったときは,生産業者等の主たる事業所の所在地法とした。生産物が引き渡された地は,生産者と被害者との接点となる地であり,一般的にはその地の法を生産物責任の準拠法と考えてよいであろう。しかし,生産物が中古品として流通し,生産者が予見しえないような地で生産物が取得される場合もある。そのような場合について通則法は,生産業者等の主たる事業所の所在地法によることで,生産者の予見可能性に配慮している。また,生産業者等の主たる事業所の所在地は,被害者にとってもその法の適用をある程度予期しうるものということもできるであろう。

通則法18条は,生産物で引渡しがされたものの瑕疵により他人の生命,身体または財産を侵害する不法行為によって生ずる,生産業者または生産物にその生産業者と認めることができる表示をした者に対する債権の成立および効力について適用される。同条の適用範囲と製造物責任法の適用範囲とを比較すると,2つの点で通則法18条の適用範囲が広いことに気づく。第一に,製造物責任法においては「製造物」すなわち製造または加工された動産(製造物責任法2条1項)が対象とされていたのに対し,通則法18条においては,未加工の農水産物や不動産などを含む「生産物」が対象とされている。第二に,製造物責任法においては,製造,加工または輸入した者が製造業者とされているのに対し,通則法18条においては,生産,加工および輸入した者の他,輸出し,流通させ,または販売した者も生産業者とされているので

ある。諸外国の中には実質法上生産物責任についてわが国の製造物責任法よりも広い範囲で特則を設けている国があり，そのような背景のもと生産物責任の準拠法に関するハーグ条約もその適用範囲を広く設定している。通則法18条もそれらにならい，生産物責任に関する特則の適用範囲を広くとることで，類似の事案についてそもそも準拠法が異なってしまうことを防止しているということができる。また，これにより，被害者から一連の流通過程にいる者に対する請求について同一の方法で準拠法が決定されることになり，簡明な処理が可能となるという利点もある。

　生産物の瑕疵により，生産物取得者以外の者（バイ・スタンダー）が損害を被った場合に，通則法18条が適用されるか否かは文言からは必ずしも明らかではなく，この点は解釈によって決すべきこととなる。一般的には，バイ・スタンダーとの関係では生産物が引き渡された地の法を適用する根拠は乏しく，18条は適用されないと解すべきであろう。もっとも，生産物の取得者とともにその家族が損害を被った場合などには，一体として18条により準拠法を決定することも考えられる。

名誉・信用毀損　　名誉毀損等の準拠法を不法行為一般についての通則法17条によって定めることとすると，名誉毀損の準拠法は原則として名誉毀損という結果が発生した地の法ということになる。すると，名誉毀損という結果は複数の法域で発生することがあり，そのような場合には，各法域で生じた結果についてそれぞれの法を適用して名誉毀損の成否およびその効果を判断するとの解釈も十分に考えられることとなる。

　これに対し通則法19条は，名誉・信用毀損の準拠法を被害者

の常居所地法とした。複数の法域の法をそれぞれ適用するのでは処理が煩雑となること，多くの場合に被害者の常居所地法でもっとも重大な損害が発生すると考えられること，加害者にとっても被害者の常居所地法は通常の場合は認識可能であると思われることがその理由である。

名誉または信用を毀損する不法行為とは，一般的には被害者の社会的評価を低下させるような行為ということになろう。しかし，同様に複数の法域で同時に結果が発生しうるような不法行為，例えばプライバシーの侵害などにも通則法19条を類推適用する解釈もありうると思われる。

通則法19条は被害者の常居所地を連結点としている。被害者が法人等である場合には，その主たる事業所の所在地が連結点とされた。多くの場合に，その地でもっとも重大な損害が発生すると考えられ，加害者にとっても認識可能であることがその理由である。

日本法の累積的適用　通則法22条は，不法行為の成立および効力について日本法の累積的適用を規定している。

法例の制定当時においては，不法行為の準拠法を法廷地法とする考え方が残っており，そのような観点から不法行為について日本法を累積的に適用する規定が置かれた。不法行為の準拠法を法廷地法とする見解の背景には，民事責任と刑事責任とを峻別することなく不法行為を一定の社会秩序への違反ととらえる思考があった。刑事罰を科す際に必ず法廷地法が適用されるが，不法行為についてもそれと同様に扱おうというものである。

民事責任と刑事責任とを峻別する現在においては，日本法の累

積的適用を維持する根拠は乏しい。通則法の制定過程においても削除が検討された。しかし，日本法を遵守すれば不法行為責任を問われることはなく，また日本法の定める以上の責任を負うことはないという制度を維持すべきであるとの見解も主張され，結局，不法行為についての日本法の累積的適用は通則法のもとでも維持されることとなった。

通則法22条1項は，不法行為の準拠法が外国法となる場合であっても，日本法上の不法行為の成立要件を充たさないときには不法行為に基づく請求は認められないとしている。また，2項は，不法行為の準拠法が外国法であり，それが日本法上も不法行為とされる場合であっても，被害者の請求は日本法上認められる範囲に限定されるとしている。

Column ㉘　日本法による損害賠償額の算定

実務上問題となっているものに，準拠法が日本法となった場合における外国人被害者に対する損害賠償額の算定基準如何という点がある。この点が争われるのは，被害者の出身国の物価や賃金の水準がわが国のそれよりも著しく低い場合に，いずれの国の基準によるかで認められる損害賠償額に大きな差が生じるからである。

逸失利益については最高裁は，被害者の将来のありうべき収入状況を推定して判断すべきであるとした（最判平9・1・28民集51巻1号78頁〈百選45〉）。具体的には，在留期間を超えてわが国に残留していた外国人が労災の被害者となった事案において，事故後3年間はわが国で得ていた実収入金額を，その後は来日前に得ていた収入程度の収入を基準として逸失利益を算定した原審判決を，不合理ということはできないとしたのである。

慰謝料については，下級審判決が分かれており，在外遺族の精神的慰謝料について日本の基準によったものと，遺族の生活の基盤が

あり，慰謝料が費消される地である外国の物価水準等を基準としたものとがある。

③ 事務管理および不当利得

総　説

　　事務管理および不当利得は，不法行為と同様に，一定の事実に基づいて権利義務の発生を認めるものである。通則法は事務管理および不当利得について不法行為と同様の規律を置いている。すなわち，原則として権利義務の発生の原因となる事実に着目して準拠法を定めることとし（14条），14条の定める準拠法が属する地以外の地が明らかにより密接な関係がある場合には後者の地の法によるとされ（15条），さらに，当事者による準拠法の事後的変更が認められている（16条）。これらの点については，不法行為と同様の規律である。

　しかし，事務管理および不当利得の準拠法と不法行為の準拠法とでは以下の点で異なる規律がなされている。すなわち第一に，不法行為については加害行為地と結果発生地とが異なる場合についての規定が置かれているが，事務管理および不当利得については，そのような場合についていかなる地を「原因となる事実が発生した地」とするかは解釈に委ねられている。第二に，不法行為については生産物責任等について特則が設けられているが，事務管理および不当利得についてはそのような特則は置かれていない。第三に，不法行為については日本法の累積的適用が定められているが，事務管理および不当利得にはそのような規定は置かれていない。その他，例外条項についても通則法15条と20条との間で

若干の相違がある。

事務管理

事務管理とは，義務なく他人のために事務を行うことであり，主たる債務者の委任によらずに保証人となることや契約によらない海難救助などがこれに当たるとされる。もっとも，海難救助については「海難ニ於ケル救援救助ニ付テノ規定ノ統一ニ関スル条約」が存在することもあり，事務管理の準拠法が現実に問題となる場合はほとんどない。

事務管理によって管理者と本人との間にいかなる権利義務関係が発生するかについては，通則法14条により，原則として原因事実発生地法すなわち事務管理地法による。事務管理地とは，事務管理行為が現実に行われた地であり，管理の客体の所在地を意味するとされる。すなわち，財産の管理であれば，当該財産の所在地が事務管理地とされるのである。

不当利得

不当利得とは，わが国の実質法上は，法律上の原因がないのに他人の損失において利益を受けることとされ，第三者を債権者と誤信してなされた弁済の返還といった問題の他に，契約の解除等の場合における給付の返還といった契約に関連する問題，物の不法占拠に対する利用料相当額の請求といった不法行為ともいえるような問題など，様々なものが不当利得の問題とされている。

このように，わが国の実質法上は，様々なものが不当利得の問題とされている。しかし例えば，契約の解除等に伴う返還義務の問題を通則法14条の不当利得の問題と解するか，契約の問題と解するかは性質決定の問題であり，国際私法独自の立場から決すべきことになる。すると，契約の解除に伴う契約当事者双方の返

還義務については同一の準拠法を適用すべきであると考えられること，契約の解除に伴う不当利得の返還とそれ以外の義務（例えば損害賠償や違約金の支払など）とについても同一の準拠法を適用すべきであると考えられること，この点についても当事者の事前の準拠法指定を認めるべきであることからは，契約の解除等に伴う返還義務の問題は法律行為の効力の問題と解すべきこととなろう。

もっとも，当事者間の契約に関連して不当利得が生じた場合については，これを契約の問題として契約準拠法によるとしても，不当利得の問題としつつ通則法15条の例外条項により契約準拠法によるとしても，結論は変わらない。その限りでは性質決定の意義はそれほど大きなものではないともいうことができよう。

通則法14条により不当利得については原則として原因事実発生地法によることとなる。原因事実発生地の確定は，損害地と利得地とが異なる場合において特に問題となる。この場合，利得者側の行為を原因として不当利得が発生した場合においては，不法行為の場合との均衡から，原則として不法行為における結果発生地法に相当する不当利得の損害地を原因事実発生地と考えるべきであろう。他方，例えば誤った銀行口座に金銭を振り込んだ場合のように，利得者が関与しないままに不当利得が発生した場合においては，利得地を原因事実発生地と解することが考えられる。

④ 例外条項

> 総　説

法定債権について，法例が一律に原因事実発生地法によるとしていたことの硬直性を緩和するために，通則法においては15条および20条が置か

れたことは既に述べたとおりである。このような規定は，原則的な準拠法以外の法によるべき場合を例外的に定めたものとして，一般に例外条項と呼ばれている。

通則法の制定過程においては，当事者の常居所地法が同一である場合や，当事者間の契約に基づく義務に違反して不法行為が行われた場合については，それぞれ当事者の常居所地法および契約準拠法によるとした上で，さらに例外条項を置くことも検討された。しかし，それらの点についてすべて規定を置くこととすると規定の適用関係が複雑になることが懸念され，結局，当事者の常居所地法が同一であることや，当事者間の契約に基づく義務に違反して不法行為が行われたことは，例外条項を適用する一要素とされたのである。

以下では，不法行為についての通則法 20 条を中心に検討する。

> 例外条項の適用要件

通則法 20 条は，不法行為一般および個別の不法行為類型についての原則的な準拠法の属する地よりも，明らかに密接な関係がある他の地があるときにはじめて適用される。したがって，単に，原則的な準拠法以外の法が最密接関係地法であるだけでは足りないと解されるが，具体的にいかなる場合がこれにあたるかについては，解釈に委ねられることとなろう。

通則法 20 条は 2 つの類型を例示的にあげている。すなわち，不法行為の当時において当事者が同一常居所地法を有している場合と，当事者間の契約上の義務に違反して不法行為が行われた場合である。これら 2 つの類型にあたる場合においても，そこで挙げられている地が明らかにより密接な関係を有する場合にのみ例外条項は発動される。しかし実際には，これらの類型にあたる場

合には，20条により準拠法が定められる場合が多いであろう。

　例示されている第一の類型は，当事者の常居所地法が同一である場合である。そのような場合には，同一常居所地法は両当事者に共通に密接に関係する地の法であり，たまたま不法行為が他の法域でなされた場合でも，不法行為の準拠法として明らかにふさわしい場合はあると考えられる。もっとも，例えば共同不法行為において一部の当事者についてのみ同一常居所地法が存在するといった場合には，その一部の当事者についてのみその同一常居所地法によるのではなく，共同不法行為者全員の責任を単一の準拠法で判断することも考えられよう。

　第二の類型は，当事者間の契約に基づく義務に違反して不法行為が行われた場合である。これは，実質法上いわゆる請求権競合が問題となるような場合である。法例においては，請求権競合のような場合における契約の準拠法と不法行為の準拠法との適用関係については見解が分かれていた。通則法20条はこの点について，契約上の請求権については契約準拠法が適用され，不法行為に基づく請求権については不法行為準拠法が適用されることを前提に，両者が異なる準拠法となって両請求権の関係が複雑化することを防ぐために後者を前者に一致させようとしたものと解される。したがって，いわゆる請求権競合のような場合においては，契約準拠法が不法行為についても明らかにより密接な関係があるとして，契約準拠法による統一的な処理を図るべきであろう。

　いわゆる請求権競合以外の場面においても，例えば契約締結上の過失のように，不法行為の問題と解してもその準拠法を契約準拠法と一致させるべき場合も存在すると考えられる。そのような場合においては，同様に通則法20条により，契約準拠法による

統一的な処理を検討すべきものと思われる。

5 準拠法の事後的変更

> 総　説

事務管理および不当利得の準拠法は通則法 14 条および 15 条により，また不法行為の準拠法は 17 条から 20 条により，それぞれ客観的に選択されることになる。しかし，客観的に選択された準拠法を当事者が事後的に変更することも認めることとされた。これが通則法 16 条および 21 条である。その根拠としては，法定債権も私人間の債権であり，その処分は当事者の意思に委ねられるべきものであることから，その準拠法を当事者が変更することを禁止する理由はないことの他，実際にも一定の業界においては客観的に定められる準拠法以外の法によるニーズが存在することがあげられている。

16 条および 21 条は，法律行為について準拠法の変更を認めた 9 条とほぼ同一の文言を用いている。ただし，法定債権の準拠法については事前の準拠法合意は認められず，事後的な合意のみが可能であることを示すため，16 条および 21 条には不法行為等の「後において」との文言が挿入されている。

> 第三者との関係

通則法 16 条および 21 条においても，9 条と同様に，準拠法の変更が第三者の権利を害することとなるときはその変更をその第三者に対抗することができない旨の但書が付されている。その趣旨は 9 条と同じである。ここで第三者として想定されているのは，例えば不法行為における保険会社である。加害者・被害者間で不法行為の準拠法が変更されたとしても，それによる当事者間の権利義務の内容の変更を保険会社に対して対抗することはできないこととなる。

6 婚　姻

1　総　説

二当事者関係としての婚姻

　以上，財産法分野の典型的な二当事者間の法律関係である法律行為と法定債権について触れた。これに対し，家族法上の典型的な二当事者間の法律関係としては，婚姻と親子があり，通則法もそれぞれについて複数の条文を置き，詳細に規律している。本節ではまず婚姻を取り上げる。

　婚姻について通則法は，24条から27条に規定を置いている。24条は婚姻の成立，25条は婚姻の一般的効力，26条は婚姻の財産法的効力すなわち夫婦財産制，27条は離婚についての規定である。

　明治23年の旧法例においては，婚姻を含む人の親族関係の問題について単にその者の本国法によるとされていた（⇒102頁）。明治31年の法例制定時に，現在のように単位法律関係が分けられ，それぞれいずれの者の本国法によるのかが規定された。そして，平成元年法例改正時に常居所地という連結点が導入され，通則法の制定時に口語化がされて現在の規定になったのである。

2　婚姻の成立

総　説

　婚姻の成立については，通則法24条が規定している。24条1項は婚姻成立の要件についての規定であるが，2項・3項で方式についての特則

があることから，1項は，方式以外の要件すなわち実質的成立要件についての規定であることになる。法律行為の方式の箇所でも述べたとおり，婚姻は実質的成立要件と形式的成立要件（すなわち方式）との双方を充足して初めて有効な婚姻とされる。

実質的成立要件　婚姻の実質的成立要件とは，次に述べる婚姻の方式以外の婚姻成立の要件である。具体的には，婚姻適齢，近親関係の不存在，重婚でないこと，婚姻意思の存在などがこれに当たる（婚姻の届出意思について，⇒ *Column* ㉚）。

通則法24条1項は，婚姻の実質的成立要件について，婚姻の各当事者についてその本国法によるとし，いわゆる配分的適用・連結の手法を採用した。各当事者についてそれぞれの本国法によるという点が，単なる累積的適用とは異なる点であるとされる。しかし，具体的に，どのような要件について一方当事者の本国法によれば足りるのか，その判断基準については学説上対立がある（⇒ *Column* ㉙）。

必要な要件を充足しない婚姻がどのように扱われるか，無効とされるか取消可能とされるか等についても，当該要件を定めた準拠法によって判断される。一方当事者の本国法上の要件を充たさず，それによって婚姻が無効とされるのであれば，他方当事者の本国法上は有効な婚姻であっても，無効とされる。一方当事者の本国法上無効であり，他方当事者の本国法上は取消可能な婚姻も同様に無効と解される。つまり，要件の欠缺については，より重大な効果を規定する準拠法に従うこととされている。

Column ㉙　配分的適用
配分的適用と累積的適用との差異を説明する際には，婚姻適齢の

6　婚　姻　**163**

例が挙げられることが多い。例えば、19歳の男性と17歳の女性との婚姻の可否が問題となったとする。この男性の本国法であるA国法上は男女とも18歳以上であれば婚姻可能であり、女性の本国法であるB国法上は男性は20歳以上、女性は16歳以上であれば婚姻可能であるとする。この場合、仮にA国法とB国法とを累積的に適用すると、男性はB国法上の、女性はA国法上の要件を充たさないので、この男女は婚姻できないこととなる。しかし、通則法24条1項は配分的適用を行っていることから、男性はA国法の、女性はB国法の要件を充足すれば十分なのであり、この男女は婚姻できるとされるのである。

しかし他方、婚姻要件のうち近親関係の不存在といった両当事者の関係に関する要件については、配分的適用の場合でも両当事者の本国法上の要件をともに充たす必要があるのであり、累積的適用と変わるところはない。

従来は学説上、婚姻適齢のように一方の本国法を充たせば足りる要件を一方的要件、近親関係の不存在のように双方の本国法を充たす必要がある要件を双方的要件と呼び、両者を国際私法上区別するという見解が多数であった。これを前提に、例えば女性の再婚禁止期間の点が女性の側の一方的要件であるか、男性の側の一方的要件であるか、双方的要件であるかといった点が争われていたのである。

このような多数説に対しては、一方的要件と双方的要件とを国際私法上区別することは困難であり、またそもそも通則法24条1項は文言上そのような区別を行っていないといった点を指摘して、一方的要件と双方的要件との区別は準拠実質法の解釈問題であるとの見解も有力である。さらに近年は、準拠実質法上の婚姻要件の適用範囲を定めているルールは当該規範の場所的適用範囲に関するものであるから、反致（通則法41条）の場合を除いてそのような規範に従うことはできないとして、結局配分的適用は累積的適用と同一の結果になるとの見解も提示されているところである。

確かに，通則法24条1項の文言は単に「各当事者につき，その本国法による」とあるのであり，一方的要件と双方的要件とを国際私法上は区別しない，との解釈の方が同項の文言にはより整合的であると思われる。

　しかし，だからといって一方当事者の本国法上の婚姻に関する要件がすべて適用されると考えるべきではない。各当事者についてその本国法による，というのである以上，いわゆる送致範囲（⇒ ***Column*** ⑨）の問題として，各当事者の本国法で適用されるのはあくまでも当該当事者に関する要件のみであると考えられる。そして，当該当事者に関する要件であるか否かは国際私法独自の見地から判断すべきこととなる。

　すなわち，通則法24条1項の解釈として，例えば，男性の婚姻適齢に関する規定や男性側から見た近親関係の不存在といった要件は男性の本国法への送致範囲に含まれるが，女性の婚姻適齢に関する規定は含まれないと解することが可能であろう。女性の本国法への送致範囲についても同様である。

　すると，近親関係の不存在といった要件は，男性の本国法への送致範囲にも，女性の本国法への送致範囲にも含まれることとなる。そのような要件を双方的要件と呼ぶことも可能であろう。しかし，それはあくまでも結果的にそのように見えるというだけであり，当初から一方的要件と双方的要件とを区別しているわけではない。存在するのはあくまでも男性についての要件と女性についての要件との区別のみであるということができる。

婚姻の方式

　婚姻の方式とは，両当事者の婚姻意思をいかなる方法で表現するかという問題を意味する（方式一般については，⇒135頁以下）。例えば，届出や一定の儀式などの要件がこれに当たる。

婚姻の方式について通則法24条2項・3項は，婚姻挙行地法と一方当事者の本国法との選択的連結によることとした。

　平成元年改正前の法例は，方式が挙行地の公序にかかわること，婚姻の挙行は挙行地で社会的に公認を得るという意味があることから，もっぱら婚姻挙行地法によるとしていた（絶対的挙行地法主義）。しかしこれに対しては，当事者にとって便宜でないこと，当事者の一方の本国法上有効な婚姻がわが国で無効とされる可能性があること（跛行婚のおそれ），そもそも婚姻は容易に成立を認める方が良いと考えられること（婚姻保護）から，現在のような規定となった。

Column ㉚　婚姻の届出意思

　韓国人である男女が，わが国で夫婦と同様の生活を行っていたが，子が生まれたのをきっかけに，男性の父が女性と相談の上，男性に無断で婚姻届を提出し，後にこの婚姻が無効か否かが争われた事件がある（名古屋高判平4・1・29家月48巻10号151頁。類似の事案として，大阪高判平28・11・18判時2329号45頁がある）。ここでは，婚姻届を提出する意思（婚姻の届出意思）の要否が，婚姻の実質的成立要件の問題として韓国法によるのか，方式の問題として日本法によるのか（平成元年改正前法例が適用された）が争われた。一審は，婚姻届の受理をもって日本法上の方式要件は充たされるとし，両当事者が婚姻に必要な意思を有しているかについて韓国法で判断した。これに対し二審は，婚姻の届出意思の欠缺の点を方式の準拠法である日本法で判断し，最高裁もこの点を前提にしている。

　わが国の民法上，有効な婚姻の成立に必要な意思は，実質的婚姻意思と届出意思とに分けて論じられている。しかし，これはわが国民法上の区別にすぎず，そのような区別を国際私法上も採用し，後者を方式の問題と解することには疑問がある。婚姻意思としていかなるものを必要とするかは各国国内法上様々なのであり，その一部

について方式の準拠法によるとすると，婚姻意思についての各国法の規律によっては不整合な結果を招来しかねないからである。

むしろ，婚姻に必要な意思の要件はもっぱら婚姻の実質的成立要件の準拠法により，意思表示の外部的表現方法すなわち外形的行為の点についてのみ方式の準拠法によるべきであろう。

日本人条項　以上の原則に対し，通則法 24 条 3 項但書は，婚姻挙行地が日本で，当事者の一方が日本人である婚姻についてはこの限りではない，つまり 3 項本文は適用されず，2 項により婚姻挙行地法である日本法の方式を充足する必要があるとしている。

この根拠として，24 条 3 項但書のような規定が置かれていないと，日本人が日本において外国人配偶者の本国法上の方式によって婚姻することが可能となり，婚姻の事実が戸籍に反映されず，またその男女から出生した子の国籍および身分が問題になるおそれがあることが挙げられる。また，その背景には，日本法上の婚姻の方式は戸籍法上の届出のみであり（民法 739 条 1 項），その履践を当事者に強制しても外国人である当事者にもそれほど負担ではないこと，このような規定がなくても戸籍法 41 条の類推により報告的届出が義務づけられることになるのであるから，婚姻届を求めても，当事者に酷とは言えないといった事情も存在する。

しかし，24 条 3 項但書に対しては，日本人と外国人とが外国で婚姻する場合や，外国人同士が日本で婚姻する場合と比較して不均衡である，跛行婚の発生防止といった婚姻の方式について選択的連結を採用した趣旨が損なわれる，報告的届出であればそれをしなくても婚姻は有効に成立しているのであり，婚姻の方式と

しての創設的届出と同視はできない，といった批判もあるところである。

なお，逆に日本人が外国で婚姻する場合については，民法741条により，その国に駐在する日本の大使，公使または領事に届出をすることができるとされている（外交婚・領事婚）。この規定は，婚姻の方式について婚姻挙行地法によらなければならないとされ，当事者の本国法によることが認められていなかった平成元年法例改正前には特に重要な意義を有していた。現在では，外国にいる日本人間で婚姻する場合の方式については，民法741条に依るほかに，当該外国法に依ることも（通則法24条2項），わが国に直接婚姻届を郵送することも（同条3項）可能である。

Column ㉛　婚姻挙行地の意義

婚姻挙行地とは，法的に婚姻を成立させる方式が履践された地である。わが国において婚姻届が提出された場合にはわが国が婚姻挙行地となり，一定の儀式が婚姻の方式とされている国でそのような儀式が行われた場合には，当該国が婚姻挙行地となる。「結婚式をした地」という意味ではない。

挙行地が実際に問題となるのは，日本人とA国人との婚姻届が，わが国からA国の機関に直接郵送されたような場合である。これによって，A国実質法上は婚姻が有効に成立するという場合，挙行地を婚姻届が到達したA国と考えれば，婚姻は有効に成立する。しかし婚姻届が郵送に付されたわが国を挙行地と考えれば，通則法24条3項但書により，日本法上の方式を充たさない限り婚姻は有効に成立しないことになる。

実務は，後説に従い，このような場合には婚姻の成立を認めていない。婚姻挙行地によることの趣旨が，当事者の便宜や，婚姻の挙行は挙行地で社会的に公認を得るという意味があることからすれば，当事者が所在する地を婚姻挙行地と考える実務の立場にも一定の根

拠があるといえよう。

---

③ 婚姻の一般的効力

> 総　説

通則法24条の定める準拠法によってある婚姻が有効に成立したとされると、それによっていかなる効力（夫婦間の権利義務関係等）が発生するかが次に問題となる。

通則法は、その効力を、一般的な効力と財産関係に関する効力とに分け、前者について25条に、後者について夫婦財産制の問題として26条に規定を置いた。通則法25条は単に「婚姻の効力は……」と規定しているが、夫婦財産制に関する部分を除いた効力のみを対象としている。そのため、同条は、婚姻の一般的効力あるいは身分的効力に関する規定と言われる。

次に述べるように、通則法25条そのものが適用される場面は多くない。しかし、同条で採用された準拠法選択規則は、夫婦財産制についての26条、離婚についての27条においても原則として妥当するものとされており、25条はその意味で重要な規定である。

婚姻の一般的効力の準拠法が、原則として夫婦財産制や離婚についても妥当するとされていることには理由がある。夫婦財産制の問題は婚姻の財産法的効力の問題であり、広義の婚姻の効力の問題に含まれる。また、離婚も広い意味では婚姻の効力の問題と言うことができる。というのは、いかなる要件を充たせば離婚が可能かという問題は、婚姻関係の拘束力の強さの問題と考えることができるからである。契約の解除がどのような場合に可能かと

いう問題が契約の効力の問題であるのと同様である。

単位法律関係　以上述べたとおり，婚姻の効力のうち夫婦財産制以外の問題が通則法 25 条の単位法律関係に含まれることとなる。具体的には，貞操義務や同居義務等の問題がこれに当たることについては争いはない。

扶養義務については特別法による（⇒ 201 頁以下）。また，協力扶助義務，婚姻費用の分担等については議論があるが，夫婦財産制のところで検討する。

また，婚姻の効力により一方配偶者の行為能力が変化するか，氏がどうなるか，といった問題については既に取り上げた通り，各人の本国法によるべきであろう（⇒ 107 頁，111 頁）。

このように，通則法 25 条が実際に適用される範囲はそれほど広くない。

連結点　婚姻の一般的効力について，平成元年改正前の法例では夫の本国法によるとされていた。しかし，婚姻により妻が夫の国籍を取得するという制度はほとんどみられなくなり，夫の国籍を妻のそれに優先させる理由がなくなったことから改正が必要と考えられた。

しかし，婚姻の効力の準拠法は，夫婦間の権利義務を定めるものであるので，通則法 24 条 1 項のように各当事者ごとに別の準拠法を適用することはできない。

そこで，夫婦について共通の要素が存在すればそれにより準拠法を決定し，それが存在しなければ別の共通の要素による，という段階的連結の手法が採用された。ここで取り上げるべき要素としては，まず本国法が同一である場合にはそれによるべきであるとされ，本国法が異なる場合には，過去の本国法ではなく現在の

常居所地法を基準とすべきであるとされた。その上で，いずれも異なる場合には柔軟に準拠法を決定する必要があるため，単に夫婦の最密接関係地法によるとされたのである。

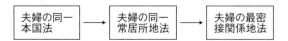

本国法が同一か否かは，各配偶者の本国法を確定した後に判断する。したがって，重国籍者についてはその者の本国法をひとつに定めてから他方配偶者との本国法の同一性を判断する。無国籍者について常居所地法による場合には本国法が同一とはされないことは，明文で規定されている（通則法38条2項但書）。また，夫婦の本国が地域的不統一法国である場合には，38条3項によりそれぞれの本国法を決定してからその同一性を判断することとなる。

夫婦の最密接関係地法とは何かについては，夫婦それぞれの本国法および常居所地法，過去の本国法および常居所地法，婚姻締結地など諸般の事情を考慮して決することとなる。

なお，本条およびそれを準用する場合については，反致はされない（41条但書）。

④ 夫婦財産制

単位法律関係 通則法26条の単位法律関係は，既に述べたとおり夫婦財産制，すなわち婚姻の財産法上の効力である。夫婦財産制には，夫婦間の関係であるという側面と財産権の帰属を決定するという側面とがあり，後者の側面を強調すると，個別の財産権の準拠法によることも理論的に

は考えられる。しかし通則法は，特に夫婦の有する財産が複数国に存在する場合などにおいても夫婦間の財産の帰属を統一的に判断すべきものとして，前者の側面から準拠法を定めている。

通則法26条に含まれる単位法律関係としては，夫婦財産の帰属（共有制か別産制か），財産管理権限の帰属，夫婦財産契約の許否・要件・効力・変更可能性といった問題を挙げることができる。

債務の帰属，すなわち一方配偶者の債務について他方配偶者がいかなる範囲で債務または責任を負担するかの問題（日常家事債務についての日本民法761条参照）も，財産の帰属，財産管理権限の帰属と表裏一体の問題であり，本条の規定する単位法律関係に含まれると考えるべきである。

また，いわゆる婚姻費用の分担の問題（日本民法760条参照）も，原則として夫婦間の財産関係の問題として，本条の単位法律関係に含まれる。しかし，この点はもっぱら扶養義務の問題として準拠法を決定すべきであるとの見解もある。

離婚による夫婦財産関係の清算についても，本条の定める準拠法によって判断すべきであろう。ただし，離婚の際の財産的給付には，様々な性質のものが混在している（⇒*Column* ㉜）。

> 連 結 点

通則法26条1項は，25条を夫婦財産制に準用しており，婚姻の一般的効力と同様に段階的連結によって準拠法を定めることが原則となる。もっとも，最密接関係地法を確定する際には，夫婦の財産所在地が大きな要素となるのであり，前条とは異なる準拠法が適用される可能性も理論的には存在する。

夫婦財産制が婚姻の一般的効力とは別の単位法律関係とされたのは，夫婦による準拠法選択を一定の範囲で認めるためである

(26条2項)。通則法25条によって準拠法を定めることとすると，婚姻中に夫婦財産制の準拠法が変更になったり，夫婦自身にとっても準拠法が何であるかが不明確になったりしてしまう可能性がある。特に，夫婦の最密接関係地法による場合にはそうである。通則法が上記のようないわゆる限定的当事者自治を認めたのは，そのような事態の発生を防ぐ手段を夫婦自身に与えるべきだと考えられたためである。

なお，夫婦財産制について準拠法を定める合意と，夫婦財産契約とを混同してはならない。前者は国際私法上のものであり，それが存在しない場合には，通則法26条1項により，25条の準用によって夫婦財産制の準拠法を定めることとなる。後者は準拠実質法上のものであり，それが存在しない場合には，当該準拠実質法上の法定財産制によって夫婦財産制の内容が定められることとなる。ここで論じているのはもっぱら前者の点である。

当事者による準拠法選択

夫婦財産制の準拠法に関する夫婦の合意が，①実質的に成立しており，②通則法26条2項の定める方式によってなされ，しかも③選択された準拠法が26条2項各号のいずれかである場合には，夫婦の選択した法が夫婦財産制の準拠法とされる。

夫婦間で合意が実質的に成立したといえるかを判断する基準については，通則法は規定していない。したがって，法律行為の準拠法についての当事者自治と同様に解釈によることとなる（→ *Column* ㉔）。

合意の方式について通則法26条2項は，合意が書面でなされていること，書面上に署名と日付があることを要件としている。

合意の対象としうる法域は，26条2項各号にあるとおり，夫

婦の一方またはその有する不動産と関連のある法域に限られている。26条2項が「限定的」当事者自治を採用したと言われるのはこのためであり，この点7条とは大きく異なる。なお，26条2項1号は「夫婦の一方が国籍を有する国の法」と規定し，「本国法」とは規定していないので，重国籍者についてはそのいずれの法にもよりうるのであり，また反致はされないこととなる。

　夫婦の合意が以上の3つの要件のいずれかを欠く場合には，準拠法選択がないものとされ，26条1項により，25条の準用によって夫婦財産制の準拠法は定められることになる。

　夫婦財産制についての準拠法の指定は，将来に向かってのみその効力を生ずるものとされている（26条2項後段）。この文言を，夫婦財産制についての準拠法指定は，その指定以降に取得した財産についてのみ及ぶものと解してしまうと，当事者がその有する夫婦財産すべてについて単一の準拠法を指定することが不可能となってしまうが，そのように解する必要はないであろう。この文言は，夫婦財産制についての準拠法指定は，旧準拠法を前提とする行為や権利を覆すものではないことを示すものと解される。

内国取引保護　夫婦財産やその財産管理権の帰属は，本条の規定する準拠法によって定まることとなる。すると，夫婦の一方と取引する相手方としては，想定していない準拠法が適用され，その結果，財産やその管理権が帰属すると信じていた者にそれらが実際には帰属しないと判断されることも考えられる。このような場合においては，外国人の行為能力が問題となる場合と同様に（⇒107頁以下），取引相手方の保護を図る必要がないかが問題となる。通則法は，26条3項によって，一定の内国取引を保護することとした。

通則法26条3項は，外国法上の夫婦財産制は日本で行った法律行為および日本にある財産については善意の第三者に対抗できないとし，その場合には夫婦財産制は日本法によるとした。4条2項に匹敵する規定であるが，日本にある財産も対象としていること，善意の第三者に限っていること，外国における行為には適用されないことが異なっている。

　ここで，第三者の善意・悪意を何について判断するかが問題となる。連結点などの事実について知らないことが善意であり，例えば取引の相手方が，夫婦がともにフランス人であることを知っていれば，悪意であるとするのが多数説である。

　しかし，例えばフランス人夫婦であっても，夫婦財産制の準拠法として他の法を指定している可能性はあること，このように悪意を広く認めてしまうと取引保護を図った立法趣旨に反すること，夫婦の側からすると，自らの国籍または常居所を相手方に告げるだけで相手を悪意とすることができるので，通則法26条4項のような制度をとる意味が実際上なくなってしまうことから考えると，第三者が善意であるか否かは夫婦財産制の準拠法が特定国の法となることについて判断すべきであろう。このように考えると，第三者が悪意とされる場合はほとんどなくなってしまうかもしれないが，悪意の第三者であっても保護する4条2項との均衡，および次に述べるように，夫婦の側は登記により夫婦財産制を第三者に対抗することが可能であることからすると，このような解釈も認められると考えられる。

　通則法26条3項によって取引の安全が図られることになると，夫婦財産制が第三者に対抗できず，結果的に夫婦財産制についての夫婦の意図が実現されない可能性があることとなる。そこで，

26条4項は，夫婦に対して自らの望む夫婦財産制を第三者に対抗する手段を認めることとし，外国法に基づく夫婦財産契約をわが国で登記すれば，それを第三者に対抗しうるとした。わが国の実質法上も，夫婦が法定財産制とは異なる夫婦財産契約を登記した場合には，それを第三者にも対抗できる（民法756条）。したがって，外国法上の夫婦財産契約であっても，その内容が登記されていれば，第三者への対抗を認めても良いと考えられたのである。

なお，外国法上の法定財産制の登記は認められない。準拠法のみの登記では第三者にはその内容が明らかではないこと，法定財産制の内容を登記に書き込むことは困難であること，夫婦財産契約の登記を認めれば十分であると考えられたことがその理由である。

5 離　婚

総　説　離婚については通則法27条が規定している。そこでは原則として通則法25条が準用されているが，但書で下記のような日本人条項が置かれている（離婚事件の国際裁判管轄および外国離婚判決の承認については，第3編第1章に譲る）。

単位法律関係　通則法27条の「離婚」に含まれる問題としては，離婚の許否，離婚の方法，離婚原因（有責主義か破綻主義か等）といった点がある。

このうち，離婚の方法とは，わが国のように協議離婚が可能か，裁判離婚が必要か，イスラム教が伝統的に採用しているように男性が一方的に「タラーク」を宣言して離婚することが可能か，といった問題である。

ここで，準拠外国法上，離婚には裁判所での一定の手続および裁判所の判断が必要とされていたとする。その場合，そこでいう「裁判所」は当該外国における裁判所を意味するはずであることから，わが国の裁判所で離婚することができるかが問題となる。

　実務上問題となっているのは，準拠外国法上裁判による離婚が必要とされている場合，わが国で調停離婚または審判離婚が可能か否かである。学説は，調停離婚も審判離婚もともに当事者の意思を基礎とする制度であり裁判離婚を要求する外国法の趣旨に反するとして許されないとの見解，どちらも裁判離婚の一種なのであり許されるとの見解，調停離婚は当事者の意思を基礎とするものであるから許されないが審判離婚は裁判所の判断で離婚をするものであるから許されるとの見解に分かれている。この場合，準拠外国法上は当事者の意思を基礎として離婚することはできないのであるから，わが国としても，当事者の意思とは独立した裁判所の判断として離婚をすべきことになる。具体的には，調停では足りず，離婚準拠法の内容を実現するのにふさわしい審判（家事事件手続法277条または284条）を行う必要があり，またそれで足りると解すべきであろう。

　離婚の効果のうち，婚姻関係が解消するか否かそのものの問題が通則法27条の準拠法によるのは当然であるとされる。離婚が他の法律関係に及ぼす影響，例えば行為能力や氏等が変化するか，といった問題については，婚姻の場合と同様，それぞれの法律関係の準拠法によるべきであろう。離婚後の子の親権の準拠法は，通則法32条によって定まる。

Column ㉜ 離婚に伴う財産的給付

　わが国では，離婚の際に夫婦の一方から他方に対して財産分与を請求できるとされている（民法768条1項・771条）。わが国民法上の財産分与請求権は，夫婦財産制の清算，扶養，損害賠償（慰謝料）といったいくつかの性格を有するものである。国際私法上は，いかなる趣旨の財産的給付であるかによって分けて考え，それぞれについて準拠法を定めるべきであると考えられる。

　まず，離婚後における夫婦間の扶養については，扶養義務の準拠法に関する法律4条1項により，離婚準拠法によることとされている。

　また，夫婦財産制の清算については，夫婦財産制の準拠法によるべきであろう。夫婦財産の帰属の問題が顕在化するのは婚姻関係が終了する場合であり，離婚における夫婦財産制の清算について夫婦財産制の準拠法以外の法が適用されては，夫婦財産制の準拠法の趣旨を損なうこととなってしまう。

　離婚に伴う慰謝料その他の損害賠償請求については，さらに分けて議論がなされている。そして，離婚そのものを理由とする損害賠償請求について離婚準拠法によることにほぼ争いはない。これに対し，離婚の原因となった暴行による傷害等，特定の損害についての賠償請求については，不法行為の準拠法による説と離婚準拠法による説とがある。あくまでも不法行為であることを重視するのが前者の見解であり，当事者間に婚姻という特殊な関係が存在することを重視するのが後者の見解であるといえる。もっとも，不法行為の準拠法によるとしつつ，必要な場合には通則法20条により離婚準拠法を適用することも考えられよう。

　最判昭和59年7月20日（民集38巻8号1051頁〈百選14〉）は，原審判決が離婚に伴う慰謝料および財産分与の準拠法を離婚に関する法例16条を適用して韓国法としたことに対して，それを特に問題とはせず，その原審判断を前提に公序違反の点を検討している。

| 連 結 点 |

通則法 27 条本文は，通則法 25 条を準用しており，段階的連結の手法を採用している。しかし離婚については，同条但書において，夫婦の一方が日本に常居所を有する日本人である場合に日本法を適用するものとされた。離婚が婚姻の一般的効力とは別の単位法律関係とされた理由は，このいわゆる日本人条項が存在するためである。

夫婦の一方が日本に常居所を有する日本人である場合，他方が日本人であるか，または日本に常居所を有する場合には，但書を待たずに日本法が準拠法とされることとなる。さらに，他方が外国に常居所を有する外国人である場合には夫婦の最密接関係地法によることとなるが，その場合にも日本法が最密接関係地法とされる蓋然性は決して低くないであろう。そして，夫婦の最密接関係地法が準拠法とされる場合に，形式的審査権しか持たない戸籍事務管掌者が最密接関係地法を認定するのは極めて困難であることからすれば，一律に日本法を準拠法とすることにも一定の根拠があるということができる。また，外国で婚姻生活を営んでいた日本人が単独でわが国に帰国した後にわが国で離婚を求めるいわゆる「逃げ帰り離婚」については，その可否を日本法で判断して当該日本人を保護すべきであるという立場から，27 条但書を擁護する見解もある。

しかし，この規定に対しては立法論的に強い批判も存在する。そこでは，他方配偶者の国籍等とは無関係に準拠法が決定されるのは国際私法の理念に反する，外国人夫婦等の場合には戸籍事務において最密接関係地法の認定が必要となる場合もあるのであり戸籍事務管掌者の負担は理由にならない，逃げ帰り離婚の可否を日本法で判断するのは妥当でない，といった点が挙げられている。

特に最後の点との関連では，日本で協議離婚届が提出された場合，通則法27条但書によれば夫婦の一方である日本人の事情のみを認定すれば準拠法を決定できるのであり，結果的に外国人他方配偶者の意思に反する離婚届が受理されてしまう危険性が高くなるとの指摘がある。

6 婚姻に類似する諸制度

総　説

以上，典型的な婚姻を念頭にその成立，効力，解消の準拠法について順に検討した。しかし，そのような典型的な婚姻関係の周辺には，それに類似する様々な関係が存在する。例えば，婚姻の前段階としての婚約，婚姻について特にその形式的成立要件を欠く内縁，離婚の前段階としての別居といったものがそれに当たる。

これらの問題について準拠法を定めるに当たっては，原則として，通則法24条以下の婚姻関係についての規定の適用または類推適用を検討すべきである。国際私法上の単位法律関係の概念は実質法上のそれよりもより柔軟に解するべきだからである。したがって，例えば別居については離婚準拠法によるべきものと考えられる。

もっとも，婚姻においてその成立と効力とを異なる準拠法によらせることが可能であったのは，婚姻が各国法上ある程度共通の内容を有する制度として存在しているためである。これに対し，内縁や婚約といったものについては，各国法上それについて認める効力と成立要件とが密接に関係しており，要件と効力とについて別の準拠法を適用することは妥当でないこともあろう。そこで，これらの問題については一般的に通則法33条により，当事者の

本国法によることが考えられる。

なお，内縁の破棄を理由とする慰謝料請求について，不法行為に関する法例 11 条を適用して日本法を適用した最高裁判決がある（最判昭 36・12・27 家月 14 巻 4 号 177 頁〈百選 64〉）。

Column ㉝　同性婚等

さらに近年各国では，同性間においても婚姻または婚姻類似の関係を認める法や，異性同性を問わずに婚姻よりも緩やかな関係を婚姻とは別に認める法などが存在する。それらを国際私法上どのように扱うべきであろうか。

この点について外国では，成立と効力，解消といった問題に分けることなく，すべて成立の準拠法によって判断する例が見られる。これらの関係においては各国法の類似性あるいは交換可能性といった，婚姻には妥当する前提がなく，成立の準拠法と効力等の準拠法とを別に解することは困難であろう。また，成立の準拠法と効力の準拠法とを別とする場合，効力の準拠法上婚姻あるいはそれに類似する制度が複数存在する場合そのいずれを適用するのかの判断が困難となるという事情もある。もっぱら成立の準拠法によるとしているのはそういった理由によるのであろう。

わが国としてもこの点を国際私法上どのように考えるべきか，今後立法論的な検討が必要となってこよう。

7　親　子

1　総　説

血統主義と認知主義　　二当事者間の法律関係として，婚姻に続いて親子関係を取り上げる。親子関係についても，成立と効力が問題となる点，それらについて国際私法上異なる連結点が採用されている点などは，婚姻関係と同様である。

親子関係について，国際私法上の議論の前提となる点を3つここで確認しておく。

第1に，事実上または血縁上の親子関係の存否と法的親子関係の存否とは全く別の問題である。各国の実質法が前者を基礎として後者を構成していることは確かであるが，法的に問題となるのはもっぱら後者の問題である。つまり，親子関係の存否も，準拠法が異なれば結論が異なりうる法的問題なのである。

第2に，特に婚姻関係の外で生まれた子について血縁上の親子関係を法的にどの程度尊重するかについては，各国実質法は大きく2つの立場に分かれるとされる。出生の事実から法的親子関係の成立を認める事実主義（血統主義）と，法的親子関係の成立に認知を要求する意思主義（認知主義）である。

第3に，わが国を含む一部の国の実質法は，親子関係を，婚姻を基礎とする「嫡出親子関係」とそれ以外の「非嫡出親子関係」とに分け，さらに後者が前者に転換する「準正」制度を採用している。通則法は，わが国民法上のこのような区別を前提として，

親子関係の成立について細かな規定を置いているため，規定相互の関係が問題となる（⇒*Column* ㉟）。

通則法の規定

通則法は親子関係について 28 条から 32 条に規定を置いている。

このうち，28 条から 31 条が法的親子関係の成立についての規定である。28 条が嫡出親子関係，29 条が非嫡出親子関係，31 条が養親子関係を対象としており，30 条は準正を扱っている。

また，32 条は，二当事者間に親子関係が成立した場合における両者の権利義務関係を規律するものである。

Column ㉞　二当事者間の関係としての親子

これらの規定においては，具体的に取り上げた二当事者間において法的親子関係が存在するか，存在する場合には具体的にどのような権利義務関係が存在するか，という問題を設定し，それについて準拠法を定めるという方法がとられている。そして後述するように法的親子関係の成立については親の側の本国法によることを原則とした結果，ある子について，複数の父（母）親がいるとされたり，誰も父親がいないとされたりする可能性があることになる。実際にも例えば，母が離婚後すぐに再婚し，それに相前後して出産した，といった場合には，複数の準拠法による嫡出推定が重複することがある。今後生殖補助医療が用いられるようになると，親の重複あるいは欠缺といった問題はより深刻なものとなる可能性がある（生殖補助医療については，最決平 19・3・23 民集 61 巻 2 号 619 頁〈百選 69〉参照）。

立法論としては，例えば，親ではなく，子の側の法によって親子関係の成立を判断することが考えられる。これによって，ある特定の子に関する複数の親子関係の成否を単一の法によって整合的に判断することが可能になる。これとほぼ同じこととなるが，そもそもの問題設定を，二当事者間の親子関係の成立ではなく，ある子につ

いての親の決定とすることで問題を解決することも考えられる。また，扶養についてとられているような連結方法によって，親が不存在となる事態を防ぐことはできよう。

　もっとも，これに対しては，複数の夫婦がともに親とされても大きな不都合はない，また親が不存在とされた場合には後見の問題と解すれば足りる，といった見解もあるところである。

2　嫡出親子関係の成立

単位法律関係

　通則法28条は，一定の要件を充たす子は嫡出子，すなわち，婚姻関係にある男女（夫婦）から生まれた子であるとしている。血統に基づく親子関係と言われるが，実際には血統上の繋がりのない親（特に父）子を法的に親子と扱ってしまう点に意義があることに注意が必要である。

　28条は，29条とは異なり，各親と子との関係をそれぞれ見るのではなく，夫婦を一体と見て，夫婦と子との関係を規律している。本条の単位法律関係に含まれる具体的問題には，嫡出推定および嫡出否認がある。

　28条によって判断されるのは，子が出生によって嫡出子となるか否かである。非嫡出子が出生後のある時点において嫡出子としての身分を取得するか否かは30条の準正の問題である。

連　結　点

　通則法28条は，子の出生当時の夫の本国法または子の出生当時の妻の本国法のいずれかがその子を嫡出すなわち夫婦の子であるとしていれば，その子は嫡出子とされるとしている。夫婦の本国法を選択的に適

用するものである。

平成元年改正前の法例においては、この点について母の夫の本国法によるとされていた。この規定の背景には、実際に嫡出親子関係が問題となるのはほとんど父と子との関係であるという事情が存在していたのである。しかし、子の嫡出性は夫婦双方に関連する問題であること、嫡出親子関係の成立は広く認めることが望ましいこと、当事者の予測可能性等の観点から準拠法の明確性が要請されること、子の本国法主義を採用すると法的親子関係の決定と子の国籍の決定との間で循環論に陥るおそれがあること、といった理由から現在のような規定とされた。

夫婦が子の出生前に離婚していた場合であっても、通則法28条が適用されることに争いはない。これに対し、男女が婚約していたというだけでは、本条の適用はないと解すべきであろう。

28条においては選択的連結が採用されたこともあり、ある女性が離婚後すぐに再婚し、その前後に子が生まれた場合には、複数の夫婦の嫡出推定が重複する可能性がある。そのような場合については、準拠実質法上嫡出推定が及ばないとされたり、嫡出否認がなされることも多いであろうが、親子関係の重複という問題が発生する可能性もある（⇒*Column* ㉞）。

本条において選択的連結とされたのは、嫡出親子関係の成立についてである。したがって、嫡出親子関係の成立を否定するためには、夫の本国法上も妻の本国法上もそれが否定される必要があることとなる。

28条2項は、夫が子の出生前に死亡しても、同様に選択的連結を行うものとした。夫が子の出生前に死亡した場合には、子の出生当時の夫の本国法は存在しないこととなる。そこで、選択的

連結の候補となる準拠法が減り、ひいては嫡出親子関係の成立がそれだけ困難となってしまうことを防ぐために、この規定が置かれたのである。

通則法28条の規定する場合は当事者の本国法によるべき場合に当たるので、反致がされる可能性がある（通則法41条）。これに対して一部の学説は、反致を認めるとその結果適用される法が日本法のみとなってしまい選択的連結を規定した趣旨が没却されるとして無条件に反致を認めることに批判的である。しかし、41条但書は例外的に反致がされない場合を限定列挙していると解される。解釈論としては、そこに挙がっていない選択的連結の場合について反致は認められると解すべきであろう。

③ 非嫡出親子関係の成立

総　説　非嫡出親子関係の成立については、通則法29条が規定している。同条を整理すると、1項前段が非嫡出親子関係の成立についての原則規定、2項前段が認知についての特則、3項が28条2項と同趣旨の規定ということになる。それに加えて、29条1項後段および2項後段には子の保護条項が置かれている。

28条が、夫婦と子との関係を一体として規律しているのとは異なり、29条は、父子関係と母子関係とを独立した法律関係として準拠法を定めている。

出生による親子関係の成立　通則法29条1項前段は、非嫡出親子関係の成立についての原則的規定とされる。しかし、認知については2項前段が適用されるのであり、1項前段が適用されるのは、出生による親子関

係の成立の問題ということになる。

　平成元年改正前の法例においては，認知についてのみ準拠法が規定されていた。同年の改正時に出生という事実による親子関係の成立についても規定を置くべきものとされ，通則法28条と同様の根拠から親の本国法によるとされた。

　29条1項前段が適用されるのは，法的親子関係の成立にいかなる要件を充足する必要があるか，親子関係が成立するとした場合その効力発生時期はいつか，要件を欠く場合にはどうなるか（不成立か取消可能か等），といった問題についてである。これに対し，成立した親子関係の具体的内容については，32条の定める準拠法によることとなる。

　29条1項前段は，父子関係の成立については子の出生当時の父の本国法に，母子関係の成立については同じく母の本国法によるとしている。29条1項前段は複数の法を挙げているが，各単位法律関係について適用される準拠法は単一であり，選択的連結を採用したものではない。

　認　　知　　　通則法29条2項前段は，認知についての特則である。

　平成元年改正前の法例は，認知について認知者の本国法と子の本国法とを配分的に適用していた。しかし認知の成立を広く認め，法的親子関係の成立を容易にすることが一般的には子の保護につながり望ましいことから，同年の改正時に選択的連結が採用された。すなわち，29条2項は，認知は，①子の出生当時の認知者の本国法（「前項前段の規定により適用すべき法」），②認知当時の認知者の本国法，③認知当時の子の本国法，のいずれかによるとしている。条文では単に「よる」とあるが，これら3つの準拠法

7　親　子

のいずれかが認知の成立を認めた場合には，認知は有効とされることとなる。同様に認知請求については，いずれかの法がそれを認容していれば認容され，逆に，複数の準拠法のいずれによっても認知（請求）が否定されて初めて認知（請求）はできないことになる。

29条2項前段は，認知の可否および要件，認知の撤回可能性，認知請求の可否および要件といった問題に適用される。

子の保護条項　通則法29条1項後段および2項後段は，認知が認知者の本国法によってなされる場合であっても，認知当時の子の本国法が定める一定の要件を充たす必要があるとしている。

認知によって法的親子関係が成立することは一般的には子の利益となることから，29条は選択的連結を採用した。しかし，親子関係の成立が，常に子の利益となるとは限らず，実質法上も，親の認知に子の同意等が必要とされることもある（日本民法782条参照）。ところが，選択的連結によれば，仮に子の本国法上このような規定があっても，認知者の本国法により子の意思に反する認知がされてしまう可能性を排除できない。そこで通則法29条は1項・2項に後段を置き，このような認知を防ぐために，常に子の本国法上の一定の要件を充たすべきものとしたのである。

当事者の本国法　通則法29条3項は，28条2項と同じく，親子関係の当事者が死亡した場合であっても準拠法を定めるための，また選択的連結の候補となる準拠法の数を減少させないための規定である。

29条1項・2項は，一定時点におけるある者の本国法によると規定している。ところが，それまでにその者が死亡していた場合

には,その者の本国法は観念しえない。するとその場合には,準拠法を決定できなくなったり(例えば,子の出生前に父が死亡した場合において出生による非嫡出父子関係の成立が問題となった場合),選択的連結の候補となる準拠法の数が減少したりすることとなる。29条3項は,そのような事態の発生を避けるために,そのような場合にはその者の死亡時点の本国法によるものとした。

なお,胎児認知については,胎児の本国法が観念しえない点が問題となるが,この点については規定は置かれていない。学説は,この場合母の本国法を子の本国法と解している。

通則法29条の規定する場合は当事者の本国法によるべき場合にあたるので,反致がされる可能性がある(通則法41条)。ただし,選択的連結が採用されている認知については反致を認めない学説もある(⇒186頁)。

Column ㉟　嫡出子と非嫡出子

通則法28条は嫡出親子関係の成立について,29条は非嫡出親子関係の成立について準拠法を定めたものとされる。しかし,28条または29条の準拠法上,嫡出子と非嫡出子とが区別されていない場合にはどのように解するべきであろうか。

28条によって準拠法に送致される問題は,「ある子が嫡出子であるか」という問題であるとして,嫡出子と非嫡出子とを区別しない準拠法は,その子を嫡出子とはしていないと解する立場もある。すると,そのような子についてはもっぱら29条により法的親子関係の成否を判断することになる。しかしそのような解釈は,夫婦と子との法的親子関係の成立について選択的連結を採用した28条の適用範囲を不当に狭く解するものと思われる。

むしろ,28条は,嫡出という文言は用いているが,成立する親子関係の内容を問題にしているのではなく,夫婦間の子については

法的親子関係の成立を広く認める趣旨であると解するべきである。したがって例えば，夫の本国法上は妻の生んだ子と夫との間の親子関係が否定されていても，妻の本国法上，妻と子との間のみならず夫と子との間にも法的親子関係の成立が認められていれば，それがいかなる内容の親子関係とされているかを問わずにその子は夫婦の子と扱うべきであろう。

　通則法 28 条と 29 条との関係については，それらの適用順序も問題となる。例えば，ある子がある夫婦の嫡出子であるか，別の男性の非嫡出子であるかが争われた場合を考えてみる。その場合まず 28 条を優先して夫婦の嫡出子であるか否かを判断し，それが否定されて初めて 29 条により別の男性の非嫡出子であるかを判断する立場と，28 条と 29 条とを同時に適用する立場とがありうる。後者の立場に立つ場合でも，29 条の準拠法上，非嫡出親子関係の成立に他の夫婦の嫡出子とされないことが要件とされていればそれによることになるが，仮に矛盾する法的親子関係の成立が認められる場合には，複数の夫婦の嫡出推定が重複する場合と同様の問題が生じる（→*Column* ㉞）。両条文に適用順序があると解する前者の立場からはこのような問題は生じないが，事実に反する法的親子関係が 29 条の準拠法の内容とは無関係に維持されてしまう可能性があることとなる。

　これに関連して最高裁は，平成元年改正前の法例について，また同一当事者間の親子関係の成立に関する事案についてではあるが，「まず嫡出親子関係の成立についての準拠法により嫡出親子関係が成立するかどうかを見た上，そこで嫡出親子関係が否定された場合には，右嫡出とされなかった子について嫡出以外の親子関係の成立の準拠法を別途見出し，その準拠法を適用して親子関係の成立を判断すべきである。」との判示を行った（最判平 12・1・27 民集 54 巻 1 号 1 頁〈百選 65〉）。

④ 準 正

単位法律関係

　準正とは，非嫡出子に嫡出子の身分を取得させる制度である。日本法は，非嫡出親子関係の存在と両親の婚姻を要件として準正を認めている（民法789条参照）。その他，国家機関の判断により嫡出子としての身分を認める法制も存在するようである。

　明文の規定が置かれていなかった平成元年改正前の法例においては，準正の準拠法について嫡出親子関係に関する規定を類推する見解が有力であった。同年の改正時に，両親のみならず子の本国法による準正も認めるべきものとされ，現在の通則法30条のような規定が置かれたのである。

　通則法30条によって判断されるのはあくまでも準正の成否の問題であり，非嫡出親子関係の成否自体は29条の問題とされる。これは，例えば次のような場合に問題となる。

　日本人男性とA国人女性が付き合い，女性が子を出生した後に婚姻した。A国法が，事実主義を採用し，かつ婚姻による準正を認めているとする。この場合，30条によりA国法による準正が認められるか否かが問題となるが，これを認めないというのが一般的である。つまり，日本人男性と出生子との間の出生による親子関係の成否は29条1項前段により日本法によるのであり，認知がないこの場合においては法的親子関係は成立していない。したがって，A国法上は準正が成立して出生子が夫婦の嫡出子とされるとしても，29条の準拠法により父子関係は成立しないとされた結論が変わることはないとされるのである。

> 連 結 点

通則法30条1項は、準正の要件事実完成当時における父、母、子の本国法の選択的連結によるとしている。嫡出子たる身分の取得の問題であるので、28条との均衡から父母の本国法によることを可能とし、さらに29条2項前段で子の本国法による認知が可能であることから子の本国法によることも可能とした規定である。

30条2項は、当事者死亡の場合において選択的連結の候補となる準拠法の数を減少させないための規定であり、28条2項、29条3項と同趣旨のものである。

⑤ 養親子関係の成立

> 単位法律関係

養子縁組とは、血統上は親子でない者の間に、法律上の親子関係を成立させる行為である。その準拠法について規定しているのが、通則法31条である。

31条1項前段は、養子縁組の要件一般について準拠法を定めている。養子縁組について実質法上、実親との親子関係を断絶させる特別養子縁組と存続させる普通養子縁組とが区別されるが、この規定は、いずれの養子縁組もその対象としている。

31条は、養子縁組を、養親と養子との1対1の関係ととらえており、夫婦共同縁組については特に規定していない。したがって、夫婦が共同で養子縁組をする場合には、夫と養子、妻と養子という2つの養子縁組が同時になされるものと考え、それぞれについて準拠法を選択することとなる。

養子縁組の成立につき、裁判所の決定または許可が必要か否かも、養子縁組の準拠法による。ここで、養子縁組の準拠法上要件

とされている裁判所の決定または許可は，本来は当該準拠法所属国の裁判所の判断であったはずである。しかし，わが国の裁判所における決定または許可で代替可能であるとされている（離婚について，⇒177頁）。

なお，以前はわが国の国内法上，裁判所で養子決定を行う制度は存在しなかったため，準拠外国法上養子決定が必要とされている場合には，それをわが国でどのように扱うかが問題となった。実務上は，外国法上の養子決定を，公的機関の関与を縁組の実質的成立要件としている部分と養親子関係を創設する方式の部分とに分け，前者について家庭裁判所の許可の審判で代行し，後者については縁組地である日本法上の届出によって縁組を成立させる扱いがとられていた（分解理論）。現在では，一般には，特別養子縁組の審判手続によって，外国法上の養子決定を方式の点も含めて直接わが国の家庭裁判所が代替することが可能と考えられている。しかし，異国籍夫婦が養親となる場合であって，その一方については許可と届出が，他方については養子決定が必要とされている場合について，養子縁組を同時に成立させるために，許可審判を行う場合がある（盛岡家審平3・12・16家月44巻9号89頁〈百選70〉）。この場合，後者については分解理論から説明されることになろう。

さらに，31条2項は，養子と実方の血族（例えば実親）との親族関係の終了や離縁といった問題も，養子縁組と同一の準拠法によるとした。これらの問題は，いずれも養子縁組の成立の問題と関連しており，その成立要件の厳格さと相関関係を有すると考えられたため，養子縁組の成立と同一の準拠法によって判断すべきものとされたのである。

連結点　通則法31条1項前段は，養子縁組は縁組当時の養親の本国法によるとした。

　平成元年改正前の法例においては，養子縁組の要件は各当事者についてその本国法によるとされていた（配分的適用）。しかし，配分的適用では準拠法の適用関係が複雑となり，また養子縁組の成立が容易でないこととなってしまうとの批判があった。そこで，同年の法例改正時に，養親の本国法によることとされたのである。

　養親の本国法主義の根拠としては，養親子の生活が営まれるのは養親の本国であるのが通常であり，その国の法律が定める要件を具備することが実際上必要であること，そのため近時の諸外国の立法例の多くが養親の側の法を準拠法として採用していること，といった点が挙げられる。養親の側の準拠法によることは，子の保護の観点から問題があるとの指摘に対しては，実際上，先進国の国籍を有する養親が開発途上国の国籍を有する子を養子として引き取る例がその逆よりも圧倒的に多いため，養親の本国法を適用した方が，実質法上はむしろ子の保護になる可能性が高いという指摘も可能であろう。

子の保護条項　通則法31条1項後段は，養子の本国法上の，①養子もしくは第三者の承諾もしくは同意，②公の機関の許可その他の処分，といった要件については常に充たす必要があるとした。29条1項後段，2項後段と同じく子の保護を図る趣旨の規定である。養子縁組については，それが子の福祉に資するか否かを慎重に判断する必要性が高く，各国の実質法上もしばしば裁判所等の公的機関の関与が要件とされているため，その点を含むことを文言上も明示した。

6 親子間の法律関係

> 単位法律関係

以上説明した通則法28条から31条の指定する準拠法によって親子関係の成立が認められた場合，次に問題となるのは，当該親子間にいかなる権利義務関係が発生するかである。これについて準拠法を定めているのが，通則法32条である。

通則法32条は親子間の法律関係を単位法律関係としている。具体的には，いわゆる親権および監護権の帰属・内容およびその喪失といった点が中心的な問題となる。その中には，子に対する監護教育といったいわゆる身分法的な問題と，子の財産の管理に関する財産法的な問題の双方が含まれる。

離婚に伴う子の親権の帰属等についても，離婚の準拠法ではなく，本条の定める準拠法による。離婚準拠法は当該夫婦のみに着目して定められるものであり，子の親権の問題について準拠法を決定する基準としてはふさわしくないからである。

扶養義務の点も親子間の法律関係の一内容といえるが，その点については扶養義務の準拠法に関する法律による。

> 連 結 点

通則法32条は，親子間の法律関係について，子の本国法が父または母の本国法と同一である場合にはそれにより，そうでない場合には子の常居所地法によると規定し，段階的連結を採用した。

平成元年改正前の法例においては，この点について第一次的には父の本国法によっていたが，これに対しては両性平等の観点から強い批判があった。同年の改正時には，この点は父母の平等および子の利益という観点から，子の側の法によって準拠法を決定

すべきである点については意見の一致をみたが，子の本国法によるべきか，子の常居所地法によるべきかについて見解が分かれた。

扶養義務の準拠法（⇒202頁）との均衡から，子の常居所地法によるべきであるとの見解も有力に説かれた。しかし，これに対しては，子の常居所地法によると，日本人の親子についても日本法が適用されるとは限らないこととなり，戸籍によって法定代理権の存在を証明することができなくなるとの批判があった。また，子の常居所地法説では，わが国に居住する外国人家庭の親子関係に対して日本法が介入することになるが，親子で本国法が同一である場合には，必ずしも日本法が最密接関係地法とは言えないのではないか，との疑問も提示されていた。

そこで平成元年の法例改正においては，子の本国法がいずれか一方の親の本国法と同一である場合には，当該本国法によることとされ，それが現在の通則法においても維持された。子の本国法の適用により，特に法定代理との関係で必要となる準拠法の明確性の要請に応えることができる。また，通則法が一般的に常居所地法よりも本国法を優先していることとも整合的ということができる。

通則法32条には，親の一方が死亡した場合について28条2項のような規定は置かれていない。逆に，父母の一方がいない場合には，本国法の同一性を他方の親とのみ判断することが明文で定められている。28条2項等のように，選択的連結の候補が減少することを防ぐ必要性はここには存在せず，また，親権等はあくまでも生存親子間でのみ問題となるといった理由による。

なお，本条について反致はされない（41条但書）。

7 国際的な子の奪取とハーグ条約

離婚の際の子の奪い合い

国際結婚をした夫婦の関係が悪化したときに，夫婦の一方が，他方配偶者に無断でその子を自分の本国に連れ帰ってしまう場合がある。そのような場合においては，当初は他方配偶者が子を取り戻す権利を有していたとしても，時間が経過して子どもが新しい国での生活に慣れてしまった場合には，その後になって子を他方配偶者の生活する従来の環境に戻すことが子の福祉に反するとされることも考えられる（東京高判平 5・11・15 判タ 835 号 132 頁〈百選 110〉参照）。

すると，子を連れ去られた配偶者としては，時間をかけずに子を元の環境に戻すことが肝要となるが，このような場合には離婚や親権の帰属などを巡って紛争解決が長期化することが通例であり，迅速な解決は現実には容易ではない。また，子を連れ去られた配偶者が子の引渡しを求めて自国（すなわち家族の従来の生活地）で訴えを提起して認められたとしても，その判決を子が現在する国で実現するにはやはり時間がかかる（以上につき，上記の東京高判および，イタリア裁判所における緊急的・暫定的な命令は外国判決承認の対象とはならないなどとした最判昭 60・2・26 家月 37 巻 6 号 25 頁を参照）。

ハーグ子奪取条約

このような状況を背景に 1980 年に作成されたハーグ条約が，「国際的な子の奪取の民事上の側面に関する条約」（以下，ハーグ子奪取条約と呼ぶ）である（2018 年 12 月現在の締約国は 99 ヵ国）。同条約は，子の親権または監護権はいずれの配偶者に認められるべきかといった実

体法上の問題とは独立に，連れ去りまたは留置された子を従来の常居所地国に返還すべきものとし，そのための各国の協力体制や面接権（接触の権利）も含めて規定を置いている。

条約においては，その適用対象は16歳未満の子について監護権が現実に侵害された場合とされ，不法に（その意義については，条約3条参照）子を連れ去られた等と主張する者は，各国に置かれた中央当局に対し，子の返還を確保するための援助の申請ができるとされている（8条1項）。中央当局は，子が任意に返還されるよう必要な様々な措置をとるものとされ（7条・10条），その中には，子の返還を得るための司法・行政上の手続の開始またはそのための便宜供与も含まれる（7条2項f）。子の返還のための手続は迅速に行われるべきものとされ（11条），①手続が子の連れ去り等から1年を経過した後に開始され，子が新たな環境に適応していることが証明された場合（12条2項），②返還することによって子が身体的・精神的な害を受け，または他の耐え難い状態に置かれることとなる重大な危険がある場合（13条1項b），③子が返還されることを拒み，その子がその意見を考慮に入れることが適当である年齢および成熟度に達していると認められる場合（13条2項），④要請を受けた国における人権および基本的自由の保護に関する基本原則により認められないものである場合（20条），といった一定の拒絶事由が存在する場合を除き，子の返還が命じられることとなる。

日本における実施　ハーグ子奪取条約は2014年にわが国についても発効した。それと同時に「国際的な子の奪取の民事上の側面に関する条約の実施に関する法律」（以下，実施法と呼ぶ）も施行されている。

実施法においては，中央当局を外務大臣とすること（同法3条），子の返還および子との交流に関する援助，子の返還に関する事件の手続など，条約の実施に必要な事項が定められているが，特に注目されるのは，子の返還拒否事由に関する実施法28条2項および子の返還の執行手続に関する同法134条以下の規定である。

　実施法は28条1項で，条約が規定する子の返還拒否事由についてまとめて規定しているが，28条1項4号「常居所地国に子を返還することによって，子の心身に害悪を及ぼすことその他子を耐え難い状況に置くこととなる重大な危険があること」の判断について考慮すべき事情として，特に同条2項を置いている。そして，同条2項2号は，「相手方及び子が常居所地国に入国した場合に相手方が申立人から子に心理的外傷を与えることとなる暴力等を受けるおそれの有無」を考慮すべき事情としている。これは，相手方すなわち配偶者の一方が他方配偶者から暴力等を受け，それにより子への心理的外傷（トラウマ）を与えるおそれがあるといった事情を，子の返還を拒否する理由として考慮しうることを明確にするものである。

　実施法134条以下は，子の返還の執行手続に関する民事執行法の特則を定めている。それによれば，まずは裁判所が債務者に対し一定期間内に子の引渡しを履行しない場合に一定額の金銭を債権者に支払うよう命ずる方法（間接強制，民事執行法172条1項）によることが必要とされる。そしてそのような裁判所の決定が確定してから2週間が経過して初めて，第三者に子の返還を実施させること（代替執行，民事執行法171条1項）を申し立てることが可能とされる（以上，実施法136条）。なお，間接強制の前置を緩

和することや，執行の際に子と債務者とが共にいることを不要とすることなどを内容とする法改正が進められている。

　実際には，返還命令がなされ強制執行手続がとられても，子の返還が実現しない場合も少なくないようである。最高裁は，返還命令後に申立人の米国の自宅が競売され，その後に返還命令の代替執行が執行不能により終了したといった事案について，実施法117条1項により返還命令を変更し申立てを却下するのが相当と判断した（最決平29・12・21判時2372号16頁）。もっとも，一方配偶者が子の返還命令に従わずに子の監護をすることにより拘束しているとして申し立てられた人身保護請求について，最高裁は，このような場合には特段の事情のない限り拘束者による当該子に対する拘束に顕著な違法性がある（人身保護規則4条参照）と判断している（最判平30・3・15民集72巻1号17頁）。

Column ㊱　親 族 関 係

　通則法33条は，親族関係およびこれによって生じる権利義務の中で，24条から32条に規定のないものについては，当事者の本国法によると規定している。これは，既に述べたように（⇒102頁），旧法例3条に由来する規定の1つであり，他の規定を補完すべきものである。

　本条が複数の者の関係に適用される場合には，各当事者の本国法が累積的に適用されると解されているが，本条が実際にいかなる場合に適用されるかについては学説上争いがある（⇒180頁以下）。下級審判決の中には，外国人について刑法244条1項における親族の範囲をその本国法によったものがあり，また旧外国人登録法15条2項4号（現在の出入国管理及び難民認定法61条の9の3第2項4号）との関係でも本条が適用になるとの見解もみられた。しかし，そもそも親族の範囲について一般的に規定していない外国法もありうる

のであり，また仮にわが国の民法725条と類似の規定があったとしても，親族の範囲を定めた趣旨目的は日本法のそれとは全く異なるものである可能性がある。また，処罰の範囲を外国法によって決定することに対しては，特に親族の範囲を日本法により定める場合よりも処罰範囲が広がってしまう場合について，罪刑法定主義の観点からの疑問もありうると思われる。

　このように考えると，わが国のいわゆる公法を適用する場合についてまで当該者の本国法によって親族の範囲を決定する必要性があるかは疑問である。それらの規定は，その立法趣旨にもよるが，わが国の民法の定めを前提としていると解すべき場合が多いであろう。

8 扶　養

総　説

　扶養とは，生活の扶助のことである。
　扶養は，公的扶養と私的扶養の問題に分けることができる。公的扶養の問題は，国際私法の対象外の問題である。

　私的扶養の中には，契約に基づくものや，不法行為の効果として認められるものもある。これらについては，それぞれ契約準拠法および不法行為準拠法によることとなる。

　ここで取り上げるのは，親族関係に基づく扶養の問題である。生活に困窮している一人の者（扶養権利者）について，誰が扶養義務者となるか，扶養義務の内容は何か，といった点がここで問題となる。

　ここで注意すべきは，扶養義務については二当事者間の関係の

みに着目して準拠法を選択するのは妥当でないという点である。例えば，生活に困窮しているAについて，扶養義務者とされる可能性がある者としてBとCがいるとしよう。AがBに対して扶養を請求した場合と，Cに対して請求した場合とで準拠法が異なるとされると，Aの請求がいずれも棄却されてしまう可能性があるのである。それでは扶養権利者の保護は不十分である。このような事態を避けるためには，特定の扶養権利者に対する扶養義務については単一の法を準拠法として統一的な解決を図るというような，何らかの手当てが望まれることになるのである。

扶養義務の準拠法に関する法律

扶養義務の準拠法については，通則法ではなく，扶養義務の準拠法に関する法律が規定している。同法は，わが国が批准した「扶養義務の準拠法に関する条約」に基づくものである。

同法は，扶養義務は扶養権利者の常居所地法によることを原則としている（同法2条1項本文）。ただし，扶養権利者の常居所地法によれば扶養義務者から扶養を受けることができないときは，当事者の共通本国法により（同項但書），さらにそれによっても扶養を受けることができないときには日本法によるとしている（2条2項）。なお，ここで採用されている連結方法は段階的連結（⇒56頁）ではない。準拠法を適用した結果一定の結論が得られない場合には次の準拠法を適用するというものである。

扶養権利者の常居所地法を原則とした根拠としては，扶養の問題は扶養権利者が現実に生活を営んでいる社会と最も密接に関連すると考えられること，複数の扶養義務者間の問題を統一的に解決する基準として最適であること，同一国に常居所を有する扶養権利者が平等に扱われ，その国の公的扶養制度とも調和すること

が挙げられる。

ここで,「扶養を受けることができないとき」とは,法律上扶養義務が課されていないことを意味し,単に事実上扶養を受けられない場合は含まないとされている。同法2条の趣旨は,法律上扶養を受ける機会をなるべく広く保障しようというものにすぎないからである。

以上の結果,扶養義務者の立場からは,予想外の場合に扶養義務を負わされることとなる可能性がある。そこで,同法3条は直系血族間以外の扶養義務については,扶養義務者が異議を述べることで準拠法を変更する権利を認めた。

9 物 権

① 総 説

財産権としての物権　本節および次節においては,特定の財産権の帰属をめぐって複数の者が争った場合を念頭に,物権その他の財産権といった権利の客体に関する準拠法について検討する。

特定の財産権の帰属をめぐって複数の者が争った場合には,取引に関係した二当事者間の関係のみに着目して準拠法を定めたのでは,具体的な財産権の帰属について結論を導くことができないことがある。例えば,Aがその所有する有体物をBとCとに二重譲渡した場合,A・B間の関係やA・C間の関係に適用される準拠法によっただけでは,結局その有体物についての所有権をB・Cのいずれが取得するのかについて結論を得ることはできな

い。

そこで，具体的な二当事者間の関係に適用される準拠法とは別に，当該財産権の帰属を定める準拠法を定める必要があることとなる。様々な財産権のうち通則法13条は，動産または不動産に関する物権およびその他の登記をすべき権利について，その目的物の所在地法によるとした。以下，単位法律関係および連結点について，より詳細に検討する。

2　単位法律関係

総　説

動産または不動産に関する物権およびその他の登記をすべき権利が，通則法13条1項の単位法律関係である。

物権とは，物を直接に支配する権利である。また，「登記をすべき権利」としては，「不動産買戻権」（民法581条）や「不動産賃借権」（民法605条）が想定されていたようである。これらはいずれも，登記によりその権利を第三者に対抗することができるようになる点にその特徴がある。

通則法13条は，物権等の成立および効力について一般的に適用される。具体的には，権利の発生，移転，消滅および権利の内容といった点が本条の対象となる。また，物権を設定する法律行為等については，その方式について行為地法によることはできず，目的物所在地法による必要がある（通則法10条5項）。

物権の移転は，多くの場合契約によって行われる。この場合には，契約準拠法と物権準拠法との適用関係が問題となる。契約当事者間の同時履行の抗弁権や危険負担といった問題については契約準拠法により，物権の帰属そのものについては物権準拠法によ

ると考えられる。これに対して、契約当事者間の問題については、両者間の物権の帰属の問題も含めて契約準拠法によるべきであるとの少数説もある。なお、物権以外の財産権の準拠法についても契約準拠法との適用関係は問題となる（債権については、→210頁、知的財産権については、→220頁以下）。

法定担保物権　担保物権も物権の一種であり、以上述べたことは、担保物権についても基本的に妥当する。したがって、担保物権の成立・帰属・内容・順位（優先劣後関係）等については、目的物所在地法によって判断されることとなる。

なお、学説の中には、法定担保物権について一般の物権とは異なる扱いをすべきであるとの見解もみられる。例えば、法定担保物権の成立について目的物の所在地法の他、被担保債権の準拠法を累積的に適用すべきであるとの見解などである。そういった見解は、法定担保物権は一定の債権を担保するために法により特に認められたものであり、被担保債権の準拠法がその成立を認めない場合にはこれを認める必要はないといったことを根拠としている。しかし、通則法13条の解釈としては、法定担保物権の成立についてももっぱら目的物所在地法によるものと考えるべきである。その上で、目的物所在地法上一定の債権の存在が物権成立の要件とされていた場合には、当該債権の存否については債権準拠法によって判断することとなる。

③ 目的物所在地

根　拠　物権等に関する上述の問題については、通則法13条により目的物所在地法によ

って判断することとなる。

　目的物所在地法主義の根拠としては，所在地は誰にとっても容易に認識しうることから第三者の利益保護や取引安全といった要請に適うこと，物権関係はそもそも物の直接的利用に関する権利関係であることから，特にその権利の内容については当該物の所在地法によることが当然とも考えられること，さらに，所在地以外の法によることとなると，ある国の物権法を別の国に所在する物に適用することになるが，それについては登記・登録との関係で技術的に困難な問題が生じうること，といった点が挙げられている。

　また，特に動産については，所有者の住所地法によることも考えられる。しかし，そのようなルールによると動産と不動産との区別が必要となること，またある動産について所有権を争う者に対してそれぞれの異なる住所地法を適用しては，所有権の所在を判断できなくなる可能性があることから，通則法は動産と不動産を区別することなく一律に目的物所在地法によることとした。

目的物所在地の意義　目的物所在地の確定は多くの場合容易であり，特に問題は生じない。しかし，目的物が頻繁にその所在地を変更する場合については，そもそも現実の所在地法によるべきか否かを含めて議論がある。具体的には，運送中の物および船舶等の輸送機について現実の所在地法によるべきではないとの主張がある。

　国境を越えて運送中の物につき譲渡等がされた場合について，譲渡時点の所在地法を確定することが困難であり，また目的物とその現実の所在地との関連は偶発的，一時的のものにすぎないとして，譲渡等が現実に効果を生ずるのは運送終了後であることか

ら，その仕向地を所在地と解すべきである，との見解がある。もっとも，運送の開始後においても仕向地が確定的に決まっていない場合もあるのであり，常に仕向地法によることはできないという問題もある。また，仮に仕向地を目的物所在地とする見解に立つとしても，目的物が運送中に盗難にあった場合などにおいては，当該物と現実の所在地との関連は一時的なものとは言えなくなるのであり，その物に関する物権準拠法は現実の所在地法とすべきこととなろう。物権準拠法が問題となるのは，この後者のような場合が多いのであり，結局，運送中の物については仕向地法によるとの立場に立っても，その適用範囲はそれほど広くないものと考えられる。

なお，運送中の物については証券が発行されていることがある。その場合であっても，当該物の物権についてはその目的物所在地法によるべきである（⇒ 223 頁以下）。

船舶や航空機については，運送中の物と同様の理由から現実の所在地法によることは妥当でないとされ，各国の実質法上登記・登録制度が設けられていることから，観念的にその物の登録地を所在地と解すべきであるとの主張がある。ただし，これについても登録によらずに成立する物権（例えば，船舶先取特権）については，現実の所在地法による成立を認めるべきであり，さらに先取特権と抵当権との優先劣後関係についても現実の所在地法によるべきであるとの見解がある。立法による解決が望まれる分野である。

最高裁判例においては，法例 10 条のもとで，自動車の所有権についての準拠法が問題となった（最判平 14・10・29 民集 56 巻 8 号 1964 頁〈百選 26〉）。最高裁は，自動車には，その性質上，運行

の用に供され広範囲に移動することが可能な状態のものと，そのような状態にないものの2種類があるとし，前者については「その利用の本拠地の法を当該自動車の所在地法として，これを準拠法とするほうが妥当である」とした。

目的物の移動

目的物が国境を越えて移動した場合，物権の成立については通則法13条2項により成立時点の目的物所在地法が準拠法とされ，他方当該物権の内容については1項が適用され現在の目的物所在地法によることになる。例えば，ある動産がA国に所在する時に担保物権が設定され，その後その動産がB国に移動したとする。当該担保物権は，A国法上の要件を充たしていればその成立が認められ，動産がB国に移動した後においてもB国法上の成立要件を充足している必要はない。ただし，当該担保物権の内容等についてはB国法によって判断されるので，B国法上の対応する担保物権としての効力が認められることとなる。

このように，目的物が移動した場合には，旧所在地法によって成立した物権は，新所在地法上の対応する物権としてその効力を認められる。しかし，対応する物権が新所在地法に全く存在しない場合には，当該物権は新所在地においてはその効力を認められないと考えざるをえない。もっともその場合においても，当該物権の成立自体が否定されるわけではない。その後さらに物が移動し，次の所在地法上は対応する物権が存在するといった場合には，再びその物権の効力は認められることとなる。

また，旧所在地法上成立した物権について，新所在地法上それに対応する物権があるが，その効力が認められるためには一定の要件を具備していることが必要とされることもある。このような

場合には,この要件を充たさない限り,新所在地法上当該物権としての効力は認められないと考えられている。例えば,旧所在地法上は目的物の引渡しを受けずに質権が成立した場合でも,新所在地法上は引渡しを受けなければ質権の効力が認められない場合もありうるとされるのである。

10 その他の財産権

① 債　権

債権譲渡

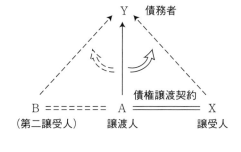

(1) 総　説

物権と同じように,債権も財産権の一種として譲渡や担保の対象とされ,二重譲渡等の場合にその帰属が争われることがある。通則法は,23条において,債権譲渡の第三者に対する効力は譲渡に係る債権の準拠法によるとし,債権を対象とする権利関係一般についてではなく,その取引の一形態である「債権譲渡」に着目してその準拠法を定めている。

(2) 単位法律関係　　債権譲渡についても,物権の移転の場合と同様に,権利移転の原因となる当事者間の契約(債権の売買契約など)には別の準拠法が存在する。この場合,譲渡当事者間の債権債務関係には,当該契約の準拠法が適用される。これに対

し，有体物の譲渡における物権準拠法に対応するものが，本条が規定する，債権譲渡の第三者に対する効力の準拠法である。

　通則法23条は，第三者との関係のみを問題にしている。債権譲渡の当事者間の問題については，その間で債権の帰属が争われる場合も含めて，通則法23条ではなく債権譲渡の原因となる契約の準拠法によることが予定されていたということができる。これに対し，この点は有体物の譲渡における契約準拠法と物権準拠法との適用関係（⇒204頁）と同様に解すべきであるとし，債権譲渡の当事者間の債権債務関係については譲渡契約の準拠法によるが，債権の帰属の問題は譲渡の対象債権の準拠法による，との説も存在する。後者の見解によれば，債権の譲渡可能性といった問題は対象債権の準拠法によることになるが，前者の見解でも，債権の譲渡可能性は当該債権自体の性質の問題であるとして，対象債権の準拠法によると考えられている。

　通則法23条は，「債務者その他の第三者に対する」効力の準拠法に関する規定である。債権譲渡の当事者は債権の譲渡人と譲受人であり，それ以外の者に対する関係の準拠法はすべて本条によって定まる。

　通則法23条では，「効力」という文言が用いられている。しかし，単位法律関係を成立と効力とに分けた場合の効力のみを意味するのではないと考えられている。ここで念頭に置かれているのは，債務者との関係での対抗要件の具備や債務者以外の第三者との優先劣後関係といった問題である。

　(3)　連結点　　通則法23条は，以上述べた単位法律関係について，譲渡対象債権の準拠法によるとした。その理由としては，債権の内容について当該債権の準拠法による以上債権の帰属につ

いて異なる準拠法によるとすると両準拠法の適用関係が複雑となること，債務者の住所地法によるとすると債務者が住所を変更した場合に問題が生じること，といった点が考えられる。

もっとも，立法論としては，債権譲渡の債務者以外の第三者に対する効力については，債権者（譲渡人）の住所地または常居所地法によるべきであるとの立場も有力である。

このような立法論が説かれる理由および背景としては，以下に述べるように，債権譲渡の債務者以外の第三者に対する効力については法律関係の重点がむしろ債権者側にあると考えられること，わが国の実質法上債務者以外の第三者に対する対抗要件について特則が設けられたこと，準拠法を異にする多数の債権を一括して譲渡する場合に必要であることが指摘されている。

債権譲渡の債務者以外の第三者との関係として典型的に問題となるのは，債権譲渡の譲受人相互の優先劣後関係である。債権者の有する財産に対する複数の権利主張についてその優先劣後が問題となる場合には，問題の中心に位置するのは債務者ではなく，むしろ債権者であると考えることができる。したがって，この点は債権者の住所地法によって判断する方が，最密接関係地法を適用するという国際私法の原則に合致する考え方ということも可能である。

実質法上の背景としては，わが国の「動産及び債権の譲渡の対抗要件に関する民法の特例等に関する法律」を挙げることができる。同法により，一定の要件を充たす債権譲渡については登記により債務者以外の第三者に対する対抗要件を具備しうるものとされた。ところが，日本法上債務者以外の第三者に対する対抗要件を具備しても，その点に関して外国法が準拠法とされてしまえば

日本法により具備した対抗要件は無意味なものとなってしまう。これに対し，債権譲渡の債務者以外の第三者との関係について債権者の住所地法によることとすれば，わが国に住所を有する債権者がこの特例法を利用することが可能となるのである。

多数の債権を一括して譲渡しまたは担保に供する場合，それらの債権の準拠法が複数となる場合には，通則法23条によれば，複数の準拠法上の対抗要件を具備することが必要となる。しかし，それは極めて煩雑である。これに対し，債務者以外の第三者との関係では債権者の住所地法によることとすれば，その限りでは債権譲渡にかかるコストを軽減することが可能となるのである。

通則法の制定にあたっても，このような立法論は検討された。しかし，債務者に対する効力の準拠法と債務者以外の第三者に対する効力の準拠法とを異なる法によることとすると，両準拠法の適用関係が複雑となると考えられること，債権の譲受人としては結局2つの準拠法の要件をともに充足する必要があるとも考えられること，現在の実務上，準拠法が異なる債権を一括して譲渡する場合を念頭に特則を置く必要性はそれほど高くないとされたこと，といった理由から，債務者以外の第三者に対する効力についても譲渡対象債権の準拠法によるとされたのである。

なお，この点については諸外国における立法動向も注目されるところである。今後，諸外国の立法状況如何によっては，通則法23条の改正が検討される可能性もあろう。

債権質等 通則法23条は債権の帰属一般についてではなく，債権譲渡という取引形態に着目して準拠法を定めている。すなわち，文言上は，例えば債権質などは通則法23条の単位法律関係には含まれないこととなる。

しかし，債権質についても通則法23条を類推適用して準拠法を定めるべきである。債権質についても，債務者やそれ以外の第三者との関係で債権譲渡と同様の問題が生じうること，特に同一の債権について債権譲渡と債権質とが競合する場合には，同一の準拠法によって優劣を決定する必要があることがその理由である。

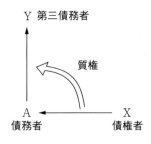

なお，法例の解釈として，債権質を含む「権利質は物権に属するが，その目的物が財産権そのものであつて有体物でないため，直接その目的物の所在を問うことが不可能であり，反面，権利質はその客体たる権利を支配し，その運命に直接影響を与えるものであるから，これに適用すべき法律は，客体たる債権自体の準拠法によるものと解するのが相当である」とした最高裁判決がある（最判昭53・4・20民集32巻3号616頁〈百選30〉）。この最高裁判決の結論は，債権質についても通則法23条を適用した場合と同一であるということができる。

債権の法律上の移転　債権の法律上の移転とは，保証人が債務を支払った場合（弁済による代位）や損害保険契約に基づいて保険金を支払った場合（保険代位）などに，それによって法律上当然に，債権者が有していた債権が第三者に移転する制度である。債権の法律上の移転は，債権が移転するという点では債権譲渡と同様であり，ただその移転が法律行為によって生じるか（債権譲渡），法律上当然生じるか（債権の法律上の移転）という違いがあるにすぎない。また，例えば任意代位を念頭に置くと，債権譲渡と債権の法律上の移転とを国際私法上別に

10　その他の財産権

扱い，異なる準拠法を適用することに十分な根拠があるとは考えがたい。したがって，明文の

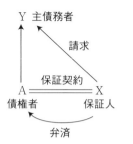

規定が債権譲渡についてのみ置かれている現行法の解釈としては，債権の法律上の移転については債権譲渡と同様に準拠法を選択すべきであると考えられる。すると，債権移転の当事者間の問題についてはその当事者間に適用される法により，債権移転の債務者その他の第三者に対する効力については対象債権の準拠法によることになる。

　ただし，多数説は，債権の法律上の移転はその原因たる事実の準拠法によるとしている。これによれば，保証人による弁済であれば，原因である弁済に適用される保証契約の準拠法により，保険代位であれば保険契約の準拠法によることとなる。その根拠としては，債権の法律上の移転はまさに弁済等の効果に他ならないからであるという点が挙げられている。

　このように，多数説によれば，一見すると債権譲渡と債権の法律上の移転とで準拠法が異なるものとされているように見えるが，これは，主に問題とされる点が異なることによると推測される。すなわち，債権譲渡においては，当事者間では合意により債権が移転したことを前提に，債務者やそれ以外の第三者との関係でその効力が認められるか否かが問題となることが多い。他方，債権の法律上の移転については，債権移転の当事者間でそもそも債権が移転するか否かが問題となることが多いのである。したがって，

前述したような立場（債権の法律上の移転についても，債権譲渡と同様に，当事者間の問題についてはその当事者間に適用される法により，債務者等の第三者との関係では通則法23条により対象債権の準拠法によるとの立場）に立っても，その結論は，多数説のそれと大きく異なるわけではないと思われる。

> **相　殺**

相殺とは，二当事者間の相対立する債権をともに消滅させる制度である。相殺の準拠法については，通則法に明文の規定は置かれていない。解釈論としては，相殺の当事者間の問題と第三者との関係とを分けて議論をすべきである。

(1) **当事者間の関係**　相殺の当事者間における問題については，さらにいくつかに分けて検討する必要がある。

まず，当事者間で，一定の場合に相対立する債権をともに消滅させる合意をすることがある。商法上の交互計算（529条）などがこれにあたるが，これについては，当該契約の準拠法によることとなる。

これに対し，いわゆる法定相殺，すなわち当事者間の合意に基礎を置かない相殺については，学説が分かれている。かつては，相殺においては自働債権と受働債権とがともに消滅するのであり，両債権の運命にかかわるものであることから，両債権の準拠法を累積適用する説が多数説であった。

これに対しては，自働債権の準拠法と受働債権の準拠法との双方を適用する必要があるとしつつ，それぞれの準拠法の適用範囲について異を唱える見解もある。自働債権の準拠法上適用すべきであるのは自働債権に関する要件のみであり，他方，受働債権の準拠法上適用すべきであるのは受働債権に関する要件のみである

とする見解がそれである。これは，
両債権の準拠法を配分的に適用する
説であり，累積適用説との相違は，
例えば自働債権の準拠法でのみ規定

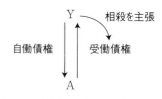

されている，受働債権についての要件は適用しないという点にある（配分的適用については，→*Column* ㉙）。各国実質法上の相殺に関する要件の多くは受働債権についてのものであり（日本民法509条以下参照），その意味で，この配分的適用説は実質的には次に述べる受働債権の準拠法説に近いことになる。

相殺の準拠法として近年有力に主張されているのが，受働債権の準拠法説である。その根拠として，相殺とは自働債権によって受働債権を消滅させることであり受働債権の弁済と同様に考えるべきであること，相殺が問題となる場面では，実際には自働債権は経済的価値を失っていて，法律関係の重点は受働債権にあることが多いことが挙げられる。しかしこれに対しては，当事者の意思表示等によらずに相対立する債権を消滅させてしまうような実質法との関係で自働債権と受働債権の区別をどのように行うのか，といった批判もあるところである。

(2) **第三者との関係** 相殺の第三者との関係が問題となる典型的な状況は，相殺に相前後して受働債権が第三者に譲渡された場合において，受働債権の債務者が相殺によって債務を免れるか，債権譲受人に債務を支払う必要があるか，といったものである。この問題は，受働債権の有する経済的価値を自働債

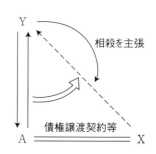

権の債権者と債権譲受人とのいずれが把握するか，という問題ととらえることができる。したがって，相殺の第三者に対する効力については，債権譲受人と自働債権の債権者との優先劣後関係の問題として，通則法23条によって受働債権の準拠法によるべきこととなる。

> 債務引受け

債務引受けとは，ある債権についての債務者の変更である。特に，債務の同一性を保ったまま，旧来の債務者に代わって新たな債務者が債務を負ういわゆる免責的債務引受けが問題となる。これについては，通則法に明文の規定は置かれていない。

解釈論としては，引受けの対象となる債務の準拠法によるとの見解が多数である。その根拠としては，誰が債務者であるかは債権の内容そのものであることが挙げられよう。

② 知的財産権

> 総　説

知的財産権は，近年，急速に重要性を増している財産権である。知的財産権は，無体財産権という別称からも分かるように，その対象は有体物ではなく，発明や表現といった一定の情報という無体物である。様々な情報の中から，各国法は一定のものを権利として保護しているということができる。

知的財産権に関しても，まず当該財産権自体の準拠法が問題となりうるのは物権や債権と同様である。しかし，知的財産権については，そもそもそれが準拠法選択を行うべき問題か否かについても議論があるので，まずその点について取り上げる。

> 準拠法選択という手法の採否

　知的財産権については，一般に，属地主義が妥当し，各国の知的財産権は，その成立，移転，効力等につき当該国の法律によって定められ，その効力が当該国の領域内においてのみ認められると考えられている。したがって，例えば，わが国における特許権は，日本法の要件を充足した場合に成立し，その移転や担保について日本法の要件を充たす必要があり，日本法が定める効力を有するものとされる。

　属地主義の実定法上の根拠はそれほど明確ではない。ただし，著作権については「文学的及び美術的著作物の保護に関するベルヌ条約」5条2項が定める保護国法主義を根拠として挙げることができよう。

　このことを，知的財産権もあくまでも私法上の制度であり，準拠法選択を行うべき問題である，との見解から説明することもできる。それによれば，知的財産権の準拠法は保護国法である，あるいは特許など登録を必要とする知的財産権を念頭に，知的財産権の準拠法は登録国法であるということになる。このような説明は，属地主義の根拠として，知的財産権の利用行為についての予測可能性を高めるためには，ある行為が知的財産権の侵害となるか否かは当該行為地の法によって判断すべきである，との点を挙げる見解と親和的である。

　しかし，知的財産権に関する属地主義の根拠としては，むしろ知的財産権の保護と各国の産業政策との結びつき，といった公法的な側面が挙げられることが多い。この観点を強調していくと，知的財産権は一般的に準拠法選択が問題とならない，いわば公法的な制度と解することとなろう。

最高裁の見解　知的財産権の問題を，準拠法選択が可能な一般私法上の問題と解するか，各国の産業政策に関するいわば公法的な制度であり準拠法選択はそもそも問題とならないと解するかといった点は，最判平成 14 年 9 月 26 日（民集 56 巻 7 号 1551 頁〈百選 51〉）において問題となった。その事件では，米国特許権に基づいてわが国における行為の差止めおよびわが国にある製品の廃棄等が求められている。これについて原審は，特許権については属地主義の原則から，特段の規定がない限り外国特許権に基づく差止めおよび廃棄を内国裁判所に求めることはできないとし，準拠法決定の問題は生じる余地がない，とした。

これに対し最高裁は，属地主義の原則から「外国特許権に関する私人間の紛争において，……準拠法の決定が不要となるものではない」とし，準拠法を決定する必要があるとした。この限りでは，最高裁は，知的財産権，とりわけ特許権の効力についても，準拠法選択が問題となりうるとの見解を採用したこととなる。

その場合の準拠法の決定について，同判決は続いて，米国特許権に基づく差止めおよび廃棄請求は，特許権の独占的排他的効力に基づくものであり，特許権の効力の問題とした上で，特許権の効力の準拠法を，当該特許権と最も密接な関係がある国である当該特許権が登録された国の法律によると解するのが相当とした（不法行為と被侵害権利の関係については，→*Column* ㉗）。

ところが，同判決は，準拠法である米国法によれば請求が認容される余地があるとしつつ，属地主義などを理由として，「米国特許法の上記各規定を適用して……差止め又は廃棄を命ずることは，法例 33 条［通則法 42 条］にいう我が国の公の秩序に反する」

として原告の請求を斥けた。

このように，最高裁は準拠法選択の手法を採用しつつ，米国特許法によってわが国の行為の差止め等を求めることを国際私法上の公序を根拠に認めなかった。しかし，本件事案のような場合において一般的に属地主義に反することを理由として請求を認めないというのであれば，その理由としてはむしろ原審のように，そもそも準拠法選択によって外国法が適用されるような問題ではないとする方が説得的であると思われる（⇒347頁以下）。国際私法上の公序違反とされるのは，事案の内国牽連性と準拠外国法の適用結果とを総合考慮した上での極めて例外的な場合だけだからである。

知的財産権とその取引

知的財産権を取引の対象とする場合に，財産権の準拠法と契約準拠法との適用関係が問題となることは，物権や債権が取引の対象となる場合と同様である。一般的には，契約当事者間の債権債務関係については契約準拠法により，財産権の帰属については財産権の準拠法によると考えられているが，両者の境界線を当事者間の関係と対第三者関係とに分けて考える立場もある（⇒204頁，210頁）。

これに関連して，最近問題となっているのは，職務発明あるいは職務著作である。例えば，わが国の特許法35条は，従業者等のなした一定の発明について，権利は原則として従業者等に帰属するとしつつ，使用者等に当然に無償の通常実施権を認める他，特許を受ける権利をあらかじめ使用者等に取得させることを定めたといった場合には，相当の利益を受ける権利を従業者等に認めている。それでは，従業者がなした発明に基づいて，複数国における特許出願が問題となる場合には，どのように考えるべきであ

ろうか。

　この場合，思考の順序としては，まず特許法35条が公法的性格を有する絶対的強行法規か否かを検討すべきこととなる。特許法35条が絶対的強行法規であるとすると，その適用範囲はその規定の趣旨から決すべきこととなるが，そこでも考え方はさらに2つに分かれうる。すなわち，同条を特許法上の規定と解すると，その規定はわが国の特許権に関してのみ適用されることとなる。他方，この規定を，わが国の労働者を保護する趣旨の労働法上の特則であると解すると，例えば当該従業者の労務供給地がわが国である場合には，外国の特許についても適用されると考えることもできるであろう（東京地決昭40・4・26労民集16巻2号308頁〈百選15〉参照）。

　これに対し，同条は絶対的強行法規ではないとし，財産権の準拠法と契約準拠法との適用関係に関する一般論に従うこととすると，従業者と使用者との間の債権債務関係については契約準拠法により，特許を受ける権利や特許権の帰属については財産権の準拠法による，ということになる。これに関して最高裁は，「特許を受ける権利の譲渡の対価に関する問題は，譲渡の当事者がどのような債権債務を有するのかという問題にほかならず，譲渡当事者間における譲渡の原因関係である契約その他の債権的法律行為の効力の問題であると解されるから，その準拠法は，法例7条1項［通則法7条］の規定により」定められるとしつつ，「譲渡の対象となる特許を受ける権利が諸外国においてどのように取り扱われ，どのような効力を有するのかという問題については，……その準拠法は，特許権についての属地主義の原則に照らし，当該特許を受ける権利に基づいて特許権が登録される国の法律であると

解する」とした（最判平 18・10・17 民集 60 巻 8 号 2853 頁〈百選52〉）。

> **実質法上の問題**

知的財産権についてはこの他に，実質法上，内国民待遇の意義，優先権制度といった点が問題となる。また，出願および審査についての国際的な協力制度や，WIPO 等における各国国内法の調整といった点にも目を向ける必要がある。しかし，これらの問題については，知的財産権の教科書に譲ることとし，ここでは並行輸入の問題を特許権との関係で簡単に触れることとする。

一般に，特許にかかる物が権利者により適法に拡布された場合には，当該物に関しては特許権は消尽（消耗）している，と解釈されている。これは，権利者によって流通過程に置かれた物を仕入れて販売することが，特許権が譲渡されたような場合も含めて，特許権侵害とはならないことを説明するための理論である。問題は，外国において特許にかかる物が権利者により拡布された場合に，当該製品についてのわが国の特許権は消尽するか，である。

この点が問題となったのが最判平成 9 年 7 月 1 日（民集 51 巻 6 号 2299 頁〈百選 50〉）である。そこでは，ドイツとわが国とで自動車の車輪について特許権を有する X が，ドイツで販売されたそれをわが国に輸入・販売する Y らに対して輸入・販売の差止めおよび損害賠償を請求した。

最高裁は，原告の請求をいずれも斥けた原審の判断を正当とした。判旨は，この問題はもっぱらわが国の特許法の解釈の問題であり，それについてどのような結論を採ったとしても，工業所有権の保護に関するパリ条約 4 条の 2 の規定する特許独立の原則や，属地主義の原則に反するものではないとした上で，「我が国の特

許権者又はこれと同視し得る者が国外において特許製品を譲渡した場合においては，特許権者は，譲受人に対しては，当該製品について販売先ないし使用地域から我が国を除外する旨を譲受人との間で合意した場合を除き，譲受人から特許製品を譲り受けた第三者及びその後の転得者に対しては，譲受人との間で右の旨を合意した上特許製品にこれを明確に表示した場合を除いて，当該製品について我が国において特許権を行使することは許されないものと解するのが相当」としている。

この他，並行輸入と商標権侵害との関係が問題となった事件として，最判平成15年2月27日（民集57巻2号125頁〈百選53〉）がある。

③ その他の財産権

総　説

以上では触れなかった権利についても，その権利の帰属や担保権等が問題となりうる。この場合，契約関係にある当事者間の債権債務関係については，契約準拠法によることになるが，第三者との関係等で権利の帰属や担保権の成否などが問題となった場合には当該権利自体に着目して準拠法が定められることとなる。

例えば株式を売買契約により譲渡した場合，譲渡当事者間の権利義務関係は売買契約の準拠法により，会社に対する関係で誰が株主となるかは会社の設立準拠法により判断される。

有価証券

ある財産権を表彰するものとして有価証券が発行された場合であっても，それによって財産権の準拠法が変更されるわけではない。すなわち，例えばある有体物についていわゆる物権的証券が発行されている場

合であっても，その有体物に関する物権については通則法13条により，その目的物所在地法が適用されることとなる。ただし，当該準拠法上，権利が証券に化体しているとされた場合には，物権の帰属は，紙としての証券の帰属によって決定されることとなる。そして，当該証券自体の帰属は，紙の所在地である証券所在地法によって判断される（通則法13条）。こうして導かれた結論は，証券上の権利については証券所在地法によるとの見解と同一となることも多いであろうが，理論的には以上のように説明すべきであろう。

なお，近年においては，証券取引において，証券という紙が発行されず，証券所在地が観念しえないことがある。そのような場合においては，証券上の権利が，中央の証券預託機関に口座を有する金融機関や，そのような金融機関に口座を有する金融機関を通じて間接的に保有されていることが通例である。このような場合における準拠法選択について定めているハーグ条約が，「口座管理機関によって保有される証券についての権利の準拠法に関する条約」である（詳細については，⇒339頁以下）。

Column ㊲ 担保としての集合財産

以上述べたように，財産権の帰属については，それぞれ問題となる財産権ごとに準拠法が定められることとなる。したがって，例えば複数国に所在する動産に一括して担保権を設定する場合には各所在地法上の要件をそれぞれ充足しなければならないこととなる。多数の債権やさらには債務をもあわせて担保とする場合にはさらに多くの法が準拠法として登場することとなる。

立法論としては，複数の財産を集合的に譲渡する場合において，準拠法が単一となるよう規定を置くことも考えられる。債権譲渡の準拠法について特に債務者以外の第三者との関係では債権者の住所

地法によるべきであるとの見解の背景には、このような考慮も存在する（⇒210頁以下）。

11　相　続

① 総　説

相続とは、自然人である被相続人の死亡等に伴いその者の有する権利義務が相続人に包括的に承継されることを意味する。相続には、被相続人の人格の承継という側面と、被相続人の死亡を原因とする財産権の移転という側面とがある。後者の側面を強調すると、相続について個別の財産権の準拠法によることも理論的には考えられる。しかし、通則法36条は、前者の側面に配慮し、また相続財産が複数国に所在する場合における相続の一体性という観点から、相続についてはもっぱら被相続人の本国法によるとした。

相続に続いて、遺言を取り上げる。ただし、遺言においてはその内容として、相続以外の法律関係も問題となりうる点に注意が必要である。

② 相　続

単位法律関係　　通則法36条の単位法律関係である「相続」には、相続をめぐる様々な問題が含まれる。代表的な問題としては、相続人の範囲、相続分、遺留分、相続の承認および放棄といった点がある。これに関して遺産管理

の問題と相続人が不存在の場合における相続財産の帰属については，若干議論がある。

　被相続人の死亡により，わが国のように相続財産が直ちに相続人に移転する（承継主義）のではなく，相続財産が管理・清算され，残った積極財産が相続人に移転する制度（清算主義）を採用している法がある。そして，清算主義をとる国においてなされる遺産管理は，相続そのものではなく，むしろ相続の前提問題であるとして，財産所在地法によるべきであるとの見解もある。しかし，承継主義と清算主義との相違は相対的なものということもでき（例えば，わが国においても相続人がいることが明らかにならなかった場合には相続財産の清算がなされる，民法951条以下），遺産管理の点も相続財産が相続人に移転する過程に含めて考えるべきであるとして相続準拠法による見解が一般的である。

　相続人が不存在である場合に，当該財産を特別縁故者等の私人に帰属させるか，国家に帰属させるか，といった点も，相続財産の帰属の問題であり，相続準拠法によるべきであろう。ただし，相続財産を国庫に帰属させる旨の規定は，まさに国家権力の発動であり，国際私法による準拠法選択の手法がとられるべき問題ではない。したがって相続準拠法である外国法上のそのような規定は送致範囲には含まれず，わが国では適用されないと考えられる。すると，例えば外国人がわが国に遺した財産（特に有体物）の帰属については，結局財産所在地法である日本法に基づいてその帰属を考えざるをえないであろう。他方，日本人が外国に遺した財産については，少なくとも日本法上は日本法により，日本の国庫に帰属すると考えることができよう。まさにその点について規定しているのが，「相続人曠欠ノ場合ニ於テ国庫ニ帰属シタル財産

ノ引渡ニ関スル件」(明治33年勅令409号) 但書である。とはいえ，それを実際に外国がどう扱うかは別問題であり，わが国のそのような請求が外国によって認められることは考えがたい。

相続準拠法と個別準拠法

相続には被相続人の死亡を原因とする財産権の移転という側面があり，相続準拠法と個別財産の準拠法との適用関係が問題となる場面は多い。その中で，相続財産の構成の問題と，遺産分割前に相続人が相続財産を処分した場合の問題とを取り上げることとする。

前者の，相続財産の構成の問題とは，被相続人の有する財産の中でいかなるものが相続の対象となるかという問題である。慰謝料請求権等の他，債務の相続についても問題となる。

この点について従来の多数説は，相続財産の構成の問題は相続準拠法によるが，個別財産の準拠法上それが相続財産となることが認められていない場合には相続財産とはなりえないとし，結局相続準拠法と個別財産の準拠法との累積的適用を説く。しかし，これに対しては，単一の法律問題を複数の単位法律関係に含まれるとすることはできないとし，いかなる性質を有する財産権が相続財産となるかについては相続準拠法により，当該財産権がそのような性質を持つか否かについては財産権の準拠法によるべきであるとの有力説がある。

しかし，ある財産権の相続可能性について，この有力説のように2段階に分けて別の準拠法で判断するという方法は，一定の性質を有する財産権を相続の対象外とする日本法の規律（民法896条但書）に引きずられたものではないか，という疑問もある。また一般に，ある財産権の移転可能性については当該財産権自体の

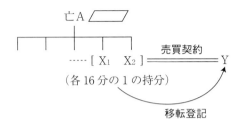

準拠法によると考えられているが（債権譲渡につき，⇒ 210 頁），相続による移転についてのみ別に解する理由があるのかも問題となろう。むしろ端的に個別財産の準拠法によることで足りるのではなかろうか。

後者の，遺産分割前の相続人による相続財産の処分という問題は，最判平成 6 年 3 月 8 日（民集 48 巻 3 号 835 頁〈百選 1〉）において取り上げられた。この事件では，相続人の一部である X らが遺産分割前にわが国にある不動産についてその持分を不動産開発会社 Y に売却した。X らは持分移転登記の抹消を求めて訴えを提起したが，その理由のひとつに，相続準拠法である中華民国法上，遺産分割前の持分の処分はできないとされていることを挙げていた。

原審は，「本件のように相続財産が第三者に処分された場合の効力が問題とされているときには，前提となる相続人の処分権の有無も含めて全体が物権問題に該当する」として法例 10 条（通則法 13 条）により日本法を適用した。これに対し最高裁は，「X らが，その相続に係る持分について，第三者である Y に対してした処分に権利移転（物権変動）の効果が生ずるかどうか」については，法例 10 条（通則法 13 条）2 項により日本法によって判断するが，「その前提として，X らが共同相続した本件不動産に

係る法律関係がどうなるか（それが共有になるかどうか），Xらが遺産分割前に相続に係る本件不動産の持分の処分をすることができるかどうかなどは，相続の効果に属する」として相続準拠法である中華民国法によるとした。最高裁は，Xらが相続準拠法である中華民国法上の規定を遵守しないで持分の処分をしたと認定しつつ，その処分に権利移転の効果が生ずるかについては日本法を適用してそれを肯定したのである。

連結点　通則法36条は，相続は被相続人の本国法によるとして，被相続人の国籍を連結点とする相続統一主義を採用した。これに対し，特に不動産についてその所在地法によるとの相続分割主義を採用することも立法論としては考えられる。しかし，相続分割主義による場合には，複数の準拠法の適用による権利義務関係の複雑化（例えば，債務の相続をどのようにするか等）という問題があり，わが国のように相続について承継主義をとる国においては，相続分割主義を採用することには困難もある。

　もっとも，相続については反致の可能性がある（通則法41条）ため，相続統一主義がその限りで貫徹できないこともある。例えば，相続分割主義を採用する国の国籍を有する者がわが国に不動産を遺して亡くなった場合について，反致により不動産相続の準拠法を日本法とした裁判例が存在する（最判平6・3・8家月46巻8号59頁〈百選5〉）。このような反致を認める立場の下では，わが国で相続分割主義を採用した場合と同様に，相続に複数の準拠法が適用されることもありうることとなる。

③ 遺　言

総　説

遺言準拠法については通則法37条が規定しているが，そこで規律されているのは，意思表示としての遺言そのものの問題のみである。遺言という形式によってなされる遺言者の具体的行為については，当該行為の準拠法によるとされる。例えば，遺言で認知がされた場合，そもそも遺言による認知が可能か否かについては，認知についての他の要件とともに通則法29条が定める準拠法による。認知の準拠法により遺言による認知が可能とされた場合に，遺言がそれ自体として有効に成立したか否かという点についてのみ通則法37条の定める準拠法によるのである。

通則法37条1項は，遺言の成立および効力について遺言当時の遺言者の本国法によるとしている。しかし，上に述べた理由から，遺言の効力が問題となることはほとんどない。せいぜい，遺言自体の効力発生時期といった問題がここに当たるにすぎないと解されている。また，成立についても，最も重要な方式については次に述べる特別法によって準拠法が定まるので，本条が問題となるのは，遺言者の意思能力といった問題に限られることとなる。

通則法37条2項は，遺言の取消しについて取消し当時の遺言者の本国法によるとする。ここで取消しというのは，意思表示の瑕疵を理由とするものではなく，わが国民法上は撤回と言われるものである（民法1022条以下）。

方　式

遺言は，遺言者の死亡によってその効力が発生するものである。そのため，遺言の内容が遺言者の真意に出たものか否かの判断が困難となる。そ

こで，遺言が遺言者の真意に出たものであることを担保するため，各国実質法は遺言について厳格な方式を要求している（例えば，民法967条以下）。

このため，複数の国にまたがって生活している者が作成した遺言が方式上有効か否かを単一の準拠法のみによって判断することとすると，遺言者が前提としていた法とは異なる法が準拠法として適用されてしまい，それにより遺言が無効とされる危険性が高くなってしまう。そこで，遺言の方式については一般の法律行為以上に多数の連結点を挙げ，それらの選択的連結とすることで遺言が方式上無効とされる可能性を低くすべきであると考えられた。このような趣旨で作成されたのが「遺言の方式に関する法律の抵触に関する条約」であり，わが国はこの条約を批准し，それに対応する法律として「遺言の方式の準拠法に関する法律」を制定した。

同法は，2条で多くの法域を掲げ，それらの選択的連結によって遺言の方式上の有効性を判断するものとした。これほど多数の法の選択的連結としたことに対しては，国内事件との不均衡を理由とする立法論的な批判もあるところである。

12 多数当事者の関係

各論の最後に，残された問題を取り上げる。具体的には，代理および債権の対外的効力といった三者間の債権債務関係がここでの主題となる。

① 代　理

> 総　説

代理の準拠法について直接関連する規定は，通則法には置かれていない。立法による解決が期待される分野であるが，以下，現行法の解釈として若干の点を論ずることとする。

代理においては，本人と代理人との関係，代理人とその相手方との間でなされる法律行為，本人と相手方との間での法律効果の発生，といった点が問題となる。すなわち，代理においては，本人，代理人，相手方という三者が登場し，それぞれの間の法律関係が問題となるのである。

以下では，典型的あるいは古典的な代理を念頭に論じることとする。しかし，現実の取引においては，代理人が本人のためにすることを示さずに行為を行う場合など，様々な状況が存在することに注意が必要である。

法人代表の問題を，代理とは別に論じる立場もある。しかし，法人の代表者＝代理人と法人＝本人との関係については法人の従属法によるとしても，法人＝本人と第三者との関係については，代理と区別せずに議論をすべきである。

代理において問題となる三者間の関係のうち，代理人と本人との関係については，その基礎にある法律関係の準拠法による。すなわち，法定代理であれば親権（通則法32条）や後見（同35条）等の準拠法により，任意代理であれば委任契約や雇用契約の準拠法によることとなろう。この場合，代理人が本来有する権限を超えて行為を行った場合においても，その基礎にある法律関係の準拠法によると解すべきであるが，全くの無関係であるにも関わら

ず代理人と称して行動した場合には，このような「代理人」と本人との間の関係は事務管理または不法行為の問題として通則法14条以下によって準拠法が定められる。

また，代理人と相手方との関係については，一般に両者によってなされた法律行為（代理行為）の準拠法によるとされる。しかし，相手方との関係で，本人と代理人とのいずれ（または双方）への法律効果の発生を認めるべきかについては，次に述べる本人と相手方間の関係の準拠法によって一律に判断すべきであろう。

本人と相手方との関係

問題は，直接の関係に立たない本人と相手方との権利義務関係についての準拠法である。

まず，ある法律行為について代理が許されるかについては，代理行為自体の性質の問題として，代理行為の準拠法による。

代理行為の準拠法上代理が認められる場合，次に，それについて代理人（と称する者）が行った行為の効果が本人に帰属するかが問題となる。この点について学説は細かく分かれているが，有力な考え方として，通則法4条2項を類推適用する見解と，代理行為地法による見解とが主張されている。

前者の見解は，この点は原則として本人と代理人との関係の準拠法によって判断すべきであり，当該準拠法上，代理人の当該行為の効果が本人に帰属するとされていれば，その結論は，本人，代理人，相手方のいずれの利益を害するものでもなく，そのまま認めるべきであるとする。問題は，本人と代理人との関係の準拠法上，当該代理人の行為が本人に帰属しないとされている場合であり，この場合には取引の安全を図るために通則法4条2項を類推適用すべきであるとする。通則法4条が対象としている行為能

力の問題を，本人が本人のためにした行為が本人に帰属するか否かという問題ととらえれば，代理人が本人のためにした行為が本人に帰属するか否かという問題にこの規定を類推適用することにも一定の根拠があると考えて良いであろう。

他方，後者の代理行為地法主義は，諸外国における立法例にもみられるものである。この見解の実質的な根拠は，本人と代理人間の関係を規律する準拠法によるよりも，代理行為地法による方が代理行為の相手方にとって不意打ちとはならず，取引の安全に資するという点にある。また，この見解の形式的な根拠としては，通則法14条を挙げることも考えられないではない。代理における本人と相手方との債権債務関係を，直接の契約関係にない当事者間に法律の規定によって生じるものと類似していると理解するのである。

代理行為地法主義によった場合，当該代理行為地法を適用する際にその前提として，代理人がはたして，またどの程度本人から代理権を与えられているかが問題となることがある。この点については別途，本人と代理人との間の内部関係に適用されるべき法律によって判断すべきであろう。

② 債権の対外的効力

総説 　債権とは，特定の債務者に対して一定の行為を請求しうる権利である。しかし，一定の要件を充たす場合には，債務者以外の第三者に対しても権利主張が可能とされる場合がある。日本民法では，債権者代位権や詐害行為取消権がこれに当たる。

通則法にはこれらを直接の対象とする規定は置かれていない。

債権者代位等の対象として具体的に問題となる権利の内容は様々であり，その準拠法についても個別具体的な検討が必要であろう。

債権者代位権

債権者代位とは，債権者（代位権者）が，債務者の有する権利を代位行使することである。具体的には，債務者の有する債権の代位行使の他，債務者が行使可能な錯誤無効の主張や時効の利益の援用の代位行使といったことが問題となる。

学説上は，主として債務者の有する債権を代位行使する場合を念頭に，債権者の有する債権の対外的効力の問題であり，かつ債務者の有する債権の問題でもあるから，両債権の準拠法を累積適用すべきであるとの見解や，この場合には詐害行為取消権の場合とは異なり，第三者の利益を考慮する必要性が少ないことから代位権者の有する債権の準拠法のみによれば足りるとする見解等がある。

債権者代位の問題を，債権者が有する債権の対外的効力と解することも不可能ではないが，むしろ，債務者の有する権利を誰が行使しうるかという問題として，一般に債権者代位の対象である債務者の権利の準拠法によるべきであると考えられる。

また，特に債務者の有する債権が代位行使される場合については，債務者の有する債権の準拠法によることの根拠として，通則法23条を挙げることも可能であろう。債務者の債権を債権者が譲り受ける場合と債権者が代位行使する場合とで第三債務者を保護する必要性などに大きな差異はなく，準拠法選択は同じように行われ

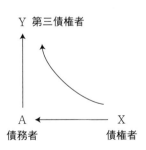

12　多数当事者の関係

るべきであろうし，また債務者の債権を債権者が代位行使する場合において，債権者と，債務者の債権を譲り受けた者との間の優先劣後は単一の準拠法によって判断する必要があるからである。

> 詐害行為取消権

詐害行為の取消しには，債権者代位以上に様々な場合がある。したがって，そもそも「詐害行為取消権の準拠法」という問題設定そのものについても疑問がありうるところであるが，典型的な場合を念頭に，検討してみよう。

学説上は，債権者代位と同様に，取消権者の有する債権と取消しの対象となる行為の準拠法との累積的適用を説く見解が多数である（東京地判平27・3・31平成24年（ワ）第30809号はこの見解を採用する）。この他，詐害行為取消権をむしろ手続法的な制度ととらえ，法廷地法によるとの見解や，債務者の有する財産の保全の問題として，倒産の場合との均衡も考慮して，債務者の住所地法によるべきであるとの見解も存在する。

しかし，債権者代位の場合に代位の対象である権利の準拠法によったことと同様に，取消しの対象として問題となっている法律関係に着目して準拠法を決定すべきであると考えられる。ここで注意すべきであるのは，詐害行為取消権において取消しが求められているのは，債権契約ではなく，物権的な権利の移転あるいは設定であることが通常であるという点である。例えば，財産の売却が詐害行為として取り消しうるかが争われている場合，そこで問題となっているのは債権的な売買契約の取消しではなく，対象となる財産についての所有権の移転である。

すると，このような場合には，当該財産の当初の譲受人と取消権を行使する者が，対象である財産の帰属をめぐって争っている

ととらえることが可能なのであり，詐害行為の取消しについては通則法13条によって準拠法を定めることが考えられる。「担保権の設定」が詐害行為として取り消しうるか否かについても同様である。他方，債務の弁済を詐害行為として取り消しうるか否かが問題となった場合には，弁済された債権の準拠法によるべきこととなろう。

第3編
国際民事手続法

Summary

本編では,国際的な民商事紛争の解決という局面において生ずる手続法的な問題が解説されることになる。かかる法領域は国際民事手続法と呼ばれるが,その内部はさらに,通常の民商事紛争の裁判所における手続法的規律を対象とする国際民事訴訟法,倒産という特殊な紛争の裁判所における手続法的規律を対象とする国際倒産,裁判所以外の紛争解決機関による民商事紛争の手続法的規律を対象とする国際商事仲裁に分かれる。

第1章 国際民事訴訟法

1 国際民事訴訟法の全体像

① 国際民事訴訟の概要

　日本国内に在住する当事者間の紛争を裁判所で解決しようとする場合には，日本国内におけるいずれの地の裁判所において当該紛争が解決されるべきであるかという問題は発生するが，いずれの国において当該紛争が解決されるべきであるかといった問題は，通常，発生しない。また，日本国内のいずれの地の裁判所で解決されようと，そこで行われる手続が日本の民事訴訟法の規律に従って行われることには変わりはなく，かかる手続が日本語により進められる点にも違いはない。

　しかし，一方の当事者が日本以外の国に在住する場合には，そもそも，当該紛争がいずれの国の裁判所で解決されるべきであるかが問題となる（「国際裁判管轄」）。当事者にしてみれば，相手方の在住する国の裁判所で解決されるということになった場合，事情のよく分からない遠い外国にまで行かなければならないという不利益の他，言語の点，さらには，自国の民事訴訟法とは内容を異にする民事訴訟制度の下で手続を行わなければならないという点で，多大な不利益を被らなければならない。したがって，かかる問題はどちらの当事者にとっても深刻なものとなる。

Column ㊳ 「手続は法廷地法による」の原則

　国際裁判管轄の問題がどちらの当事者にとっても深刻なものとなるのは、その選択が、紛争の解決に当たって従わざるをえない手続法の選択に繋がるからでもある。かかる現象が生じるのは、手続法については準拠法の選択がなされることがなく、もっぱら法廷地の法が適用されるという「手続は法廷地法による」の原則が世界的に維持されているためである。

　わが国においても旧法例においてはこれについて定める明文規定があったが、法例においては、あまりに当然のことであるとの理由から、かかる規定は削除され、通則法でも規定されていない。しかし、かかる原則がわが国においても維持されていることに関して争いはない。その実質的根拠については、一国の手続法の内容が当該国の司法制度の在り方と不可分に結合していると同時に、裁判の進行上、手続に関しては一体的な法の適用が強く要請されることが挙げられる。その意味において手続法は、法廷地法の絶対的な適用が要請される、公的色彩が極めて強い法であると位置づけることができよう。

　また、仮に当該紛争が日本において日本の民事訴訟法の下で解決されることになったとしても、相手方が外国に在住しているという特殊性をどのように考慮すべきかという問題が、手続における様々な局面において生ずる（「送達」、「証拠調べ」、「外国法の取扱い」）。

　さらに、裁判所による確定判決という形で紛争がいったんは解決したとしても、敗訴当事者が当該判決に従わないため、強制執行をせざるをえないという場合もある。しかし、強制執行の対象となりうる財産が自国に存在しない場合には、当該判決に基づく強制執行につき財産の所在する外国に助力を求めることが必要と

なる。あるいは，自国に財産が所在する場合に，外国から当該外国の判決の強制執行に助力を求められるという事態が生じることになる。

以上のような国際的な民商事紛争を裁判所により解決するといった局面において，検討せざるをえない手続法的な問題の規律を目的とするのが，国際民事訴訟法である。手続的問題の規律という点で，（第2編で対象とした）そうした局面における実体的問題を規律する（狭義の）国際私法とは異なるものである。

もっとも，法形式という点では，各主権国家の上位に位置する統一的な法規範としてではなく，各国の国内法という形で存在しているという点で，両者は共通している。すなわち，日本の裁判所においては日本の国内法としての国際私法が適用されるのと同様に，国際民事訴訟法についても，日本の裁判所においては日本の国内法としてのそれが適用されるのであり，本書の説明も，あくまで日本の国際民事訴訟法の規律を対象とするものである。

2 国家管轄権理論との関係

ところで，一方の当事者や執行対象財産が外国に所在するような場合に，何故，特殊な考慮が必要になるのであろうか。実はそこには，主権国家相互間の法的関係を規律する国際法上の国家管轄権理論が深く関係している。

国際法上，立法管轄権や裁判管轄権については，当該国家が有する領土の地理的範囲内に限定されるとは考えられていない。また実際にも，そのことを前提に，各国家は自国領域外に在住する者に対しても，その裁判管轄権を広く設定している。それは，当事者が国境を挟んで対峙する国際的な民商事紛争において，複数

の国家による裁判管轄権の行使が可能であることを意味し，また，そのような管轄競合の恐れがある場合に調整を行うべき各国家の上位に位置する統一的な法規範の不在をも意味している。とすると，かかる調整は，（条約の締結などがない限り）各国の国内法としての国際民事訴訟法に任されるしかないことになり，そのことから，自国の裁判管轄権の発動に関する規律，すなわち，国際裁判管轄の検討の必要性が生じるのである。

　他方，立法管轄権や裁判管轄権とは異なり，国際法上，執行管轄権については，当該国家の領土の地理的範囲内に厳格に限定されると考えられている。したがって，ある国家（およびその手足となる者）が他国領土内において物理的な行為を行うことは，当該他国の同意がない限り，決して許されない。しかし，強制執行についてはもちろん，裁判手続を進める上で必要な送達や証拠調べなど，裁判所が手続を進める際には，物理的な行為を行わざるをえない局面が多々存在する。そこで，他国において物理的な行為を行わざるをえないような場合にどのように当該他国に協力を求めるかという問題，言い換えれば，国際法上の執行管轄権に関する原則を維持した上で国際的に裁判手続を進めるために，どのように国際的な協力体制を構築するかといった問題が発生するのである。

Column ㊴　主 権 免 除

　国際民事訴訟においては，この他，相手方当事者が外国国家であるような場合には，主権免除と呼ばれる特殊な問題について検討しなければならない。これは，主権平等の理念の下で19世紀に確立した「主権国家である以上は他の国家の裁判権に服することはない」という慣習国際法である。かかる主権免除の原則が絶対的に貫

かれる場合には（絶対免除主義），外国国家を相手方としてわが国で訴訟を提起したとしても，当該外国国家がかかる免除特権を放棄しない限り，上述した国際民事訴訟法上の諸問題に至るまでもなく，そもそもわが国の裁判権が及ばないということになる。

しかし，20世紀に入ると，国家自身が私人と同様に商業的な活動に従事することが珍しくなくなり，かかる原則をそのような場合にまで絶対的に貫くことの合理性が世界的に問い直されるようになった。その結果，現在においては，かかる免除が適用される範囲を「外国国家の主権的行為」に制限する国の方が大勢であるといえよう（制限免除主義）。

わが国においては，最近に至るまで，絶対免除主義を判示した大審院決定（大決昭3・12・28民集7巻1128頁）以来，この問題に関して判示した最高裁レベルの判決が存在せず，学説に関しては別段，判例に関しては絶対免除主義が維持されていると解さざるをえない状況が続いていた。

しかし，近年においては，最判平成14年4月12日（民集56巻4号729頁［横田基地夜間飛行差止等請求事件］）が，傍論において「国家の私法的ないし業務管理的な行為についてまで民事裁判権を免除するのは相当でない」という制限免除主義の台頭につき言及し，また，下級審裁判例ではあるが，東京地判平成12年11月30日（判時1740号54頁［ナウル共和国円建債償還等請求事件］）が制限免除主義を判示するに至っており，変化の兆しが見出されていた。

そのような状況の下，最判平成18年7月21日（民集60巻6号2542頁）が登場し，わが国においても最高裁レベルで制限免除主義が認められるに至った。すなわち，同最高裁判決は，制限免除主義が，世界各国で現在広く受け入れられていること，2004年に成立した「国及びその財産の裁判権からの免除に関する国際連合条約」においても採用されていることを前提に，「今日においては，外国国家は主権的行為について法廷地国の民事裁判権に服することを免

除される旨の国際慣習法の存在については，これを引き続き肯認することができるものの」「外国国家は私法的ないし業務管理的な行為についても法廷地国の民事裁判権から免除される旨の国際慣習法はもはや存在しないものというべきで」あり，「外国国家は，その私法的ないし業務管理的な行為については，我が国による民事裁判権の行使が当該外国国家の主権を侵害するおそれがあるなど特段の事情がない限り，我が国の民事裁判権から免除されないと解するのが相当である」と判示した。

その上で，同最高裁判決は，上記の「大審院決定は，以上と抵触する限度において，これを変更すべきである」と明言しており，これにより，主権免除に関するわが国の状況は大きく変化し，世界の趨勢と同一の判例ルールがわが国においても確立したといえよう。そのことは，その後に下された最判平成 21 年 10 月 16 日（民集 63 巻 8 号 1799 頁〈百選 87〉）においても確認されている。

なお，かかる判例変更と軌を一にするように，わが国は上述の「国及びその財産の裁判権からの免除に関する国際連合条約」に 2007 年に署名し，2009 年には国会の承認を得た上で，2010 年には受諾書を寄託している（ただし，同条約は未だ未発効である）。そして，国内法としても「外国等に対する我が国の民事裁判権に関する法律」を制定し，2010 年 4 月からこれを施行している。

2 国際裁判管轄

① 国際裁判管轄に関するルールの状況

一方の当事者が日本以外の国に在住するような場合，そもそも，当該紛争がいずれの国の裁判所で解決されるべきであるかという

国際裁判管轄の決定が問題となる。この問題の解決のためには，事柄の性質上，各国家の上位に位置する統一的なルールが存在し，かかるルールによって各国がその裁判管轄権を行使すべき場合が決まっていることが，本来的には望ましい。しかし，既述のように，国際法上の国家管轄権理論はそのような役割を果たしてはおらず，また，国際裁判管轄に関する多国間条約も未発達というのが現実である。したがって，現状では，各国がそれぞれに自国が裁判管轄権を行使する範囲を自国の国内法によって定めているというのが原則的な形態であるといえる。

Column ㊵　国際裁判管轄に関する諸外国の状況

　国際裁判管轄に関しては，各国が国内法により規律しているのが原則的な形態である。しかし，欧州については域内における統一条約として，欧州共同体（EC）加盟国間においてはブラッセル条約，欧州共同体加盟国と欧州自由貿易連合（EFTA）加盟国の間においてはルガノ条約が存在しており，さらに，ブラッセル条約は欧州共同体内における派生法の１つである規則へと変更されるに至っている（なお，これらは後述の外国判決の承認執行に関する域内統一条約でもある）。かかるブラッセル規則やルガノ条約においては，管轄原因が明文により細かに定められており，国際裁判管轄の決定においても，予測可能性が重視されているといえる。

　他方，米国においては，連邦法等の国際裁判管轄に関する国内統一ルールが存在せず，州際事案と国際事案とを区別しないままに，各州が裁判管轄に関する基準をそれぞれに有するという状況になっている。ただし，他州や他国に所在する被告に対して自州裁判所が管轄を及ぼすためには，それを肯定する制定法が州法として存在することが必要であり，さらに，そのように管轄を及ぼすに当たり，連邦憲法上の適正手続の要請を充たすだけの「最低限の関連（minimum contact）」が自州と当該被告の間に存在している必要があると

いう基本構造においては，どの州の基準についても共通するものを見出すことができる。また，当該被告や当該事件が自州との間に実質的な関連性を有しているか否かが国際裁判管轄の決定における決め手となっているという点にも共通する特徴を見出すことができ，予測可能性よりも具体的妥当性に重きがおかれているといえよう。

なお，このような国際裁判管轄に関する欧州と米国の基本的な考え方の違いは，国際裁判管轄に関する世界的な統一ルールの構築を目指してハーグ国際私法会議において進められた「民事及び商事に関する国際裁判管轄権及び外国判決に関する条約」案の作成プロジェクトにおいて，様々な論点における意見の対立として表面化した。両者の乖離があまりに大きいために，広く様々な事件類型を対象とした国際裁判管轄に関する世界統一ルールの構築を目指した当初の計画は，結局，大幅な変更を余儀なくされ，「管轄合意に関する条約」としてその射程を限定する形でしか成立しえなくなった。

とすると，日本がどのような場合に自国の裁判管轄権を行使することになるのかについては，日本の国内法の中に規律が存在するということになる。この点，わが国においては，国内法の中に，これに関する明文の規定が長らく存在せず，判例により形成されたルールに依拠せざるをえない状態が続いていたが，2011年，民事訴訟法の一部を改正する形で，財産法関係事件に関してはまとまった規定が置かれるに至った。また，2018年，人事訴訟法，家事事件手続法の一部を改正する形で，家族法関係事件に関してもまとまった規定が置かれるに至った。

② 裁判例による国際裁判管轄に関するルールの形成

判例によるルール形成　国際裁判管轄に関する規定が存在しないという状況の下では、この点に関する判断が裁判所により異なってしまうという弊害、さらには、当事者にとってもあまりに予測可能性がなく、訴えを提起してみなければ国際裁判管轄が認められるか否かが分からないという弊害が生じてしまう。そのため最高裁は、まずは離婚訴訟に関して、最大判昭和39年3月25日（民集18巻3号486頁〈百選103〉）、最判昭和39年4月9日（家月16巻8号78頁）において、「離婚の国際的裁判管轄権の有無を決定するにあたつても、被告の住所がわが国にあることを原則とすべき」であるとしつつ、「他面、原告が遺棄された場合、被告が行方不明である場合その他これに準ずる場合において」はわが国が原告住所地である限り国際裁判管轄を認めると判示し、国際裁判管轄に関するルールを独自に設定した。

他方、最判昭和50年11月28日（民集29巻10号1554頁［チサダネ号事件］〈百選99〉）においては、専属的な合意管轄に関して独自の判断を示した。すなわち、「成文法規が存在しない」という前提の下、「民訴法の規定の趣旨をも参しやくしつつ条理に従つてこれを決すべき」とした上で、「国際的裁判管轄の合意の方式としては少なくとも当事者の一方が作成した書面に特定国の裁判所が明示的に指定されていて、当事者間における合意の存在と内容が明白であれば足り」、「その申込と承諾の双方が当事者の署名のある書面による」必要はないと判示した。また、外国の裁判所を指定する合意については、「当該事件がわが国の裁判権に専属的に服するものではなく」、「指定された外国の裁判所が、その

外国法上,当該事件につき管轄権を有すること」が必要であるとも示した。なお,管轄合意の有効性については,「右管轄の合意がはなはだしく不合理で公序法に違反するとき等の場合は格別」である旨の留保も付している。

　もっとも,このように事件類型ごとに独自のルールを設定するという手法には,いくつそのようなルールを設定すればよいのか,(上告がなされない限り判断を下せないため)いつそのような機会が訪れるのか,そうした点において限界がある。そのため最高裁は,最判昭和56年10月16日(民集35巻7号1224頁[マレーシア航空事件]〈百選88〉)において,以下のような手法を用いて,財産法関係事件について包括的な国際裁判管轄ルールの設定を可能にした。

　この点,わが国の民事訴訟法の中には,日本国内におけるいずれの地の裁判所において当該紛争が解決されるべきであるかという国内裁判管轄の決定に関する明文規定は存在している。もっとも,かかる国内裁判管轄の決定は,論理的には,わが国に国際裁判管轄が認められた場合に初めて問題になる事項であり,本来的には,両者は相互に独立した問題であるにすぎない。しかし,最高裁は,国際裁判管轄に関するルールとして,類似の問題を処理する国内裁判管轄に関する明文規定を借用する旨の判断を下すに至った。

　すなわち,わが国においては「国際裁判管轄を直接規定する法規もなく,また,よるべき条約も一般に承認された明確な国際法上の原則もいまだ確立していない現状のもとにおいては,当事者間の公平,裁判の適正・迅速を期するという理念により条理にしたがつて決定するのが相当」とした上で,かかる「条理」に適う

場合とは「わが民訴法の国内の土地管轄に関する規定」に列挙されている「裁判籍のいずれかがわが国内にあるとき」であると判示したのであった。

Column ㊶　国際裁判管轄に関する学説とマレーシア航空事件最高裁判決

　最判昭和56年10月16日が下されるまで、国際裁判管轄に関するわが国の学説は以下のように分かれていた。

　まず、民事訴訟法やそれ以外の法律における管轄に関して定めたわが国の規定は、国内裁判管轄のみならず国際裁判管轄についても定めていると解する立場も少数ながら存在していた（二重機能説）。しかし、学説の多くは、そうした規定は国内裁判管轄につき定めているにすぎず、わが国においては、国際裁判管轄に関する明文規定は存在しないと解していた。

　そのような前提の下、そうした管轄規定により国内裁判管轄が認められれば、そのことから国際裁判管轄の存在をも当然に推知されると考える立場（逆推知説）と、そのような帰結は論理必然ではないとした上で、国内裁判管轄規定のあり方とは無関係に、当事者の公平や裁判の適正・迅速という観点からありうべき国際裁判管轄の規律を「条理」を根拠に導こうとする立場（管轄配分説）の2つが大きく対立していた。

　そうした学説対立の図式の下、マレーシア航空事件最高裁判決は「当事者間の公平、裁判の適正・迅速を期するという理念により条理にしたがつて決定する」と判示したのであり、その部分だけを取り出せば、管轄配分説を採用したようにも見受けられる。しかし、続けて、かかる「条理」に適う場合とは「国内の土地管轄に関する規定」の「裁判籍のいずれかがわが国内にあるとき」と判示しているため、結局は逆推知説と同じ結論を導くものになっているといえる。

このような最高裁の判示，すなわち，国内裁判管轄に関する明文規定を国際裁判管轄の決定のためのルールとして借用するという指針に従うと，例えば，普通裁判籍に関しては，被告が自然人であればわが国に被告の住所がある場合（民訴法4条1項・2項），法人であればわが国に事務所または営業所がある場合には（同法4条1項・4項・5項），わが国に国際裁判管轄が認められるということになる。また，それ以外にも，財産権上の訴えであればわが国に義務履行地がある場合（同法5条1号），不法行為に関する訴えについてはわが国に不法行為地がある場合（同条9号），不動産に関する訴えについてはわが国に不動産が所在する場合（同条12号）など，広くわが国に国際裁判管轄が認められることになる他，併合請求の場合には複数の請求の中のいずれかに管轄原因が認められれば，その他の請求についても管轄が認められることにもなる（同法7条）。

下級審による「特段の事情」の導入と最高裁による受容

しかし，国内裁判管轄に関する規定は，あくまで，紛争解決地を東京にするか，それとも，大阪にするかといった問題の解決のために用意されたものにすぎない。そこでは，裁判拒否といった事態を生じさせないために，様々な管轄原因が比較的広めに用意されており，また，その結果として原告住所地に管轄が認められやすいという結果になったとしても，紛争解決地が東京であるか大阪であるかといったレベルの問題である以上，被告にとってそれほど大きな不利益があるわけではないし，証拠調べ等との関係で手続遂行上の大きな不便が発生するわけでもない。しかも，移送の制度も用意されている。

だが，これが国際裁判管轄の決定ルールとして借用された場合

には，国境を越えて応訴せざるをえない被告に対して深刻な不利益をもたらす可能性があり，また，証拠が被告側の国に偏在するような際にも原告住所地に管轄が認められてしまうことで，手続遂行上の問題が発生してしまう可能性もある。

そこで，下級審裁判所は，前掲の「条理」に適う場合としては，民訴法の規定する裁判籍のいずれかがわが国内にあるときが原則であるとしつつも，そのような場合でも，「当事者間の公平，裁判の適正・迅速を期するという理念に反する特段の事情」がある場合には，例外的に国際裁判管轄が否定されるというように，最高裁が提示した前掲のルールを変容して使用するようになった。この変容ルールに従えば，「民訴法の規定する裁判籍のいずれかがわが国内にあるとき」であったとしても，被告の著しい不利益や証拠の偏在といった「特段の事情」の存在が認定される場合には国際裁判管轄は認められないということになる。つまり，「特段の事情」の導入により，国内ルールを国際ルールとして借用することから生ずる上述の問題が解消され，国際裁判管轄の決定において具体的に妥当な結論を導きやすくなったといえよう。こうした観点から，近時，最高裁も，国内裁判管轄ルールを借用しつつも「特段の事情」の例外を認めるという，下級審裁判所によって変容されたルールを自らも採用するに至っている（最判平9・11・11民集51巻10号4055頁〈百選89〉）。

他方，離婚訴訟に関しても，その直近において，最高裁は，昭和39年に打ち出した国際裁判管轄に関する上記ルールに従えばわが国に管轄が認められないはずであるが，管轄を認めないことが酷な結果を生じさせてしまうような事案につき，これまでとは異なるルール，すなわち，「当事者間の公平や裁判の適正・迅速

の理念により条理に従って決定」すべきとするルールを提示して国際裁判管轄を認めている（最判平 8・6・24 民集 50 巻 7 号 1451 頁〈百選 104〉）。

Column ㊷　**ルールの柔軟化を打ち出した最高裁判決**

　前掲の最判平成 9 年 11 月 11 日は，日本法人 X がドイツ在住の日本人 Y に対して契約に基づいて預託した金銭の返還を求めた事件であった。X はわが国に義務履行地管轄が認められる旨を主張したが，当該事案には，当該契約はドイツにおける業務委託を目的とするもので日本での訴訟は Y の予測の範囲を超えるものである，Y は日本人ではあるものの 20 年以上にわたってドイツに生活上および営業上の本拠を置いている，Y の防御のための証拠方法がドイツに集中している，X はドイツから自動車等を輸入していた業者でありドイツでの訴訟が過大な負担とはいえないといった事情が存在していた。そこで，かかる事情を掲げた上で，「我が国の国際裁判管轄を否定すべき特段の事情」があるとして，最高裁は，わが国の国際裁判管轄を否定したのであった。

　他方，前掲の最判平成 8 年 6 月 24 日は，日本人夫 X が，ドイツ人妻 Y に離婚等を請求した事件であった。これは，前掲の昭和 39 年の最高裁判決が示した基準，すなわち，被告住所地を原則としつつも，「原告が遺棄された場合，被告が行方不明である場合その他これに準ずる場合において」は原告住所地にも管轄が認められるという基準からは，わが国に国際裁判管轄が認められないような事案であったが，X にはドイツで離婚訴訟を提起できず，しかも，日本で離婚訴訟を提起せざるをえない事情があった。すなわち，Y が別に離婚訴訟をドイツで提起しており，離婚を認容する判決が下され確定していた。したがって，X が改めてドイツで訴訟を提起しても，訴えが不適法とされる可能性が高かった。他方で，当該ドイツ訴訟の X への送達が公示送達で行われたため，わが国の外国判決承認執行制度の下では当該ドイツ判決を承認することができず

(この点につき詳しくは，⇒297頁以下)，その結果，わが国では婚姻関係が解消されることなく続くという状況になっていたのである。かかる事情を認めた上で，最高裁は，前掲の昭和39年の最高裁判決は「事案を異にし本件に適切ではない」としつつ，上記のルールを提示したのであった。また，そこにおいては，その「判断に当たっては，応訴を余儀なくされることによる被告の不利益に配慮すべきことはもちろんであるが，他方，原告が被告の住所地国に離婚請求訴訟を提起することにつき法律上又は事実上の障害があるかどうか及びその程度をも考慮し，離婚を求める原告の権利の保護に欠けることのないように留意しなければならない」とも付け加え，最終的に「右の事情を考慮すると，本件離婚請求訴訟につき我が国の国際裁判管轄を肯定することは条理にかなう」と判示したのであった。

予測可能性の喪失

しかし，具体的に妥当な結論を導ける柔軟なルールというものは，予測可能性が低いルールでもある。一般的な訴訟についてのルールとの関係でいえば，比較的容易に民訴法上の裁判籍のいずれかが認められてしまう以上，国際裁判管轄が認められるか否かについての争いのポイントは，裁判官に「特段の事情」を認めてもらえるか否かという点に移ってしまった。すなわち，被告にとっては，自らが国境を越えて応訴せざるをえない場合の不利益について，あるいは自国側に証拠が偏在していることについて，どれだけ具体的に主張できるかが決め手になるのであり，また，原告にとっては，その逆の事実をどれだけ具体的に主張できるかが決め手になる。となると，裁判で徹底的に争ってみない限り，国際裁判管轄の有無は判明しないということになり，予測可能性は著しく損なわれ，本案以外の点で両者に課される負担も多大なものになってしまう。

また、以上は、離婚訴訟についてのルールにおいても同様である。酷な結果を招来せしめるような場合には既存のルールが適用されないというのであれば、すべては国際裁判管轄が認められること、あるいは認められないことに、どのような不利益が存在するかをどれだけ主張できるか次第ということになるからである。

　具体的妥当性の確保のためのルールの変容により、再び、予測可能性が失われてしまった。そうした状況を鑑みて、2011年、2018年、国際裁判管轄に関する明文の規定が設置されるに至ったのであった。

③　財産法関係事件の国際裁判管轄に関する明文規定

　2011年に設置された財産法関係事件の国際裁判管轄に関する明文規定は、しかし、現代的な要請に対応するための一部の例外を除いては、これまで判例により形成されたルールを基本的に踏襲するものである。ただし、国内裁判管轄規定を単純に借用することにより過大あるいは不明確になっていた点については、修正が加えられたといえる。

> **被告住所地管轄**

　まず、自然人に対する訴えについては、その住所が日本国内にあるときに、わが国に管轄権が発生するとする（民訴法3条の2第1項）。

　他方、「法人その他の社団又は財団に対する訴えについて、その主たる事務所又は営業所が日本国内にあるとき」に管轄があるとする（同条3項）。この点、国内裁判管轄規定を借用していた判例ルールの下では、「外国の社団又は財団」については「日本における主たる事務所又は営業所」の存在のみでわが国に管轄が認められていたが（同法4条5項参照）、現行法の下では、（通常そ

の主たる事務所・営業所は外国である以上）管轄が認められないことになる。

<u>契約債務履行地管轄</u>　次に，契約上の債務の履行の請求や不履行による損害賠償の請求などを目的とする訴えについては，「契約において定められた当該債務の履行地が日本国内にあるとき，又は契約において選択された地の法によれば当該債務の履行地が日本国内にあるとき」に管轄があるとする（民訴法3条の3第1号）。すなわち，契約上，債務の履行地が日本国内のいずれかの地と定められていた場合，あるいは，（そのような定めがなくとも）当事者が選択した契約準拠法上（通則法7条参照），債務の履行地が日本国内のいずれかの地に導かれる場合には，管轄を認めるとの規定である。

この点，国内裁判管轄規定を借用していた判例ルールの下では，「財産権上の訴え」については「義務履行地」とする規定しか手がかりがなく（民訴法5条1号参照），（国際事案では日本法以外が契約準拠法となる可能性があることを前提に）「義務履行地」の認定のための準拠法はどのように考えるべきか，損害賠償請求権に転化したとして損害賠償請求権の「義務履行地」の存在を理由に訴えができるのかなど，国際裁判管轄ルールとして用いるには不明確な点が多かった。

しかし，現行法の下では，「債務の履行地」の認定のために準拠法を用いることができるのは当事者が準拠法を「契約において選択」していた場合に限られ（通則法8条による場合は除かれる），「契約上の債務」そのものではない損害賠償債務の履行地は管轄原因となり得ないことが，条文上，明確となった。

もっとも，かかる「契約において定められた当該債務の履行

地」や「契約において選択された地の法」については,条文上,明示の合意によらなくてはならないとは定められていない。すなわち,債務履行地や契約準拠法の黙示の合意は必ずしも排除されておらず,今後の運用上,契約債務履行地管轄が認められるか否かにつき,必ずしも明確ではない場合が生じる恐れはある。

財産所在地管轄　財産所在地管轄については,「請求の目的が日本国内にあるとき」か（当該訴えが金銭の支払を請求するものである場合には）「差し押さえることができる被告の財産が日本国内にあるとき」に管轄が認められることとされ,後者については「(その財産の価額が著しく低いときを除く)」との留保が付されている（民訴法3条の3第3号）。その点で,国内裁判管轄規定を単純に借用した場合に比して,過剰な管轄権行使の余地が明文上排除されているといえる（同法5条4号参照）。

業務関連管轄　「事務所又は営業所を有する者に対する訴えでその事務所又は営業所における業務に関するもの」については,「当該事務所又は営業所が日本国内にあるとき」に管轄が認められる（民訴法3条の3第4号）。これのみでは国内裁判管轄規定を借用した場合と変わらないが（同法5条5号参照）,注目すべきは「日本において事業を行う者」に対する訴えについては,「当該訴えがその者の日本における業務に関するものであるとき」に管轄が認められるとする規定である（同法3条の3第5号）。すなわち,わが国に事務所・営業所を有していない者であっても,「事業」を行っていると認められれば管轄があるということになる。現代においては,インターネットの発達等により,わが国に事務所・営業所を有しなくても「事

業」を行うことがますます可能になっており,かかるニーズに対応した規定であるといえる。

> **不法行為地管轄**

「不法行為に関する訴え」については,「不法行為があった地が日本国内にあるとき」に管轄が認められるが,そこには「(外国で行われた加害行為の結果が日本国内で発生した場合において,日本国内におけるその結果の発生が通常予見することのできないものであったときを除く)」との留保が付されている(民訴法3条の3第8号)。国内裁判管轄規定を借用した判例ルールの下でも,かかる「不法行為地」については,「加害行為地」と「結果発生地」のどちらかが日本国内にある場合で構わないと解されてきたが,そのことを前提に新法では,「結果発生地」を理由とする管轄権の行使について,予見可能性の観点から一定の制限を設けたといえる。

なお,そもそも「不法行為」がなされたか否かが管轄決定のレベルにおいて争われるような事案につき,最高裁は,「被告が我が国においてした行為により原告の法益について損害が生じたとの客観的事実関係が証明されれば」管轄決定のレベルにおいては「不法行為」があったものとして不法行為地管轄の認定が可能であると判示していた(最判平13・6・8民集55巻4号727頁〈百選94〉)。かかる問題については現行法は触れておらず,そうである以上,この判例は依然として重要なものであるといえよう。

> **消費者契約・労働関係事件管轄**

グローバル化の進展により,現代においては,インターネット等を通じて消費者が外国企業と取引を行う,あるいは,労働者が外国で労務供給を行うといったことが,珍しくはなくなっている。しかし,消費者や労働者は,事業者・事業主との間にお

ける交渉力に乏しく，一方的に不利な管轄合意を締結させられてしまっていたという事態が容易に生じてしまう。ところが，国内裁判管轄規定を借用した判例ルールの下では，「特段の事情」の下での考慮の可能性については別段，少なくとも管轄原因のレベルにおいて，その特殊性についての配慮はなされていなかった。

この点，現行法では，「消費者からの事業者に対する訴えは，訴えの提起の時又は消費者契約の締結の時における消費者の住所が日本国内にあるとき」に管轄が認められるとし，さらに，「労働者からの事業主に対する訴えは」「労務の提供の地」が「日本国内にあるとき」に管轄が認められるとしている（民訴法3条の4第1項・2項）。なお，事業者・事業主から消費者・労働者に対する訴えは，原則として被告住所地のみに提起できるとされている（同条3項・3条の2）。

また，消費者と事業者，労働者と事業主の間における管轄合意については，消費者・労働者の利益を害さない一部の場合を除き，無効であるとしている（民訴法3条の7第5項・6項）。

> 専属管轄

専属管轄についても，明文の規定が置かれ，会社法上の訴え，登記・登録に関する訴え，登録型知的財産権（特許・商標等）の存否・効力に関する訴えについては，わが国のものである限りわが国に専属的に国際裁判管轄があると定められている（民訴法3条の5）。

> 併合管轄

客観的併合管轄については，請求間に「密接な関連があるときに限り」管轄を認めることができるとし，主観的併合管轄については，かかる要件に加えて，「訴訟の目的である権利又は義務が数人について共通である」または「同一の事実上及び法律上の原因に基づく」と

いう要件を充足する場合にのみ管轄を認めることができる（民訴法3条の6・38条前段）。

> 合意管轄・応訴管轄

合意管轄については，書面性（電磁的記録をも含む）を要求しつつ（民訴法3条の7第2項・3項），前掲（⇒248頁以下）の最判昭和50年11月28日が判示したように，「外国の裁判所にのみ訴えを提起することができる旨の合意は，その裁判所が法律上又は事実上裁判権を行うことができないときは」これを援用できないとしている（同条4項）。なお，同判決は「管轄の合意がはなはだしく不合理で公序法に違反するとき」には管轄合意は無効であるとしているが，かかる問題については現行法は触れておらず，そうである以上，この点の判示は依然として重要なものであるといえよう。

なお，応訴管轄についても，明文の定めが置かれている（民訴法3条の8）。

> 特別の事情による訴えの却下

以上のように，国際裁判管轄独自の管轄原因が定められるに至ったが，上述のように，かつての判例ルールの下では，（国内裁判管轄規定を借用する形で）管轄原因が認められたとしても，裁判所が「当事者間の公平，裁判の適正・迅速を期するという理念に反する特段の事情」を認める場合には，管轄が認められないとされていた（前掲（⇒252頁以下）の最判平9・11・11）。

そして，かかる枠組み，すなわち，管轄原因が認められたとしても，裁判所が裁量により訴えを却下することができるという枠組みは，現行法下でも残存することとなった。すなわち，「特別の事情」がある場合の訴え却下である（民訴法3条の9）。

この点，かかる「特別の事情」の内容につき，「事案の性質，

応訴による被告の負担の程度，証拠の所在地その他の事情を考慮して，日本の裁判所が審理及び裁判をすることが当事者間の衡平を害し，又は適正かつ迅速な審理の実現を妨げることとなる」場合というように，若干の明確化がなされた面はある。しかし，この枠組みの下では，明示の管轄原因が示されていても，結局は裁判所の裁量次第で最終的な結論が決まるといわざるをえない。「特段の事情」の肥大化により予測可能性が喪失してしまったことが立法の1つの契機であったことに鑑みると，当初の立法目的が達成されたかという点において疑問が残る結果となった。

なお，かかる特別の事情による訴えの却下は，当事者が専属管轄合意を締結していた場合には適用されないことには注意が必要である。

④ 家族法関係事件の国際裁判管轄に関する明文規定

家族法関係事件については，財産法関係事件に比して，判例によるルール形成が必ずしも十分ではなかった。例えば，離婚訴訟の国際裁判管轄については最高裁判決によりルールが示されていたが，昭和39年に打ち出されたルールと平成8年に打ち出されたルールが異なっており，しかも，相互の関係が必ずしも明確ではなかった。また，離婚以外の領域においては，最高裁判例が存在していなかった。

かかる法的安定性に乏しい状況を受け，2018年，人事訴訟法，家事事件手続法の一部が改正され，以下のような家族法関係事件の国際裁判管轄に関する明文規定が制定されるに至った。

管轄原因の基本的な要素とされているのは，当事者等の①現在の住所等，②過去の住所等，③国籍，④財産所在地であり，問題

の性質ごとに，これらの要素の全部または一部が用いられ，また，一定の条件が付される形で，管轄の規定が置かれている。

> **人事に関する訴えの管轄**

まずは，人事訴訟法の3条の2以下に，「人事に関する訴え」についての国際裁判管轄の規定が置かれた。ここにいう「人事に関する訴え」とは，婚姻関係訴訟（婚姻の無効・取消し，離婚，協議上の離婚の無効・取消し，婚姻関係の存否確認の訴え），親子関係訴訟（嫡出否認，認知，認知の無効・取消し，実親子関係の存否確認，父を定めることを目的とする訴え），養子縁組関係訴訟（養子縁組の無効・取消し，離縁，協議上の離縁の無効・取消し，養親子関係の存否確認の訴え）を指し，以下のように共通の国際裁判管轄ルールが設定されている。

まず，「身分関係の当事者の一方に対する訴え」については，訴えられた当事者の「住所」（住所がない場合または住所が知れない場合には，居所）が日本国内にあるときにはわが国に国際裁判管轄が認められる（3条の2第1号。なお，第三者の提起する婚姻取消しの訴えのように，訴えられる当事者が複数存在する場合もあるが，その際に同条2号は，そのうち一方でも日本国内に住所（住所がない場合または住所が知れない場合には，居所）があれば足りるとしている。また，死後認知の訴えのように，訴えられた当事者が死亡している場合もあるが，その際に同条3号は「その死亡の時に」日本国内に住所を有していれば足りるとしている。さらに，身分関係の当事者以外の者が認知無効の訴えを起こすといった事案においては，訴えられた当事者の双方が死亡しているといった事態すら考えられるが，その際に同条4号は，一方だけでも「その死亡の時に」日本国内に住所を有していれば足りるとしている）。

しかし，訴えている当事者だけ日本国内に住所がある場合でも，「他の一方が行方不明」の場合や「他の一方の住所がある国においてされた当該訴えに係る身分関係と同一の身分関係についての訴えに係る確定した判決が日本国で効力を有しないとき」など，「日本の裁判所が審理及び裁判をすることが当事者間の衡平を図り，又は適正かつ迅速な審理の実現を確保することとなる特別の事情」がある場合には，わが国に国際裁判管轄が認められる（同条7号）。細かな点については別段，大きくは，上述した離婚に関する昭和39年最高裁判例と平成8年最高裁判例につき，両者の間に矛盾がないように整理した上で，これに沿った形での規定が整備されたといえよう。

　他方，これまでの判例からは必ずしも導かれない管轄原因も新設されている。まず，訴えている当事者だけ日本国内に住所がある場合でも，「最後の共通の住所」を日本国内に有する場合にもわが国の国際裁判管轄が認められる（同条6号）。「最後の共通の住所」は身分関係の当事者との関連が深く，訴えられた当事者もその地が法廷地となり得ることを予測することができ，証拠が存在する蓋然性も高い。ただ，当事者のどちらも現在わが国に住所を有していない場合にまで，わが国に管轄を認める必要性は低いため，かかるルールとなっている。

　この他，「身分関係の当事者の双方が日本の国籍を有するとき」にもわが国の国際裁判管轄が認められる（同条5号）。当事者双方が日本国籍を有している場合には，日本と密接な関連性があるとの評価に基づいたルールであるといえる。

> 関連請求の併合による管轄

次に，離婚の訴えの際にあわせて慰謝料も請求するように，一の訴えで「人事訴訟に係る請求」と「当該請求の原因である事実によって生じた損害の賠償に関する請求」をするような場合については，前者につき管轄が認められる場合には，後者についても認められるとされている（3条の3）。もっとも，「当該人事訴訟における当事者の一方から他の一方に対するものに限る」と括弧書きで限定されているように，応訴の負担への懸念から客観的併合のみが認められており，主観的併合については本条においては認められていないことには，注意が必要である。

なお，かかる規定により「人事に関する訴え」に管轄が認められるときに，その訴えに関連して必要な家事審判についても国際裁判管轄が認められる場合もある。「婚姻の取消し」「離婚」の訴えについて管轄が認められる場合の「子の監護者の指定その他の子の監護に関する処分」や「親権者の指定」（3条の4第1項），「嫡出否認の訴え」について管轄が認められる場合の「嫡出否認の訴えの特別代理人の選任」（家事事件手続法3条の4）などである。

> 不在者に関する審判の管轄

他方，訴訟の形態をとらない家事審判事件については，家事事件手続法の3条の2以下に事件類型ごとに国際裁判管轄の規定が用意された。

まず，不在者に関しては，「不在者の財産の管理に関する処分」については「不在者の財産が日本国内にあるとき」に管轄が認められる（3条の2）。

他方，不在者に対する「失踪の宣告」については，既に「不在

者が生存していたと認められる最後の時点において,不在者が日本に住所を有していたとき又は日本の国籍を有していたとき」に管轄を認める旨の規定が存在していた(通則法6条1項)。また,同条2項は,このような場合以外であっても,「不在者の財産が日本に在るとき」は「その財産についてのみ」,「不在者に関する法律関係が日本法によるべきときその他法律関係の性質,当事者の住所又は国籍その他の事情に照らして日本に関係があるとき」には「その法律関係についてのみ」,失踪宣告の管轄を認めている(不在者が日本人ではなく,日本に住所を有しない場合においても,不在者についての法律関係を一定の範囲で清算すべきことがあることから置かれた規定である)。しかし,「失踪の宣告の取消し」については規定が存在していなかった。

そこで,「日本において失踪の宣告の審判があったとき」,あるいは,(現在または生存していたと認められる最後の時点において)「失踪者の住所が日本国内にあるとき又は失踪者が日本の国籍を有するとき」に管轄を認める規定が置かれることとなった(家事事件手続法3条の3)。

| 親子に関する審判の管轄 |

養親子関係の成立に関しては,「養子縁組をするについての許可」,「特別養子縁組の成立」については,「養親となるべき者又は養子となるべき者の住所……が日本国内にあるとき」に管轄が認められる(家事事件手続法3条の5)。

他方,養親子関係の解消に関しては,その中でも「死後離縁をするについての許可」については,(現在またはその死亡の時に)「養親又は養子の住所」が日本国内にあるとき,または,養親および養子が日本の国籍を有した場合に管轄が認められる(同3条

の6）。

　また，「特別養子縁組の離縁」については，「養親の住所」または「養子の実父母又は検察官からの申立てであって，養子の住所」が日本国内にあるとき，「日本国内に住所がある養子からの申立てで」，「養親が行方不明」，「養親の住所がある国においてされた離縁に係る確定した裁判が日本国で効力を有しないとき」など，「日本の裁判所が審理及び裁判をすることが養親と養子との間の衡平を図り，又は適正かつ迅速な審理の実現を確保することとなる特別の事情」があるとき，「日本国内に住所がある養子からの申立てで」，「養親及び養子が最後の共通の住所を日本国内に有していたとき」または，「養親及び養子が日本の国籍を有するとき」に，管轄が認められる（同3条の7）。

　実親子関係に関しては，「親権」，「子の監護に関する処分」，「親権を行う者につき破産手続が開始された場合における管理権喪失」については，「子の住所」が日本国内にあるときに管轄が認められる（同3条の8）。

後見に関する審判の管轄

　後見に関しては，既に成年後見について，「成年被後見人，被保佐人又は被補助人となるべき者が日本に住所若しくは居所を有するとき又は日本の国籍を有するとき」に「後見開始，保佐開始又は補助開始の審判」の国際裁判管轄を認める旨の規定が存在していた（通則法5条。前者については，保護の必要性の判断に本人の状況の確認が必要であるとの趣旨から，後者については，日本人である本人を保護する必要がある場合も考えられることから，かかる規定となっている）。しかし，それ以外に明確な規定が存在していなかった。

そこで,「養子の離縁後に未成年後見人となるべき者の選任」,「未成年後見人の選任」につき,「未成年被後見人となるべき者若しくは未成年被後見人」の「住所若しくは居所」が日本国内にあるとき，または,「未成年被後見人となるべき者等が日本の国籍を有するとき」に管轄が認められる規定が置かれることとなった（家事事件手続法3条の9）。

扶養義務に関する審判の管轄　この他,「扶養の義務」については,「扶養義務者」であって「申立人でないもの」または「扶養権利者」の「住所」（住所がない場合または住所が知れない場合には，居所）が日本国内にあるときに管轄が認められる（同3条の10）。

相続に関する審判の管轄　相続に関する審判事件に関しては，被相続人の「住所」，住所がない場合または住所が知れない場合には「居所」，居所がない場合または居所が知れない場合には「前に……住所」が日本にある場合に，管轄が認められる（同3条の11第1項・2項）。

　他方，相続財産の管理等に関する処分等については,「相続財産に属する財産」が日本国内にあるときに管轄が認められる（同条3項）。

　なお,「遺産の分割に関する審判事件」については，国際裁判管轄の合意をすることが認められている（同条4項）。

財産分与に関する審判の管轄　「財産の分与に関する処分の審判事件」については，人事に関する訴えの管轄に関する規律と類似の規定となっている（同3条の12）。

　すなわち,「夫又は妻であった者の一方からの申立て」の場合

は「他の一方の住所（住所がない場合又は住所が知れない場合には，居所）」が日本にあるときに管轄が認められる他，「日本国内に住所がある夫又は妻であった者の一方からの申立て」で，「他の一方が行方不明」，「他の一方の住所がある国においてされた財産の分与に関する処分に係る確定した裁判が日本国で効力を有しないとき」など，「日本の裁判所が審理及び裁判をすることが当事者間の衡平を図り，又は適正かつ迅速な審理の実現を確保することとなる特別の事情」があるときにも管轄が認められる。

　この他，「日本国内に住所がある夫又は妻であった者の一方からの申立て」で「最後の共通の住所」が日本国内にあるとき，「夫であった者及び妻であった者の双方が日本の国籍を有するとき」にも，管轄が認められる。

　　　家事調停に関する管轄　　　また，家事調停に関する管轄についても，規定が置かれるに至っている。すなわち，「当該調停を求める事項」についての訴訟または家事審判につき「日本の裁判所が管轄権を有するとき」，「相手方の住所（住所がない場合又は住所が知れない場合には，居所）」が日本国内にあるとき，または，当事者が日本での家事調停につき合意をしたとき，管轄が認められる（同3条の13）。

　　　特別の事情による訴え・申立ての却下　　　なお，以上の規定により国際裁判管轄が認められる場合であっても，「事案の性質」，原告・申立人以外の当事者・関係者の「負担の程度」，「証拠の所在地」，未成年者である「子の利益その他の事情」を考慮して，「日本の裁判所が審理及び裁判をすることが」当事者等の間における「衡平を害し」，または「適正かつ迅速な審理の実現を妨げ」ることとなる「特別の事情」が

あると認めるときには、（遺産の分割に関して専属的管轄合意がある場合を除き）訴え・申立ての全部または一部を却下することができると定められている（人事訴訟法3条の5，家事事件手続法3条の14）。

5 国際訴訟競合

前述のように、国際裁判管轄の決定に関しては各国家の上位に位置する統一的なルールが存在しておらず、わが国を含めた各国は、原則として、自国の国際裁判管轄権をいかなる場合に行使するかにつき自国の国内法によって独自に定めている。しかも、わが国を含めた各国は、自国国民に対する裁判拒否といった事態を生じせしめないように、自国が管轄する範囲を比較的広めに設定している。そのため、同一の事件につき複数国で提訴がなされた場合に、どちらの国の国際裁判管轄ルールによっても、当該事件について国際裁判管轄が認められてしまうといった事態が発生することがある。これが、いわゆる国際訴訟競合という問題である。

この問題を放置すると、重複する内容を有する訴訟が複数国で並行して進んでしまい、複数の国で訴訟遂行を強いられる当事者の負担という点、訴訟経済という点、さらには将来的に矛盾抵触した判決が国際的に並存する可能性があるという点において、多数の弊害を発生せしめてしまうため、同一国内での訴訟競合が一定の規制を受けるのと同様に（二重起訴を禁ずる民訴法142条参照）、何らかの規律が必要とされることになる。

しかし、かつてのわが国の下級審裁判例は、かかる問題に対して積極的に解決を図らないという態度をとっていた。その際、形式的な理由づけとして、民訴法上の「二重起訴の禁止」の対象と

なる「裁判所」には外国の裁判所は含まれないという点が持ち出されることが多かった。しかし，その背後には，他国の裁判所に対して訴訟の却下を強制することができない以上，かかる問題の解決のためには自国において訴訟を却下するしかないという前提の下，そのような取扱いをした場合，本来は自国の国際裁判管轄ルールに従えば自国で訴訟遂行ができるはずである当事者に，他国での訴訟遂行を強制することになってしまうことは，外国での訴訟遂行の困難性という観点から酷であるといった価値判断が存在したと思われる。

　だが，ビジネス活動が国境を越えて行われることが珍しくはなくなった近時の状況下においても，あらゆる場合においてそのような価値判断が妥当するかは疑問であろう。そして，かかる問題意識を反映して，国際裁判管轄規定の立法過程においても，これを規律するための規定を新設するか否かが議論されるに至っている。最終的に明示の規定は置かれなかったが，近年の下級審裁判例の中には，外国での訴訟係属やそこでの訴訟の進行状況といった事実を，前述の「特段の事情」の1つとして考慮し，訴えを却下するものが登場してきており（東京地判平3・1・29判時1390号98頁），「特別の事情」として同様の枠組みが残存した現行法の下でも，注目に値する。

Column ㊸　当事者能力・訴訟能力・当事者適格

　国際訴訟においては，当事者の一方が外国人（以下，外国法人や外国における法人以外の団体も含む）である場合も多い。そして，その場合には，かかる者が，民事訴訟の当事者に一般的になりうるのか（当事者能力），単独で有効に訴訟行為ができるのか（訴訟能力），具体的な事件との関係で当事者として訴訟を追行し本案判決を求め

ることができるのか（当事者適格）について，どのように考えるかが問題となる。

前の2つの問題については，民事訴訟法中に規定があるものの，その解釈を巡って学説上の争いがあるため，これを問題とする裁判例が一定程度存在している。すなわち，民訴法28条は，「当事者能力，訴訟能力及び訴訟無能力者の法定代理は，この法律に特別の定めがある場合を除き，民法（明治29年法律第89号）その他の法令に従う」と定めているが，外国人については当該外国人の本国（以下，法人の場合は設立準拠法国を指す）の実体法における権利能力や行為能力に関する規定に従うと解する立場がある。

これに対しては，外国人については同条の適用はなく，当該外国人の本国の訴訟法における当事者能力や訴訟能力の規定に従うべきであるという立場が対立しており，さらに，どちらかの基準で能力が認められれば足りるという立場まで存在している。

しかし，当事者能力については，実体法が法人と認めるものに訴訟法が当事者能力を認めない法制はおよそ考えられず，また，法人以外の団体については，民訴法29条に「法人でない社団又は財団で代表者又は管理人の定めがあるものは，その名において訴え，又は訴えられることができる」という規定が別に存在するため，下級審裁判例の中でかかる学説の対立が結論を大きく左右したことは，実際にはほとんどなかったようである。

また，訴訟能力についても，実体法と訴訟法で成年年齢を別に定める法制がおよそ考えられないことに加え，民訴法33条に「外国人は，その本国法によれば訴訟能力を有しない場合であっても，日本法によれば訴訟能力を有すべきときは，訴訟能力者とみなす」という規定が別に存在しているため，その点では同様である。

そのためか，近時において，これら2つの問題が大きくクローズアップされた裁判例は見当たらない。しかし，最後の当事者適格の問題については，近時においてむしろ，さらなる検討が迫られてい

るような状況になってきている。

　すなわち，これまで学説は，実体準拠法によるとする立場，法廷地手続法によりつつ実体準拠法を考慮する立場というように，当事者適格の問題を一般的・概括的に議論する傾向があった。しかし，近時の裁判例を概観すると，例えば，訴訟担当については，東京地判平成3年8月27日（判時1425号100頁〈百選107〉）において，英国の保険会社Xの日本法人Yに対する保険代位に基づく損害賠償請求事件の中で，Xが筆頭保険者として他の保険者の権利についても任意的訴訟担当ができるかが争われている。他方で，法定訴訟担当については，東京高決昭和56年1月30日（下民集32巻1〜4号10頁），東京地判平成3年9月26日（判時1422号128頁）においては外国の破産管財人の原告適格が問題とされ，大阪地判昭和58年9月30日（下民集34巻9〜12号960頁），大阪地判平成7年5月23日（判時1554号91頁）で，外国で破産手続開始の決定を受けた者の被告適格が問題とされている。また，少し古いものであるが，米国の保険会社に対する保険金請求権についての債権者代位の事案についても，東京地判昭和37年7月20日（下民集13巻7号1482頁〈百選47〉）において，代位債権者の原告適格が問題とされている。

　このように，近時においては様々な形で当事者適格が問題にされるようになってきており，それぞれの問題類型ごとにより細かな検討をする必要が生じている。その上で，現時点で最も問題になっている訴訟担当については，クラス・アクションのように訴訟担当権限が訴訟法上生じているような類型はもっぱら法廷地法によるが，保険代位や債権者代位，破産管財人のように，訴訟担当権限が被担当者と担当者間の実体的な法律関係により生じているような場合には，弁護士代理の原則や訴訟信託禁止の原則といった絶対的な適用が要請される法廷地手続法上の強行規定には反しえないことを前提とした上で，その部分に関しては実体準拠法をみる必要があることは確かであろう（さらに，破産管財人の選定のように外国裁判所の決定

がある場合には当該決定の承認の問題も生ずる）。

3 送　達

① 国境を越える送達に関する国内法・条約

　わが国において国際裁判管轄が認められたとしても、当事者に適法な送達が行われなければ、わが国の裁判所における訴訟係属は認められない。しかし、被告が外国に所在しているような場合については、国内に所在する被告に対してなされているような方法、すなわち、郵便業務従事者等を使ってわが国の裁判所が直接に訴訟上の書類を交付するといった方法を行うことはできない。それは、送達という行為が、裁判所という国家機関が行う物理的な行為であり、ある国家（およびその手足となる者）が他国領土内において物理的な行為を行うことは、当該他国の同意がない限り、決して許されないという執行管轄権に関する国際法上の原則が存在しているからである。

　とすれば、この原則に反しないように、外国に所在する被告に訴訟上の書類を交付するしかないということになる。すなわち、そのためには、①相手国領土内における物理的な行為を相手国自身に行ってもらうか、②相手国領土内で自国がかかる物理的な行為を行うことを相手国に承諾してもらうしかないのであり、そのような観点から、民訴法108条は、①「その国の管轄官庁」に嘱託するという方法と、②その国で活動することが一般に認められている「その国に駐在する日本の大使、公使若しくは領事」に嘱

託するという方法（ただし，これらの者が送達に関する活動も行いうることを当該国に認めてもらうことが前提として必要である）という2つについて，明文をもって定めている。

ただし，以上のような方法を使えば前掲の執行管轄権に関する国際法上の原則には反しないとしても，ある外国に所在する者が被告となった場合に，その都度，当該外国に対して，①その管轄官庁に送達の嘱託を打診する，あるいは，②その国に駐在する大使・公使・領事が送達に関する活動を行うことを認めてもらうというのでは，送達の実施に多大な時間がかかってしまう。そこで，そうした時間を節約するべく，円滑な国際送達のための国際的な司法共助の体制が様々な形で構築されているのであり，わが国も多国間のものとしては，ハーグ国際私法会議により作成された「民事訴訟手続に関する条約（民訴条約）」および「民事又は商事に関する裁判上及び裁判外の文書の外国における送達及び告知に関する条約（送達条約）」の締約国になっており，二国間のものとしても，「日本国とアメリカ合衆国との間の領事条約（日米領事条約）」や「日本とグレート・ブリテン及び北部アイルランド連合王国との間の領事条約」といった二国間条約，さらに，その他の国々との間において二国間取決めを結んでいる。

② 国境を越える送達における手続の流れ

それでは，具体的にどのような手続の流れの下で，国境を越える送達は行われるのであろうか。

外国への送達　まず，わが国から外国に所在する者に対して行われる送達に関し，最も原則的な形態である相手国の管轄官庁に嘱託する場合については，以下の

通りになる。すなわち，①受訴裁判所から，わが国の裁判所を代表する②最高裁判所に要請がなされ，最高裁判所は，外国との関係が生じる問題につき責任を持って所管する③外務省に要請する。外務省は，相手国との折衝に責任を有する④相手国所在の日本の大使館等を通じて⑤相手国の外務省に要請し，そこから裁判所等の⑥相手国の送達実施機関に要請がなされ，最終的に⑦当該被告に送達がなされることになる（**図1**）。しかし，このような様々な機関を経ざるをえない手続によったのでは，送達だけで前述のように多大な時間がかかってしまう。

　そこで，相手国に駐在する大使・公使・領事に嘱託する方法，しかも，事前にそれらの者が送達に関する活動も行いうることを当該国に包括的に認めてもらっておくという手法が考えられることになる。このために，例えば，日米領事条約17条1項(e)(i)は，相手国に駐在する自国の領事による送達を相互に認めており，その下では，①受訴裁判所，②最高裁判所，③外務省，④相手国所在の日本の領事館，⑤当該被告というルートで送達がなされることになる（**図2**）。なお，当該相手国において送達という行為をなすことが認められたとしても，それは，かかる領事に当該相手国内における強制力の行使権限が認められたことは意味しない。したがって，かかる送達は当該被告が任意に受理する場合に限られざるをえない。

　他方で，相手国の管轄官庁に嘱託する方法の下でも，手続の流れの中で関与する機関を減らすことによって改善を図ることも考えられる。このために，例えば，送達条約は各国に送達の要請を受理する機関としての「中央当局」を指定させ，①受訴裁判所，②最高裁判所，③相手国の中央当局，④送達実施機関，⑤当該被

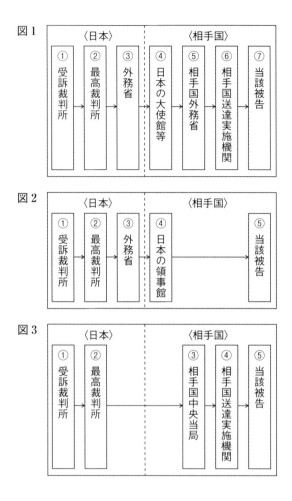

図1

図2

図3

告というルートで送達がなされることを可能としている（図3）。

---| 外国からの送達 |---

以上のような手続の流れについては，外国からわが国に所在する者に対して行われる送達についても同様であり，原則的な形態（①相手国の日本大使館を通じて②外務省が要請を受け，③最高裁判所を通じて④管轄

を有する地方裁判所が⑤当該被告に送達する)では時間がかかるところ,領事条約等の下でわが国に駐在する相手国の領事が送達する方法(ただし,当該被告が送達を任意に受理する場合に限られる)や,送達条約の下でわが国の「中央当局」である外務大臣(外務省)が直接に要請を受けるといった方法によって,改善が図られているといえよう。

なお,前掲の多国間・二国間条約や二国間取決めが,以上のような枠組みそれ自体の改善の他に,嘱託を要請する際のフォーマットの統一化を図る,さらには,翻訳文の作成や添付に関する問題,送達のための費用分担といった問題についても事前に定めておくというように,そうした枠組みの中で手続が円滑に流れるために,様々な工夫を施している点も注目に値する。

③ 米国からの直接郵便送達

もっとも,国境を越える送達においては,以上のような国際的な司法共助体制が条約等の力によって整備されているとはいえ,被告の下に訴訟上の書類が届くまでに複数の機関を経ることには変わりはなく,内国における送達に比べると,依然として多大な時間がかかることは否定できない。また,そもそも送達の目的は,被告とされた者に対して訴えが提起されていること,および,それがどのような内容の訴えであるかということを了知させる,あるいは,少なくとも了知する機会を与えることで,被告に対する手続保障を確保するという点にある。とすると,かかる目的のために,迅速な国際コミュニケーションの手段が多様に存在している現在においてもなお,依然として上記のような複雑な手続を使用し続けていること自体に疑問も生じてくる。

そうした問題意識を背景に，米国での訴訟のための送達が，当該訴訟において被告とされたわが国に所在する者に対して，近時，直接に郵便で行われるという事態が生じている。これは，多くの場合に裁判所自身は送達をせず，訴えの提起やその内容を原告自らが被告とされる者に通知するというシステムが米国においては採用されているため，生じている現象でもある（かかる通知が適法なものであったか否かは裁判所によって事後的に審査される）。

>執行管轄権に関する
>原則との関係

第1に，このような米国からの国境を越えた直接郵便送達については，前述した執行管轄権に関する原則との関係で国際法上当然に許されないのではないかが問題となる。

しかし，他国においては別段，米国においては，自国で訴えが提起されたことに関して他国に所在する被告に通知するということだけで，当該他国の国家主権を侵害するとみなされることの方がそもそもおかしいとの考え方が，実は，根強く存在している。

加えて，前掲の送達条約10条(a)においては，締約国が拒否宣言をしない限り，当該国に直接郵便送達を行う権能は妨げられないと規定されているが，ドイツなどとは異なり，わが国はかかる拒否宣言をしていない。とすると，米国からわが国への直接郵便送達に関しては，同条約との関係で，わが国が国際法違反を主張するのは難しいということになる。

もっとも，これに対してわが国政府は，ハーグ国際私法会議において，国境を越える直接郵便送達を国際法違反とみなすか否かという問題と，そのような直接郵便送達がなされた外国判決をわが国がどのように取り扱うかという問題は別であり，わが国が前掲の拒否宣言をしていないとしても，後述する外国判決の承認執

行との関係では、直接郵便送達によった外国判決であるということだけで承認拒絶が可能であるとするという趣旨の意見表明を行っている。

翻訳文の添付との関係　第2に、仮に、送達の目的が被告に対する手続保障にあるという点を強調し、後述する外国判決の承認執行との関係でも、直接郵便送達によった判決であるということだけで承認拒絶されることはないという立場に立った場合、かかる送達文書には翻訳文が添付されていないことが多いため、この点をどのように評価するかという問題がさらに生ずる。

この点については、学説上、翻訳文が添付されていない場合には一律に承認が拒絶されるとする見解と、当事者の語学力等を個々の事件ごとに個別審査すべきであるとする見解の大きく2つが対立している。送達の目的が被告に対する手続保障にあるという点を徹底するならば後者の見解が導かれることになろうが、他方で、送達の有効性が事後的にしか決まらないというのでは、応訴するか否かについての被告の態度決定に迷いが生ずる懸念があることを重視すれば、手続の明確性を重視する前者の見解が導かれることになろう。

なお、裁判例としては、被告の語学能力等を個別審査することなく、直接郵便送達の方法による翻訳文の添付なき米国判決の承認執行を拒絶したものとして、東京地判昭和63年11月11日（判時1315号96頁）、東京地判平成2年3月26日（金融・商事判例857号39頁）、東京地八王子支判平成9年12月8日（判タ976号235頁〈百選109〉）などがある。

4 証拠調べ

① 国境を越える証拠調べに関する国内法・条約

　送達が行われると，訴訟手続が本格的に始まり，当事者がそれぞれの主張を展開する段階になると，裁判所は，かかる主張を裏づけるために証拠調べをしなければならなくなる。しかし，かかる証拠調べの対象（以下，証拠方法という。文書等の物的なものと証人等の人的なものがある）が外国に所在する場合には，国境を越える送達と同様の問題が発生する。すなわち，証拠調べという行為が，裁判所という国家機関が行う物理的な行為である以上，前掲の執行管轄権に関する国際法上の原則に反しないような方法をとらなければならなくなるのである。

　そのような観点から，送達と同様に，民訴法184条は，①「その国の管轄官庁」に証拠調べを嘱託するという方法と，②その国で活動することが一般に認められている「その国に駐在する日本の大使，公使若しくは領事」に証拠調べを嘱託するという方法（ただし，これらの者が証拠調べに関する活動も行いうることを当該国に認めてもらうことが前提として必要である）の2つについて，明文をもって定めている。

　ただし，証拠方法が外国に所在すると判明した場合に，その都度，当該外国に対して①や②を打診するというのでは，証拠調べの実施に多大な時間がかかってしまう。そこで，そうした手続の円滑化のための多国間条約として，わが国も締約国になっている前掲の民訴条約に関連規定が置かれている他，この問題を専門に

取り扱う「民事又は商事に関する外国における証拠の収集に関する条約（証拠収集条約）」がハーグ国際私法会議によって作成されているが、かかる証拠収集条約についてはわが国は締約国になっていない。他方、前掲の日米領事条約など、証拠調べに関する規定が置かれている二国間での条約や取決めも存在している。

② 国境を越える証拠調べの手続の流れ

それでは、国境を越える証拠調べの具体的な手続の流れはどのようなものであろうか。

外国での証拠調べ

まず、外国に所在する証拠方法については、最も原則的な形態である相手国の管轄官庁に嘱託する場合については、送達と同様に、以下の通りになる。すなわち、①受訴裁判所から、②最高裁判所に要請がなされ、最高裁判所は、③外務省に要請する。外務省は、④相手国所在の日本の大使館等を通じて⑤相手国の外務省に要請し、そこから裁判所等の⑥相手国の証拠調べの実施機関に要請がなされることになる。しかし、このように様々な機関を経るのでは、証拠調べの実施までに多大な時間がかかってしまう。

また、手続円滑化のために各国に証拠調べの要請を受理する「指定当局」を指定させている民訴条約上も、①受訴裁判所、②最高裁判所、③外務省、④相手国所在の日本の大使館等、⑤相手国の指定当局、⑥相手国の証拠調べの実施機関というルートであり、費用の取扱い等を明確化するといった面では円滑化のための改善がなされてはいるものの、時間がかかるという点では大きくは変わらないといえる。

他方、相手国に駐在する大使・公使・領事に嘱託する方法につ

いては，例えば，日米領事条約17条1項(e)(ii)および(iii)は，相手国に駐在する自国の領事に宣誓させる権限と証人尋問や当事者尋問を行う権限を相互に認めており，その下では，①受訴裁判所，②最高裁判所，③外務省，④相手国所在の日本の領事館というルートにより要請され，証拠調べがなされることになる。もっとも，送達と同様に，この形態の証拠調べは証人や当事者が任意に証言する場合に限られるため，その点に問題を抱えているといえる。

>外国からの証拠調べの要請

以上のような手続の流れについては，外国からわが国における証拠調べの要請があった場合についても同様である。すなわち，原則的な形態（①相手国の日本大使館を通じて②外務省が要請を受け，③最高裁判所を通じて④管轄を有する地方裁判所が証拠調べを行う）では時間がかかり，民訴条約による場合もわが国は指定当局を外務大臣（外務省）としているため大きな違いはない。他方，領事条約等の下でわが国に駐在する相手国の領事が証拠調べを行う場合にはその点が改善される可能性は大きいが，任意に証拠調べに応じる場合に限られるという問題があるのである。

③ 米国の証拠開示手続・証言録取手続

このように，国境を越える証拠調べを行うためには，送達にも増して，多大な時間がかかってしまう。そこで，外国に証拠方法が所在する場合であっても，かかる司法共助の枠組みを用いずに自国の証拠調べの手続に組み込もうとする動きが，特に米国において顕著になっている。

>米国の証拠開示手続

第1に，米国においては，訴え提起後で正式事実審理に入る前に法廷外において，

事件に関してお互いが有する情報を開示しあうという証拠開示手続（discovery）が行われる。両当事者の実質的な公平を図るための制度であり、この段階で、両当事者は事件に関して自らが有する情報のすべてを開示しなければならず、仮に、事件に関係する文書を自己に不利なものであるからとして秘匿していたことが後に判明した場合には、当該事件において不利に扱われる可能性がある他、裁判所侮辱の名の下で制裁金や拘禁の対象となる。したがって、米国における訴訟の被告がわが国に所在する者であったとしても、制裁の可能性がある以上、関係文書については、わが国に所在するものも含め、すべて米国訴訟のために提出を強いられることになる。とすると、このような証拠開示手続の存在によって、米国は前述した司法共助の枠組みを利用しなくても、自国の訴訟手続のために外国に所在する事件に関連する文書を迅速に集めることができるということになる。

このような米国のやり方については、わが国のみならず諸外国においても批判が強い。しかし、このような方法のどこが問題であるのか、特に、前述した執行管轄権に関する原則との関係で本当に問題があるのかを厳密に検討すると、実は、かかる証拠開示手続で事件に関係する文書を集める限りにおいては、形式論としては、執行管轄権に関する原則には反しないと言わざるをえないことに気が付く。すなわち、外国に所在する関係文書を集めるに際し、米国の裁判所は何ら物理的な行為を当該外国の領土内で行っていない。あくまで、当該外国に所在するその関係文書を米国訴訟のために提出しているのは当事者なのである。もちろん、そのように当事者が行動するのは、前述した米国裁判所による制裁の可能性があるからであるが、しかし、米国裁判所も、そうした

制裁を物理的に執行する場合を米国の領土内に執行対象があるときに限定しており，やはり，領土外での物理的な行為は行われていないのである（したがって，わが国の裁判所が民訴法221条以下の文書提出命令を海外に所在する文書を対象として下したとしても，形式論としては，執行管轄権に関する原則には反しないということになる）。

米国の証言録取手続　もっとも，第2に，証拠開示手続の中には，文書の提出といったものだけではなく，証言録取手続（deposition）といったものがあり，これについては別途の考察が必要となる。これは，法廷外ではあるが，しかし，宣誓させる権限を有する者の前で，当事者や第三者に宣誓の上で証言を行わせ，その内容を文書化するという手続である。かかる証言録取手続は司法共助の枠組みと連携する形，すなわち，前述した相手国に駐在する大使・公使・領事に嘱託する証拠調べの一環として行われる。例えば，日米領事条約に従って米国の領事がわが国所在の領事館で証言録取手続を行うというようにも利用されてはいる。

しかし，ますます増加している日本企業を被告とする米国訴訟の件数に比して，わが国に所在する米国領事館の数は極めて限られており，順番待ちのために申し込んでから実際に領事館で証言録取手続が行われるまでには，かなりの時間を要する。また，領事館での証言録取手続に出席する米国の弁護士には特殊なビザによる入国が義務づけられており，その発給に時間がかかる。そこで，司法共助の枠組みとは連携させない形式での外国での証言録取手続，すなわち，将来的に手続違背を申し立てないことを両当事者間で合意し，かつ，米国の裁判所の承認を得た上で，領事館

以外の場所で，もちろん，領事の立会いがないままに，上述の特殊なビザを有しない米国の弁護士によるわが国での証言録取手続が現実には行われている。

この場合には，単に事件に関係する文書が提出される場合とは異なり，本来，わが国の同意がない限り行うことができない「宣誓をさせる行為」が物理的に行われ（領事については領事条約等によりかかる行為をわが国で行う権限が与えられているが，それ以外の者には通常与えられていない），その下で尋問，供述の録取といった一連の行為がなされるのであり，形式論としても，執行管轄権に関する原則に反しないと言い切れるかは問題であろう。

5 外国法の取扱い

① 「外国法の取扱い」という問題の体系上の位置づけ

前述のように，国際民事訴訟には，証拠方法が外国に所在する場合の処理など，事実認定の過程において特殊な問題が存在している。しかし，それに加え，法の解釈・適用の過程においても，適用すべき法が外国法であることが多いという特殊性があるのであり，この点をどのように処理すべきかが問題となる。

かかる外国法の取扱いという問題に関しては，伝統的には，（狭義の）国際私法における問題の一環として説明されることが少なくなかった。しかし，真の問題の所在は，外国法については一般に法内容に関する情報が日本法に比べて圧倒的に少ないという前提の下で，国際私法によって実体準拠法がある外国法と指定された場合に，当該外国法の法内容の調査等を行う段階において

（日本法とは異なる）特殊な取扱いが許されるかといった点にあるのであり，厳密には手続法上の問題といえる。したがって，本書においては，国際民事訴訟法における問題の一環として説明することとする。

なお，このような体系上の区分があまり意識されていなかった時代においては，かかる手続法上の問題が，準拠外国法とわが国の内国実体法秩序との関係という実体法上の問題と結びつけられた形で説明されることが少なくなかった。しかし，法内容に関する情報の少なさという外国法の特殊性を手続法上どのように評価するかという問題は，わが国の内国実体法秩序の下で準拠外国法がどのような資格で適用されるのかという問題とは，論理的には別の問題である。

Column ㊹　準拠外国法の性質論と内国実体法秩序の関係

　従来，準拠外国法の性質については，これは単なる「事実」にすぎず，当事者の主張・立証がなければ裁判所は適用できないとする「外国法事実説」と，裁判所が職権で調査し適用する「法律」と評価する「外国法法律説」の対立があった。「外国法法律説」の中ではさらに，国際私法の指定により内国法秩序に編入されると考える「外国法編入説」と，そのような編入がなされることなく適用されると考える「狭義の外国法法律説」が対立すると整理されることが多く，かかる整理を前提に「狭義の外国法法律説」が支持を集めていた。

　しかし，前者の対立が手続法上の取扱いを巡る対立であるのに対し，後者の対立は準拠外国法の実体法上の位置づけを巡る対立であって，それぞれは次元を異にする問題である。したがって，本書ではこれら 2 つの問題を区分し，前者の問題を国際民事訴訟法上の問題と位置づけた上で「5　外国法の取扱い」という項目を立てて説

明している。他方,後者の問題は,厳密には(狭義の)国際私法の問題ではあるが,従来,この問題につきどのような立場に立つかにより前者の問題の結論が変わるかのように語られることが多かったため,ここであえて言及することとしたい。

これまで「狭義の外国法法律説」が支持を集めてきた理由の1つとして,「外国法編入説」に立つと,そのことによって準拠外国法の解釈が,内国法でなされているような解釈に変質されてしまうといった懸念が持たれてきたことがある(そのために「外国法編入説」は「外国法変質説」と呼ばれることもあった)。しかし,後に述べるように,そのような論理必然の関係はなく,そのような懸念には実は根拠がない。

他方,もう1つの理由として,「外国法編入説」に立つと準拠外国法が内国憲法の下に直接に位置づけられることになり,例えば,両性不平等的な外国法が(内国憲法違反として)内国法と同様に一律に無効になってしまうのではないかといった懸念が持たれてきたことがある。すなわち,かかる懸念を有する者は,準拠外国法は内国憲法の下には位置づけられないが,通則法42条の公序の対象にはなると構成することで,不平等の甚だしい場合にだけ効果を認めないという結論が導けるとして,かかる構成を可能とする「狭義の外国法法律説」を支持するのである。

しかし,かかる「狭義の外国法法律説」が国際私法の法源を国内法に求めている現代においても論理的に成立しうるのかについては疑問がある。すなわち,19世紀に考えられていたように,国際私法の法源を国際法に求めるのであれば,国際私法は各主権国家の上位にある規範であることになり,かかる規範によって指定される準拠外国法も,各主権国家の内国法秩序とは切り離された形で適用の根拠を持つという説明が可能である。しかし,国際私法の法源を国内法に求めている現代においては,国内法である以上,国際私法も自らの上位にある憲法に違反することはできず,また,かかる国際

私法の授権により内国において効力を有することになる準拠外国法もそれは同様ということにならざるをえない。

したがって、現代においては「狭義の外国法法律説」は成立しえず、「外国法編入説」により準拠外国法の適用の根拠を説明せざるをえない。そして、準拠外国法の内国憲法違反を観念せざるをえないということになる（諸外国をみても、例えば、ドイツ連邦憲法裁判所は1971年に離婚者の再婚を禁止する準拠外国法を違憲とする判決を下している）。しかし、だからといって、外国法が内国法と常に全く同様に憲法違反になるという帰結が導かれるわけではない。すなわち、内国憲法の下での違憲性判断の際に、事案の国際性も当然に考慮されるのであり、外国法が適用されるような国際性が強いであろう事案において、純粋国内事案と全く同様に違憲性判断がなされることを前提にした前述の懸念は、実は根拠に乏しいものである。

② 外国法の主張・立証

少なくとも日本の実体法の適用を前提にする限りにおいては、法の適用が裁判所の専権事項であること、すなわち、当事者がこれにつき主張・立証をしなくとも（あるいは当事者がどのような主張・立証をしようともそれに拘束されず）、裁判所が職権で適用されるべき法を確定し、その内容を調査しなければならないことについて異論はない。しかし、（狭義の）国際私法が外国法を準拠実体法として指定している場合に、当該外国法の適用につき当事者が何ら主張していないような場合にまで、裁判所は当該外国法を適用しなければならないのか。当該外国法の内容につき当事者が何ら立証をしない場合であっても、裁判所は職権でその内容を調査しなければならないのか。そうした問題については、日本法

と全く同様に裁判所の専権事項とされることに実務上の抵抗感は小さくなく，また，学説の中にも，わが国の平均的な裁判官に日本法と全く同様の外国法の内容調査を求めることは現実的ではないと批判する見解もある。

　しかし，仮に，国際私法が外国法を準拠実体法として指定している場合であっても，当事者が外国法の適用を主張しない限り，裁判所には当該外国法を適用する義務がないとした場合には，（観念的なものであるにせよ）実体法上あるべき法秩序と民事訴訟において形成される法秩序との間に乖離が生ずることになってしまう。これは，契約締結時や不法行為時に実体法上の権利義務関係は（観念的なものであるにせよ）決まっており，後の民事訴訟の場では，かかる権利義務関係の存否や内容の確認作業が行われるという，近代法が前提にしている実体法と手続法の関係と大きく矛盾するものである。したがって，外国法の適用を当事者の主張に任せるといった政策を採用する場合には，少なくともその旨を明示した立法が必要であるといえよう。そして，そうした特殊な取扱いを定める明文規定が存在しない現行法の下では，適用されるべき実体法とされている限りにおいては外国法も日本法と同様に，当事者の主張のいかんを問わず，裁判所に適用の義務があると言わざるをえない。

　他方，外国法の内容の調査についても，同様の観点から，現行法の下では，外国法の内容につき当事者がどのような証明を行ったとしてもそれに拘束されることなく，裁判所は，当該外国法の内容を明らかにする義務を負うと言わざるをえない。また，仮に，外国法の内容の証明を当事者に任せるとした場合には，外国法の調査能力についての当事者間での力の差が，当該訴訟における有

利不利に直接に影響を与える可能性が高く，立法論としてもその妥当性に疑問を禁じえない。

　なお，現実の裁判例の中には，本来，外国法が準拠法として適用されるべきところ，裁判所も当事者もその点に一切触れないまま，日本法を暗黙の前提として判断が下されているものが少なからず存在している。また，大阪地判昭和35年4月12日（下民集11巻4号817頁）においては，外国法の内容につき当事者の証明がないことを理由に請求が棄却されている。このような裁判例が現実に生じてしまうその背景には，国際私法や外国法に関する基本的な知識や外国法の調査方法についての教育が現在の裁判官には十分に施されていないといった問題，さらには，外国法の調査が必要になった場合に，それに対処すべき体制が現在の裁判所に整えられていないといった問題がある。国際化の進展に伴い国際民事訴訟が増加の一途を辿る中で，こうした観点からの裁判官の教育システムや裁判所の法情報調査システムの改善が望まれる。

③　外国法の不明

　外国法の調査が行われたにもかかわらず，当該外国法の内容が最後まで明らかにならないといった事態もありえないわけではない。そのような外国法の不明の場合には，どのような処置がとられるべきであろうか。

　まず，かかる外国法の不明という問題が，国際民事訴訟法上の問題であるという点を再確認する必要がある。この問題についてはこれまで，外国法の不存在という問題と区別されることなく論じられることが少なくなかったが，論理的には両者は全く別の問題である。すなわち，外国法の不存在，例えば，当該外国法の中

に離婚に関する規定が欠けているといった場合，かかる規定の欠缺が当該外国法においては離婚が禁止されていることを意味すると解釈される限り，あとは離婚を禁止するような当該外国法の適用がわが国において公序違反といえるか否かが問題になる。このうち離婚に関する規定の欠缺が離婚禁止を意味するか否かという部分については，後述する外国法の解釈の問題であり，その限りでは手続法上の問題であるが，離婚を禁止する外国法の適用が公序違反になるか否かという部分については，（狭義の）国際私法上の問題が生じているにすぎない。これに対し，外国法の不明とは，外国法が存在することを前提に，その具体的な内容に調査が及ばない場合の処理を問題とするもっぱら手続法上の問題である。

この点で，外国法が不明な場合に，当該外国法の代わりに別の法規範の適用を認める学説や裁判例には疑問がある。すなわち，かかる学説や裁判例は，例えば，「条理」や「内国法」，「近似法（例えば，民族的・経済的・政治的に似通った国や立法の際に模範とした国の法）」，「補充的に連結される準拠法（例えば，当該外国法が段階的連結により選ばれたものであれば次順位で連結される法）」などを，当該外国法の代わりに適用する旨を説く。しかし，具体的な法内容に調査が及ばないという裁判時点の事情が，契約締結時や不法行為時に（観念的なものであるにせよ）既に決まっている準拠法を変更させるというのは，前述した実体法と手続法との関係に明らかに矛盾する。

もっとも，「条理」や「近似法」に言及する学説や裁判例の中には，これらを当該外国法に代わって適用されるものとして主張しているのか，それとも，これらを当該外国法の内容を推認する手掛かりとして用いられるものとして主張しているのかにつき，

5　外国法の取扱い

必ずしも意識的ではないものがある。もしも，後者の意味であるとすれば，その主張は，当該外国法の具体的な内容に調査が及ばない場合に，当該外国法を推認する際の指針として，当該外国と民族的・経済的・政治的に似通った国の法制や，当該外国が立法の際に模範としたと思われる国の法制を用いる，そして，最終的な推認の過程で「条理」を用いることを提唱しているにすぎないことになる。すなわち，かかる見解においては，外国法の不明という事態の下でも，適用されるのはあくまで当該外国法であるということになり，裁判時点の事情が遡って準拠法の選択に影響を与えてしまうといった批判は免れうることになる。もっとも，かかる見解が，適用すべき法規範の内容の確定に多大な労力がかかる可能性がある，最終的に適用すべき法規範の内容が明確化されなかった場合にどうすべきかが決まらないといった批判を免れえないことについては，認めざるをえないであろう。

④ 外国法の解釈

不明というレベルにまで至らなくとも，現在，訴訟で争われている問題については，当該外国法の明文規定からは必ずしも一義的な規範を導くことができないという事態も想定される。そのように外国法を解釈する必要が生じた場合には，わが国の裁判所はどのように対処するべきであろうか。

この問題に関しては，わが国の内国実体法秩序の下で準拠外国法がどのような資格で適用されるのかという問題と，論理的な関係があるかのように説明されることがこれまでは多かった。しかし，1つの実体法秩序の下で，厳密にみると，1つの法概念が領域に応じて複数の意味内容で用いられているといった事態は，そ

れほど珍しいことではない。したがって，準拠外国法はわが国の実体法秩序の一部に組み込まれる形で適用されるという立場の下でも，そうであるからといって，当該外国法上における概念がわが国で用いられているような意味内容に変質させられる必要はないし，そのようなことが許されるわけでもない。すなわち，準拠外国法とわが国の内国実体法秩序との関係という問題においてどのような立場に立つかにより，外国法の解釈という問題に何らかの影響が必然的に及ぶということはないのである。

むしろ重要なのは，日本法の解釈においても，ある法概念が厳密にどのような意味内容を有しているかは領域に応じて異なっており，その解釈に当たっては当該領域における裁判例や学説，その他の情報が様々に衡量された上で，当該領域において妥当性を有する何らかの規範が導かれているという点である。そうであるならば，外国法の解釈の場合でもそれは同じはずであり，当該外国における裁判例や学説，その他の情報を様々に衡量して，当該外国法の当該領域において妥当性を有する何らかの規範を導く努力が，裁判所に求められるということになろう。

具体的には，例えば，英米法において住所に相当する概念である「ドミサイル」は日本法上の住所とは異なる概念であり，英米法系に属する国によっても違いがあるから，準拠外国法の適用上この概念が問題になる場合には，当該外国で採用されている解釈に沿って適用すべきことは当然である。これは，適用すべき外国法の条文が統一条約を国内法化した場合でも同様であり，日本が当該条約を批准している場合でも，日本での解釈と当該外国での解釈は異なりうるわけであるから，安易に日本の解釈が適用されてはならない。

⑤ 外国法の適用違背と上告理由

民訴法318条1項は、原判決に「法令の解釈に関する重要な事項を含むものと認められる事件」については最高裁判所の裁量により上告が認められると定めており、312条2項6号は、それが「判決に理由を付せず、又は理由に食違いがある」と評価されるまで甚だしいものについては裁量の余地なく上告が可能であると定めている。また、325条2項、326条は、「判決に影響を及ぼすことが明らかな法令の違反があるとき」には、312条で定める事由がなくとも原判決の破棄差戻し、破棄自判ができるとしている。問題は、ここにいう「法令」に外国法が含まれるかである。

これについては、裁判所における外国法調査の負担軽減という観点から、あるいは、わが国の最高裁判所は内国法の解釈の統一を本来的な目的とするという観点から、ここにいう「法令」に外国法を含めないと考える立場もありえよう。

しかし、法解釈の統一という目的の背後にある理念、すなわち、裁判所への信頼の確保という観点からは、たとえ外国法についてであっても、法適用を誤った下級審判決が数多く放置されるという事態は好ましいものではなかろう。また、上告制度の目的は、法解釈の統一という点のみにあるわけではなく、誤った原判決について当事者に救済を与えるという点にも求められている。そして、かかる救済を求める当事者の立場からは、適用を誤ったのが内国法であるか外国法であるかは関係がなく、どちらの場合にも救済が認められるべきであろう。以上より、ここにいう「法令」には外国法も含まれると解されるべきである（最判平9・2・25家月49巻7号56頁も、これを基本的には認めている）。

もっとも，上記のように，「法令」に関する誤りが常に上告理由になる，あるいは，破棄差戻し，破棄自判を導くわけではない以上，最高裁の裁量や判断によって制限的な運用がなされる可能性があることは否定できないと言えよう。

6 外国判決の承認執行

① 外国判決承認執行制度の全体構造

わが国の裁判所により下された確定判決はわが国において既判力を有し，それが給付判決であれば債務名義として執行力を有する。そして，そのような効力が与えられる究極的な根拠は，そうした判決が当事者に必要な手続保障が与えられた上で下された公権的判断であるという点にある。とすれば，外国で下されたものであったとしても，わが国の裁判所に比肩するだけの信頼されうる機関による判断で，かつ，わが国で最低限必要とされるだけの手続保障が当事者に確保された上でなされたものであれば，わが国においても同様に既判力や執行力を認める余地があることになる。

他方，必要性という観点からは，外国で遂行し確定判決まで取得した訴訟のわが国での蒸し返しを防止するという点で，外国判決にわが国での既判力を認める必要が存在する。さらに，外国で確定判決は取得したが，強制執行すべき資産が当該外国には存在せず，もっぱらわが国に存在するような場合に対処するため，外国判決にわが国での執行力を認める必要も存在している。

そこでわが国においては，諸外国と同様に，「外国裁判所の確

定判決」であっても一定の要件を具備する限り自動的に承認して既判力を与え（民訴法118条），さらに，承認された外国判決の中でも執行判決請求訴訟を経て執行判決を得たものに関しては執行力をも与える（民事執行法24条・22条6号），外国判決承認執行制度が備えられている。

また，2018年の家事事件手続法の改正により，「外国裁判所の家事事件についての確定した裁判」についても，「その性質に反しない限り」民訴法118条が準用されることとなり（家事事件手続法79条の2），民事執行法24条，22条6号についても「家事事件における裁判」が含まれることとなっている。

② 外国判決の承認要件

それでは，外国判決にわが国の既判力や執行力を与えるために求められる要件とはいかなるものであろうか。

手続法的要件　第1に，前述のこの制度の実質的根拠の1つ，すなわち，それがわが国の裁判所に比肩するだけの信頼されうる機関による判断であるか否かを審査するための要件がある。

まず，「裁判所」による「確定」「判決」である必要がある（民訴法118条柱書）。国によってはわが国に言う「裁判所」「確定」「判決」と同旨のものを異なる名称で呼ぶ，あるいは，逆に異質なものをそのような名称で呼ぶこともあるが，重要なのはわが国の裁判所の判断に比肩するものか否かであり，わが国との同質性を実質的に判断する必要がある。

また，そのように静態的に同質性が認められたとしても，さらに，動態的，すなわち，国際裁判管轄権の行使という点でわが国

と同質か否かも審査されねばならない。これについては,「法令又は条約により」「裁判権が認められること」という形で,わが国から見て当該機関の国際裁判管轄権行使が許容されることが要求されている(民訴法118条1号)。なお,この点の判断基準につき,最高裁は,「当事者間の公平,裁判の適正・迅速を期するという理念により,条理に従って決定するのが相当」であり,「具体的には,基本的に我が国の民訴法の定める土地管轄に関する規定に準拠しつつ,個々の事案における具体的事情に即して,当該外国判決を我が国で承認するのが適当か否かという観点から,条理に照らして判決国に国際裁判管轄が存在するか否かを判断すべき」であると判示している(最判平10・4・28民集52巻3号853頁〈百選108〉,最判平26・4・24民集68巻4号329頁)。

　第2に,この制度の実質的根拠のもう1つ,すなわち,わが国で最低限必要とされるだけの手続保障が確保されていたか否かを審査するための要件がある。

　まず,最低限必要とされる手続保障の1つとして,応訴した場合は別段,敗訴の被告に送達がなされたことが要求されている(同条2号)。この点の判断基準につき,最高裁は,「被告が現実に訴訟手続の開始を了知することができ,かつ,その防御権の行使に支障のないものでなければならない。のみならず,訴訟手続の明確と安定を図る見地からすれば,裁判上の文書の送達につき,判決国と我が国との間に司法共助に関する条約が締結されていて,訴訟手続の開始に必要な文書の送達がその条約の定める方法によるべきものとされている場合には,条約に定められた方法を遵守しない送達は,同号所定の要件を満たす送達に当たるものではない」と判示している(前掲・最判平10・4・28)。なお,公示送達

を用いた場合に関しては，手続保障が確保されていたと評価することは実質的に困難なので，ここにおける「送達」から明文をもって除かれていることに，注意する必要がある。

次に，送達以外の点でも最低限必要な手続保障が確保されていたことが，「訴訟手続が日本における公の秩序又は善良の風俗に反しないこと」という形で要求されている（同条3号後半）。この点に関しては，実は，旧法においては明文規定がなかった。そのため，これを字義通りに取ると，送達はなされたとしてもそれ以外の点で著しく手続保障に欠ける裁判の末に下された外国判決であっても承認せざるを得なくなってしまうことになるが，それは問題である。そこで，送達以外の点でも最低限必要な手続保障が確保されていたことが，「手続的公序」といった名称の解釈上必要とされる要件として学説上唱えられるに至り，また，それが最高裁においても認められたため（最判昭58・6・7民集37巻5号611頁〈百選113〉），現行法において3号の中に明文化されたものである。

| 実体法的要件と政策的要件 |

ところで，以上は，わが国の判決ではないにもかかわらず既判力や執行力が与えられるために不可欠な手続的要素の有無を審査するための要件であるが，さらに，こうした手続法上の要件以外の要件具備も必要とされている。

その1つは「判決の内容」「が日本における公の秩序又は善良の風俗に反しないこと」という要件である（民訴法118条3号前半）。わが国が法廷地となる場合には，わが国の裁判所が準拠実体法たる外国法を適用して判決を下す際に，当該準拠外国法がわが国の実体法秩序の中核（公序）と著しく乖離していないかとい

う公序審査を受ける(通則法42条)。これと全く同様の審査を,外国が法廷地となり,外国の裁判所が何らかの法を実体法として適用した場合にも及ぼそうとするものであり,実体法的要件と言える(その意味で,3号の前半と後半は全く役割が異なるものである。にもかかわらず,最低限必要な手続保障という問題が,上述のように,単にこれまで「公序」の一環の問題として扱われていたために,同一の条文に併合されたにすぎない。実際,両者の審査基準が異なることは,旧民訴法の下でも,かねてから指摘されていた)。

もう1つは,当該外国がわが国の判決を同様に承認する制度を有していることを要求する「相互の保証」要件である(同条4号)。他の要件をすべて具備していても,当該外国がわが国の判決を承認しないのであれば,わが国も対抗して当該外国の判決は承認しないという態度を示すことで,世界各国がわが国の判決を承認することを促そうとする政策的な規定である。

③ 実質再審査禁止の原則

以上の要件が充足されているか否かは自動的に審査され,承認・不承認は外国で判決が下された時点で潜在的に決まっていることになる。しかし現実には,執行判決請求訴訟などの段階で,わが国の裁判所により要件を具備していたか否かが確認されることになる。その際には,上述のような承認要件の審査のために,当該外国判決の原本に表れている適用法規や認定事実はもちろん,そこに表れていない事実をも調査して斟酌する必要が当然に生じる。

ただ,そうした調査の結果,わが国の裁判所が当該事件に対する外国裁判所の事実認定や法の適用・解釈に関して異なる心証を

抱くに至ったとしても，それを覆すことは許されない。それを覆すことは紛争の完全な蒸し返しを意味し，必要な手続保障が与えられた上で下された公権的判断であれば外国のものであっても尊重しようとする外国判決承認執行制度の制度趣旨に真っ向から反することになるからである。かかる点は「実質審査禁止の原則」という名称の法理として諸外国においても確立しており，わが国の民執法24条2項においても，「執行判決は，裁判の当否を調査しないでしなければならない」という形で確認されている。

　もっとも，同法理の厳密な意味内容が従来不明確なままにされていたため，判決原本に表れていない事実を調査することがどこまで許されるかについて，学説上の混乱があったことも事実である。しかし，同法理の淵源は，訴訟経済といったものにはなく，その当時に裁判権を有していた王や領主相互の礼譲（相手の判断を尊重すること）にあったことを考え合わせると，同法理の内容は，「実体問題に関して外国裁判所がなした事実認定や法適用を『間違えている』と言ってはならない」という点のみにあると解されることになる（「間違えている」と言うには，事実認定や法の解釈適用のやり直しが必要である。しかし，これを行ってしまえば，もはや当該外国判決を「承認」したことにはならなくなる。つまり，この法理は，外国判決を承認するということはどういうことなのかを言い換えただけのものなのである）。とすれば，現地でどのような事実認定や法の解釈適用がなされたのかを確認するための調査作業は（それらを「間違えている」と言わない限り）いくらでも行って構わない。また，その結果として確認された適用法規が，わが国の実体法秩序の整合性を著しく損ねるような類のものであるか否かをチェックする公序審査も，いくらでも行って構わないことに

なる。

Column ㊺ 実質再審査禁止の原則に違反した可能性がある裁判例

実質再審査禁止の原則に違反した可能性がある裁判例として, 例えば, 東京地判平成 3 年 2 月 18 日 (判時 1376 号 79 頁) がある。これは, 後に紹介する米国の懲罰的損害賠償判決の承認執行が問題となった事件の第 1 審であり, 当該外国判決の中で認定された「事実のみから Y に『意図的不実表明』又は『重要事実の意図的隠蔽あるいは抑制』ありとするのは, 経験法則及び論理法則に照らしていかにも無理がある」と論じて, 公序違反により当該外国判決は承認拒絶されると判示したものであった。しかし, これは要するに, 当該外国裁判所の法解釈や法適用を「間違えている」と言っているのであり, (その認定事実からそれだけの懲罰的損害賠償を導くことになる当該外国のルールがわが国のルールからみてあまりに懸け離れているという点を問題にしたものであると善解しない限り) 実質再審査禁止の原則に反するものであった可能性が極めて高い。

④ 解釈上の争点

では, 以上のようなわが国の外国判決承認執行制度を巡る解釈上の争点としてはどのようなものが存在するのであろうか。

> 従来の争点

この制度を巡っては, 従来, 要件ごとに存在する様々な問題に対し論議がなされてきた。外国のいかなる機関のいかなる判断まで「裁判所」による「確定」「判決」と認めうるのか。外国裁判所が国際裁判管轄を有していたか否かの判断基準は, わが国の裁判所の国際裁判管轄の有無の判断基準と全く同じでよいのか。直接郵便送達が認め

られるのか。その際に，翻訳文の添付がなくてもよいのか（⇒268頁以下）。最低限必要な手続保障とはどの程度までを指すのか。公序審査の基準はわが国で裁判を行う場合の公序審査基準と全く同じでよいのか。どの程度わが国の判決を受け入れる国であれば「相互の保証」ありと言えるのか等である。

しかし，こうした従来の争点のほとんどは，要は，国際的活動の便宜のためにより多くの外国判決に既判力や執行力を与えるべきであるという価値判断と，わが国の既判力や執行力を獲得するからには相応の資格を有しているかを厳しく審査すべきであるという価値判断（あるいは，わが国の公序をわが国で裁判をする場合と同程度に守るべきであるという判断や，より多くの諸外国にわが国の判決に対する門戸を開放させようという判断），そのどちらを重視するかという問題に帰着するものにすぎなかった。

新しい争点 しかし近時に至り，この制度の根幹を問い直すような争点が新たに議論の対象となっている。

その1つは，同制度の承認対象の範囲という問題であり，実損塡補を超えた制裁を目的とする米国の懲罰的損害賠償判決が対象となるか否かが争われた事件を契機に論議の的となった（前掲東京地判平3・2・18，東京高判平5・6・28判時1471号89頁，最判平9・7・11民集51巻6号2573頁〈百選111〉）。制裁を目的とする判決をも対象に含めるべきであるとする立場も唱えられているが，これに対しては，対象に含めることは，実損塡補を中心とした国際的な私法生活への助力から，外国国家の何らかの国家政策の実現への助力へ，制度趣旨を解釈により大きく転換させることを意味するとの批判が加えられており，同制度の制度趣旨が改めて問

い直されることとなった。

　他方，同制度が付与する効力の対象についても，新たな研究課題になっている。これは突き詰めれば，わが国において既判力を有しないとされる非訟裁判，あるいは国有化収用措置など，外国の裁判所あるいはそれ以外の機関がなす「判決」以外の様々な国家行為のわが国における効力はどのような形で認められるのかという問題に帰着する。既判力と執行力の付与を予定する現行の制度の対象を拡大させ，その他の効力の付与にも用いるという考え方もあろうが，同制度はあくまで既判力と執行力の付与に関する制度と把握した上で，それ以外の効力に関してはその枠外の存在と捉えることも可能である。いずれにしても，いかなる場合にその効果が認められるのかを理論的に突き詰めていく作業が今後の課題になっていくと思われる。

⑤　家族非訟事件裁判の承認執行

　以上は，外国で下された「判決」の承認執行についてであるが，それでは「判決」以外の外国の裁判のわが国における承認執行についてはどうなるのであろうか。

　この点，近時に至るまで明文規定がなかった。そのため，学説上，準拠法所属国のみに国際裁判管轄を認め，当該国の裁判のみが万国において承認されるという見解がかつては支配的であり，かかる見解は，東京高判昭和33年7月9日（家月10巻7号29頁［マリアンヌちゃん事件］〈百選77〉）において，わが国に在住するスウェーデン人孤児の後見人としてスウェーデンの裁判所の裁判により選任された者が，当然のようにわが国においても後見人として認められていることの根拠としても持ち出されていた。

しかし，近時においては，外国の非訟事件裁判についても外国判決と同様か類似の要件により承認しようとする立場の方が大勢を占めるに至っており，そのような判示をした下級審裁判例もあった（東京地判平4・1・30判時1439号138頁，東京高判平5・11・15判タ835号132頁〈百選110〉）。そして，かかる傾向を反映し，2018年の家事事件手続法の改正の際，「外国裁判所の家事事件についての確定した裁判（これに準ずる公的機関の判断を含む。）については，その性質に反しない限り，民事訴訟法第118条の規定を準用する」との規定が新設されるに至った（79条の2）。

　この点，「性質」上，民事訴訟法118条の規定が準用されない例としては，非訟事件の中でも申立人以外の当事者が存在しないような事件類型における，同条2号の送達に関する規定が考えられる。

　他方，承認要件を充足する外国非訟裁判の執行に関しても，民事執行法22条6号における「外国裁判所の判決」に「家事事件における裁判」が含まれる旨が加えられる等，同年に改正がなされている。

第2章 国際倒産

1 国際倒産における問題の所在

　これまでに問題にしてきた裁判所による国際的な民商事紛争の解決は，主に二当事者間における紛争を前提としたものであった。しかし，民商事紛争は必ずしも二当事者間のみに止まるものだけではない。すなわち，多数の人々を巻き込むような形態の紛争もあるのであり，その典型ともいうべきものとして，債務超過に陥った者の限られた資産を巡って多数の債権者が相争う倒産という現象がある。そして，かかる倒産という現象が生じた場合に，その限られた資産を債権者に公平に分配する倒産処理手続を行うことも，裁判所の大きな役割の1つである。

　それでは，かかる倒産という現象が，国境を越えて生じた場合はどうであろうか。すなわち，国際的にビジネス活動を展開するような者が倒産状況に陥った場合に，債務者の資産が様々な国に偏在し，他方で債権者も様々な国に所在しているといった現象が発生する。そして，そのような場合に，ある国には潤沢な資産があるにもかかわらず債権者はほとんどおらず，他方で，ある国にはほとんど資産がないにもかかわらず金額の大きい債権を有する多数の債権者が存在するといった状況が生まれることがある。かかる状況下において，ある国の裁判所で倒産手続が始まったとし

ても、国際法上の執行管轄権の原則との関係で、国境を越えて他国における抜け駆け的な個別執行を禁止することは現実には難しく、また、債権の届出をした債権者に分配すべき資産も自国領土内に所在するものに止まらざるをえない。その結果、同じ債務者に対する債権者であるにもかかわらず、他国で抜け駆け的に債務者の資産に強制執行をして1人だけ債権の満足を受けるような債権者が出る。さらには、ある国で始まった倒産手続に債権を届け出た債権者については満額に近い配当が受けられたにもかかわらず、違う国で始まった倒産手続に債権を届け出た債権者についてはほとんど配当が得られないといった現象が発生してしまう。それが、すべての国の倒産処理手続において指導的な理念とされる公平という観念から問題であることは言うまでもない。

　このような国際倒産という問題の最も理想的な解決策は、債務者の資産をすべて合算した上で、それをすべての債権者に公平に分配するということになろう。そして、かかる理想的な解決の達成には、前章における検討、すなわち、国際民事訴訟を実効あらしめるために、いかなる国際協力体制がどのように構築されるべきかという視点からの検討が、大いに参考になる。

Column ㊻　BCCI事件 ------

　著名な国際倒産事件の1つとしてBCCI事件がある。これは、1991年に、世界中に支店や子会社を有する金融機関であるBCCI（Bank of Credit and Commerce International）が、粉飾決済を理由に、各国の金融当局により営業停止や資産凍結の措置を受けたことに端を発した世界規模の倒産事件である。破綻当時、BCCI東京支店は600億円の負債を抱えていたが、資産については大半が海外に送金されており、日本には40億円ほどしか残っていなかった。しかし、米国においてはかなりの資産が残っているなど、国によって資産の

偏りがあった。

　この事件が注目されたのは，その破綻の規模の大きさもさることながら，その解決において，各国に残された資産をルクセンブルクにおいて設定された基金にプールし，債権者に公平な配当が行われるように，各国での配当に必要な資金が分配されるというように，国際的な協力体制がとられたためでもあった（もっとも，かなりの資産を自国内に有していた米国は，かかる国際的な再分配のスキームには参加しなかった）。しかし，それが可能になったのは，BCCI の最大株主であるアブダビ政府が，自らに対する責任追及がなされないことを条件に，18億ドルとも囁かれる巨額の資金を，かかる基金に自主的に拠出したという背景があったからでもあった。したがって，結局のところ同事件は政治的に解決された部分が大きいといえ，他の事例において必ずしも参考にはならないともいえる。

　なお，国際倒産という問題は，このような世界規模でビジネス展開をする企業の破綻の場合についてだけ，検討しなければならないというものではない。すなわち，一国内でしかビジネス展開をしていないような企業が，資産だけは外国に有する，あるいは，（悪質な例ではあるが）破綻を目前にして資産を海外に移してしまうといった場合にも，同様の検討を行わなければならないことには注意する必要がある。

2　国際倒産の手続の流れと外国倒産承認援助法

　それでは，国際倒産はどのような手続の流れの下で，具体的に解決されるのであろうか。この点，かつてのわが国は，平成12年改正前の旧破産法3条1項が「日本ニ於テ宣告シタル破産ハ破

産者ノ財産ニシテ日本ニ在ルモノニ付テノミ其ノ効力ヲ有ス」と定め，同2項が「外国ニ於テ宣告シタル破産ハ日本ニ在ル財産ニ付テハ其ノ効力ヲ有セス」と定めていたため，外国に所在する資産を自国の倒産手続に組み込むこともしない代わりに，外国における倒産手続の効果が自国の資産に及ぶことも認めないという，完全な属地主義を採用していた（旧会社更生法4条にも同様の規定があった）。そのため，例えば，海外の管財人が海外における倒産手続に資するべくわが国で訴訟を提起するといったことが行われた場合に（あるいはその逆の場合にも），かかる行為を理論的に正当化することは難しく，学説もそのために困難な解釈論を余儀なくされていた。

　ところが，世界的には，経済のグローバル化が急速に進展するにつれ，国際倒産を国際的な協力を通じて積極的に解決しようとする気運は高まる一方であった。そして，それはついにUNCITRALによる国際倒産モデル法の作成作業を促し，1997年における採択にまでつながった。そして，かかるモデル法に依拠する形で，属地主義的な規定を一掃した上で，2000年にわが国で制定されたのが「外国倒産処理手続の承認援助に関する法律（以下，外国倒産承認援助法と呼ぶ）」であり，それに伴う形で倒産法制の整備もなされている。以下，その内容につき，手続の流れに沿ってみていきたい（なお，個人についての国際倒産は実際にはあまり想定できないので，以下では，法人その他の団体が債務者であることを前提に説明する）。

① 国際裁判管轄

　まず，国際裁判管轄については，破産については，当該債務者

が日本国内にその営業所，事務所または財産を有するときに，わが国に管轄が認められると定められている（破産法4条1項）。これに対し，会社更生については，当該会社が日本国内に営業所を有するときのみに限られると定められている（会社更生法4条）。

なお，かつてのわが国には，日本国内に所在する財産にしか倒産手続の効力が及ばない旨の規定が存在していたが，それが削除されたことについては前述した。しかし，執行管轄権の原則との関係上，かかる規定が削除された現在においても，他国に所在する資産をわが国の倒産手続の下に組み込むことは原則としてできない。それを可能にするには，あくまで当該他国の同意，例えば，後述するような外国倒産の承認援助の手続を当該他国が有しており，わが国の倒産手続に対してそれが適用されることが必要である。

また，同一の債務者に対して国際的な倒産手続の競合が起こる場合がある（並行倒産）。かかる場合，特に内国倒産手続と外国倒産手続が競合した場合の規律につき，外国倒産承認援助法は，まずは，原則として内国倒産手続が優先される旨を定めている（外国倒産承認援助法57条1項・59条1項）。しかし，例外的に，以下の場合には，外国倒産手続の方が優先されることになる。その場合とは，外国倒産手続を，主たる営業所がある国で申し立てられる「外国主手続」と，それ以外の「外国従手続」に区分することを前提に（同法2条1項2号・3号），①当該外国倒産手続が外国主手続であり，②当該外国倒産手続について後述の援助の処分をすることが債権者の一般の利益に適合すると認められ，③当該外国倒産手続について後述の援助の処分をすることにより，日本国内において債権者の利益が不当に侵害されるおそれがない場

合である（同法57条1項・59条1項）。したがって，国際倒産競合については，当該外国の倒産手続が主たる営業所の所在地で行われているものか否かが，大きな決め手になるといえよう。

② 公　　告

倒産手続が開始されると，例えば，破産手続開始の決定や更生手続開始の決定が下された場合に，裁判所が知る限りの債権者等については個別に通知がなされることになるが，それ以外については破産手続開始の決定の公告，すなわち，官報への掲載で足りるということになる（破産法32条・10条，会社更生法43条・10条）。このような処理が認められているのは，緊急性や統一的処理の要請が働くという倒産手続の特性からであり，そのことは国際倒産という状況下でも同様である。このため，執行管轄権の原則との関係で，国際民事訴訟においては国境を越えた送達に大変な手間とコストがかかるという問題が，（物理的な行為が行われないため）国際倒産ではほとんど発生しないということになる。もっとも，かかる日本の官報への掲載のみで，海外に所在する債権者が不利益を被ることを防止できるかについては，政策上，問題があることは否定できないであろう。

③ 配　　当

債権者にとって最も重要な倒産手続におけるプロセスは，限られた資産がいかに公平に分配されるかである。しかし，様々な国に資産が所在する国際倒産においては，他国で個別執行により一定額を回収した債権者や，他国の倒産手続で一定額の配当を受けた債権者が，わが国の倒産手続において債権をさらに届け出てく

る可能性がある。この点、近時の改正によって、外国にある資産に個別執行をした債権者、あるいは、外国倒産手続において配当を受けた債権者については、他の同順位の債権者が自己の受けた弁済と同一の割合の配当を受けるまでは、配当を受けることができないと定められるに至った（破産法201条4項・109条、会社更生法137条）。もっとも、かかる配当調整の対象となるのは、わが国において破産手続開始の決定や更生開始の決定が下された後、すなわち、わが国の倒産手続の効力が及ぶに至った後に外国でなされた弁済や配当に限られることに注意すべきである。

なお、限られた資産の公平な分配という観点からは、取戻権、別除権、相殺権、否認権といった倒産実体法上の権利義務関係が、国際倒産状況下ではどのように規律されるかも問題となる。もっとも、この点に関してはわが国に明文規定が置かれなかったため、解釈に委ねられているといえる。その際には、こうした倒産実体法上の権利が、物権、担保物権、相殺、詐害行為取消権の倒産時における特則というべきものである以上、第2編で説明したそれらに関する国際私法上の規律との整合性をも顧慮しなければならないであろう。

④ 外国倒産手続の承認援助

外国倒産承認援助法の下、一定の要件を具備した外国の倒産手続を、わが国の裁判所の決定を経た上で承認するという制度が用意されている。（執行においては別段）承認との関係では裁判所の関与を必要としない自動承認制度が採用されている外国判決承認執行制度とは、裁判所の決定を必要とするという点で異なる。他方で、外国判決承認執行制度における「承認」審査が、当該外国

判決にわが国の既判力を与えるか否か(さらには,一定の手続を経ることで執行力が与えられる存在として認めるか否か)という点を問題にしているのに対し,こちらの「承認」審査は,当該外国倒産手続に,わが国が援助するだけの資格があるか否かという点を問題にしているにすぎず,それ以外の法的効果が直ちに与えられるようなものではないという点でも大きく異なる。すなわち,一旦,かかる意味での承認がなされると,わが国の裁判所から,わが国における強制執行を禁止する,債務者の財産処分を禁止する,当該外国管財人に債務者のわが国における業務・財産の管理権限を与えるというような点において,援助を受けうる資格が当該外国倒産手続に与えられるのである。

それでは,いかなる要件を具備した場合に,かかる承認がなされるのであろうか。第1に,当該外国倒産手続が国際倒産管轄を有するものであることが要求されている。すなわち,この点につき外国倒産承認援助法は,当該外国において「債務者の住所,居所,営業所又は事務所がある場合」にのみ,これを認めている(外国倒産承認援助法17条1項)。第2に,①承認援助手続の予納がない,②当該外国倒産手続においてわが国に所在する債務者の資産に効力が及ばないとされている,③当該倒産手続に援助の処分をすることが公序に反する,④援助の処分をする必要がないことが明らかである,⑤外国倒産手続の進行状況その他の報告につき外国管財人が懈怠した,⑥不当な目的での申立てであることが明らかであるといった事由がある場合には,承認の申立てが棄却されると定められている(同法21条)。

これらを外国判決の承認要件と比較すると,第1に,管轄の審査という点では同様の構造を見出すことができるといえる。第2

に，最低限の手続保障という審査については，外国倒産の承認援助においては，承認後にわが国でなされる様々な援助の処分こそが重要であり，それらがすべてこれからわが国の裁判所によって行われる手続である以上，外国で既になされた手続の評価こそが問題である外国判決の承認と同様の審査は必要ないということになる。第3に，公序審査については同様の規定があるようにも思われるが，外国倒産の承認援助の方では，その枠組みの中で，かかる外国倒産手続に助力することでわが国が被るであろう影響を様々な角度から考慮する必要が生じてしまうため，「公序」の機能という点で，外国判決の承認とは実質をかなり異にするように思われる。最後に，相互の保証については，当該外国が同様の制度を有することを承認の要件にはしておらず，その点で外国判決の承認とは異なる政策を採用しているということになろう。

第3章 国際商事仲裁

1 国際商事仲裁とは何か

国際的なビジネス紛争と仲裁

これまで，国際的な民商事紛争を，特定の国家の裁判所を用いて解決することを前提に説明してきた。しかし，既述のように，一方の当事者は，相手方当事者の所在する国の裁判所で紛争の解決が図られる場合に，一方的に不利益を被る可能性がある。それは，立場が逆になれば相手方当事者にとっても同様であり，そのために，特定の国家の裁判所を用いて紛争を解決するという前提に立つ限り，国際裁判管轄を巡る争いに代表されるような様々な問題が生じてしまうことは否定できない。

それでは，どちらかの国の裁判所で紛争解決を行うという前提を変えたらどうか。すなわち，どの国の裁判所でも紛争解決を行わない，あるいは，紛争解決に特定の国の裁判所を用いないといった発想への転換である。かかる発想，すなわち，国際的な紛争の解決を国家の裁判所以外の機関で行うという手法は，実は，国際的なビジネス紛争の世界では古くから用いられていたのであり，一般に国際商事仲裁と呼ばれている。

国際商事仲裁においては，紛争の解決は，当事者が選定する仲裁人の指揮の下での仲裁手続に任されることになる。かかる仲裁

に関して，各国は，仲裁人の選任方法，審問手続のあり方，最終的に仲裁人により下される仲裁判断の効力，仲裁判断に対する取消しや執行の手続なども含め，国内法をそれぞれ独自に整備している。しかし，細かな点を除けば，その内容は相互に似通ったものになっており，しかも，広範な当事者自治を認めるものになっている。そのため，特殊な問題が生じない限り，ある国際的な紛争の解決のために進められた仲裁手続や仲裁判断は，どの国の仲裁法からみても有効とされることが通常である。こうした世界的な法整備状況を背景に，国際的なビジネス紛争の解決に仲裁が多用されるに至っているのである。

Column ㊼　UNCITRAL 国際商事仲裁モデル法とわが国の新しい仲裁法

　国際商事仲裁の伝統は古く，その淵源は近代国家の形成以前に商人間でなされていた紛争解決手続にまで遡ることができる。そのような時代における国際商事仲裁に広範な当事者自治が確保されていたのは当然であるが，そこで形成された当事者自治の伝統は，さらにその後に近代国家が形成され，各国独自に様々な領域で法規制が整備されるようになる時代になっても，各国の仲裁法の内容があい異なるという状況の発生を阻んだといえよう。

　だが，現代における各国仲裁法のハーモナイゼーションについては，UNCITRAL が 1985 年に採択した UNCITRAL 国際商事仲裁モデル法（以下，モデル法と呼ぶ）の存在を無視することができない。これは，国際商事仲裁に関して各国が立法する際に依拠可能な標準を確立することで，この領域における法の統一の実現を目的として作成されたものである。結果として，多くの発展途上国において自国法として採用された他，これに全面的には依拠しなかった様々な先進国の立法に対しても多大な影響を与えており，1976 年に採択された同委員会の仲裁規則とあいまって，国際商事仲裁の領域での

法統一に大きく貢献している。またその影響は,そもそもの対象である国際商事仲裁という枠を越えて,仲裁一般の法統一にも及んでおり,UNCITRALの活動における最大の成功例の1つとも評価されている。

2003年に成立したわが国の仲裁法も,かかるモデル法に大きく依拠して作成されたものである。仲裁に関してそれまでのわが国には,百年以上前に制定された法律しか存在しておらず,その弊害が少なからず指摘されていたが,国際的に通ずる内容を有する新法の成立により,国際商事仲裁を支えるわが国の法的インフラはさらに確かなものになったといえよう。

広範な当事者自治

かかる仲裁手続の下では,手続を指揮し最終的な判断を下す者が,特定国の裁判所に属する者ではなく,当事者により選定された者になるため,その限りで前述の一方当事者が被る不利益は解消されることになる。これは,紛争解決において従うことになる手続規則についても同様であり,一定の限度を超えない限り(その限度についても各国法はそれほど変わるものではない),当事者は自由に手続規則を設定できる。また,特定国の裁判所を用いる場合には当該国の裁判所内の法廷で手続を行わざるをえず,一方の当事者だけに当該国に出向くために国境を越えなければならないという不利益が生ずるが,仲裁においては審問場所がそのように1ヵ所に固定されることはなく,当事者が自由に設定することが可能である。さらに,手続に用いる言語という点でも,特定国の裁判所を用いる場合と異なり,当事者が自由に決めることが可能である。

Column ㊽ 仲裁機関

紛争解決において従うべき手続規則を当事者が自由に設定できる

といっても，何の手掛かりもないままに，そのような手続規則を作成できる当事者はおよそ考えられず，また，そのためには多大なコストや時間がかかる。また，仲裁手続を進めるに当たっては，書面の送付や日程の調整，審問場所の確保など，様々な事務が必要になり，かかる事務を両当事者から中立的な立場で行う者も必要になる。さらに，仲裁人を自由に選定できるといっても，どのような仲裁人候補者がいるのかについてすら全く知識を有しない当事者も少なくはなく，仲裁人候補者リストを参照させるというように，その点においても助力が必要となることが多い。

このため，世界には，国際商事仲裁の円滑な手続進行に助力するための様々な仲裁機関が存在している。著名なところでは，パリに本部を有するICCの内部機関であるInternational Court of Arbitration，ロンドンに本部を有するLondon Court of International Arbitration（LCIA），ニューヨークに本部を有するAmerican Arbitration Association（AAA）などがあり，わが国にも，国際商事仲裁協会がある他，海事事件を専門とするものとして日本海運集会所がある。

なお，これらの仲裁機関が行うのは手続規則の提供や事務手続，仲裁人候補者リストの提供（さらに，当事者が仲裁人を決められない場合等，仲裁人の選定を行う場合もある）などにすぎず，本案に関して手続を指揮し，最終的に仲裁判断を下すのは，あくまで仲裁人であることに注意すべきである。

費用負担

このようにみてくると，国際商事仲裁とは，いずれかの国の裁判所を用いる限り発生せざるを得なかった様々な問題を，いずれの国の裁判所も用いずに，（当該紛争限りのものではあるが）国際的な紛争解決システムを当事者の手によって構築することにより，解消するもので

あるということができる。もっとも、そのためには、(税金により報酬が支払われているといえる裁判官とは異なり) 仲裁人への報酬を当事者が払わなければならない他、(税金によって運営が維持されているといえる裁判所内の法廷を使わない以上) 審問場所の確保のためにも経費がかかる。また、円滑な手続進行のために仲裁機関に助力を頼む場合には、そちらにも費用等を支払わなければならない。このため、かかるシステムを国際的な紛争の解決に実際に利用できるのは、そうした費用を十分に負担できる企業だけということにならざるをえない。国際的な紛争の解決への仲裁の利用が、ほとんどすべてビジネス紛争に限られているのはこのためであり、かかるシステムの呼称が国際「商事」仲裁であるのも同じ理由による。

2 国際商事仲裁における手続の流れ

具体的な手続の流れ　それでは、かかる国際商事仲裁においては、具体的にどのように紛争解決手続が進められるのであろうか。

　仲裁手続は、判決と同様の既判力を有する（さらに一定の手続を経ることで執行力も有する）仲裁判断を下すことで紛争を解決する手続であり、その意味では裁判所における訴訟手続と本質を異にするものではない。したがって、手続の流れも訴訟と基本において変わることはないが、仲裁が有するいくつかの特質によって、訴訟とは異なる手続が付加される部分がある。

　また、国内仲裁とは異なり、国際商事仲裁においては、(一定

の場合に国家の裁判所に助力を求めざるをえないことを前提に）国際裁判管轄の問題や，準拠法選択の問題が発生するため，かかる観点から特別な問題を考慮しなければならない場合もある。

以下，手続の流れに沿って具体的にみてみよう。

1 仲 裁 合 意

訴訟においては，合意管轄や応訴管轄以外に様々な管轄原因が用意されており，そのような管轄原因が認められる場合には，被告に応訴する意思が全くなくとも，手続を進行させて判決を取得することが可能である。だが，特別の手続を利用しようとする当事者の意思に手続の究極的な根拠を有する仲裁においては，両当事者間に仲裁合意がない限り，仲裁手続を進めて仲裁判断を得ることはできない。しかし逆に，仲裁合意がある限りにおいては，各国法上，いずれかの当事者が裁判所で訴えを提起しようとしても，妨訴抗弁が成立し，かかる訴えは却下されることとなっている（モデル法8条1項，仲裁法14条1項。なお，モデル法ではさらに仲裁付託命令まで下すことになっている）。したがって，仲裁合意が有効に成立していることが，手続の端緒において重要であるということになる。

かかる仲裁合意の有効性は，4つの局面で問題とされる可能性がある。第1は，仲裁手続の中で仲裁合意の有効性が争われるという局面である。この場合，仲裁合意を根拠として仲裁判断を下す権限を与えられている仲裁人が，仲裁合意の有効性につき判断することは論理矛盾であるかのようにも思われるが，円滑な仲裁手続の進行を促進するため，各国法は，法律によりかかる権限を特別に与えている（モデル法16条1項，仲裁法23条1項）。第2

は，どちらかの当事者が仲裁合意の無効を主張しつつ裁判所に訴訟を提起した場合において，当該裁判所がかかる仲裁合意の有効性を判断するという局面である。そして，第3と第4は，後述する仲裁判断の取消しと仲裁判断の承認執行の局面である。

問題は，国際商事仲裁の場合に，仲裁合意の実質的な有効性をいかなる国の法で判断するかである。この点につき，有効な仲裁合意の存否が第2の局面で問題となった最判平成9年9月4日（民集51巻8号3657頁［リング・リング・サーカス事件］〈百選119〉）においては，仲裁合意の不存在を主張してわが国に訴訟を提起した原告が，第1の局面については別段，訴えが却下されるか否かを決する第2の局面においては，「手続は法廷地法による」の原則により日本法により仲裁合意の存否が判断されるべきであると主張した。しかし，最高裁は，「国際仲裁における仲裁契約の成立及び効力については，法例7条1項により，第一次的には当事者の意思に従ってその準拠法が定められるべきものと解するのが相当」であり，「明示の合意がされていない場合であっても，仲裁地に関する合意の有無やその内容，主たる契約の内容その他諸般の事情に照らし，当事者による黙示の準拠法の合意があると認められるときには，これによるべきである」と判示している。そこにおいて示された規律，すなわち，かかる準拠法を第一次的には当事者により選択された準拠法とする立場は，各国においても概ね共有されており，第3と第4の局面に関するものではあるがモデル法にもその旨の明文規定が置かれている（モデル法34条2項(a)(i)・36条1項(a)(i)，仲裁法44条1項2号・45条2項2号）。

Column ㊾　リング・リング・サーカス事件最高裁判決

　上記のような判示がされたリング・リング・サーカス事件は，原告Ｘが「本件契約の解釈又は適用を含む一切の紛争」を仲裁に付託する旨の仲裁条項を含む契約を締結していた訴外法人Ａではなく，Ａの代表者であるＹを被告として訴訟を提起したという事件であった。このように仲裁条項を含む契約を締結していた相手方の法人ではなく，その法人の代表者個人や被用者個人を訴えるという事件については米国に多数の裁判例があり，その多くは，たとえ訴えの相手が法人とは別人格である代表者個人や被用者個人であったとしても，仲裁合意の存在を認めるという立場をとっていた。そのため，同事件では，仲裁合意の実質的な有効性を決する準拠法が米国法になるか，それとも，「法人が締結した仲裁契約が，法人の代表者に関する紛争についても当然に適用されるというような解釈が一般的に妥当であるとは解されない」と第一審判決および第二審判決により位置づけられた日本法になるかが，争いになったのであった。

　この点につき最高裁が，かかる準拠法は第一次的には当事者により選択された準拠法であると判示したことについては上記の通りである。ただ，続く当てはめの部分で，最高裁が，Ｘ・Ａ間の準拠法を米国法とした上で，かかる米国法によればＸ・Ｙ間にも仲裁合意が認められるとした点には，考え方の道筋に関して問題があるように思われる。すなわち，争いのポイントはあくまでＸ・Ｙ間の仲裁合意の存否であり，そうである以上，これを判断するための準拠法については，（Ｘ・Ａ間ではなく）Ｘ・Ｙ間の黙示の準拠法合意を探求することにより決せられるべきである。そして，そのＸ・Ｙ間の準拠法上（これもおそらく米国法となろう），ＸとＡの間で取り交わされていた仲裁条項の存在等を斟酌すると，Ｘ・Ｙ間に仲裁合意が認められると結論づけられるとすべきであったのではなかろうか。

② 仲裁人の選定

次の段階は，仲裁人の選定である。訴訟においては，係属した裁判所に属する裁判官が当事者の意思とは無関係に割り当てられるが，仲裁においては，手続を指揮して最終的な判断を下す者を当事者が選定することができるのである。なお，仲裁人により構成される判断機関は，仲裁廷と呼ばれる。

仲裁人の数については，各国法上，当事者の自由な決定が認められており，当事者が決めていない場合には，1人とする国もあるものの，近年では3人とする国が多い（モデル法10条，仲裁法16条）。また，仲裁人の選定方法も当事者の自由な決定に任されているが，当事者が選定方法を決めていないときには，仲裁人が1人の場合には裁判所が選定し，3人の場合には当事者それぞれが仲裁人を1人ずつ選定し，選ばれた2人の仲裁人がもう1人を選定する（ただしかかる選定がなされない場合には裁判所が選定する）という方法を定めている国が多い（モデル法11条，仲裁法17条）。

また，このように選定された仲裁人に公正性や独立性を疑う事由があった場合には，当事者は，裁判所に忌避を申し立てることができる旨が，各国法上，定められている（モデル法12条・13条，仲裁法18条・19条）。

ところで，国際商事仲裁の場合には，以上のような形で仲裁手続に介入する裁判所はいずれの国の裁判所なのかという国際裁判管轄の問題が発生する。しかし，この点についても，当事者が「仲裁地」として定めた地が所在する国が国際裁判管轄を有するとの理解が各国で共有されており（仲裁法1条・5条参照），国際

民事訴訟の場合とは異なり，この点を巡って混乱が生ずるといった状況にはない。また，仲裁手続準拠法についても同様である。

Column ㊿ 仲 裁 地

　仲裁地は国際商事仲裁において国際裁判管轄や準拠法，そして，後述する（外国）仲裁判断の承認執行の問題を決する際にキーポイントとなる，最も重要な概念の1つである。まずは，かかる仲裁地なる概念が純粋に法的な概念で，審問を実際に行う場所とは異なる存在であり，当事者が自由に設定できるものであることを確認する必要がある。この点につきかつては混乱があったが，複数の国で審問手続を行う，あるいは，オンラインを使ってサイバースペース上ですべての手続を行う（その場合には審問場所を観念しえない）ことがそれほど珍しくなくなった結果，現在においては，このように仲裁地を法的概念に純化して考える理解が世界的に共有されているように思われる（モデル法20条2項，仲裁法28条3項参照）。

　その上で，第1に，かかる仲裁地は，様々な形で仲裁手続に介入する裁判所がいずれの国の裁判所なのかという国際裁判管轄を決する基準として働くことになる。すなわち，仲裁地国の裁判所が，仲裁人の選任や仲裁人の忌避の他，後述する仲裁判断の取消しの場面においても専属的な国際裁判管轄を有すると一般に理解されている。

　第2に，仲裁手続準拠法を決する基準としても，仲裁地は働くことになる。かつては，仲裁地国の法とは別の国の法を仲裁手続準拠法として当事者が選択することも可能であるとする見解も有力であったが，かかる見解が盛んに唱えられた当時は仲裁地と審問場所を峻別して考えるという発想がいまだ乏しかったため，そこにおいて「仲裁地」という名の下で想起されていたのは，もっぱら審問場所のことであったと考えられる。そうであるとすると，かかる見解は，審問場所と仲裁手続準拠法がずれうることを指摘したにすぎず，審問場所とは別に当事者が選択可能な仲裁地なる概念を設定し，仲裁地国の法が仲裁手続準拠法になるとする理解と，実質的な相違点は

ないということになる。そして，かかる理解の下では，専属的な国際裁判管轄を有する裁判所が介入する場合はもちろん，それ以外の場合でも，仲裁手続の有効性を担保している手続法は，仲裁地国の手続法であるということになる。

第3に，仲裁判断の承認執行の場面において，特に条約との関係で，当該仲裁判断が「外国仲裁判断」か「内国仲裁判断」かについて決する基準としても仲裁地は働くが，その点については後述する。

また，第4に，わが国の新しい仲裁法の下では，仲裁手続において本案につき判断をする際の実体準拠法を選択するための準拠法選択ルールを決する基準としても働くことになるが，これについても後述する。

なお，このように国際商事仲裁における最も重要な概念であるにもかかわらず，当事者がこれを定めていなかった場合に，どのように仲裁地を決定すべきかという問題がある。この点，仲裁人が選定された後には，かかる仲裁人が定めることができるという点については世界的に共通理解がある（モデル法20条1項，仲裁法28条2項）。問題は仲裁人の選定前の段階であるが，わが国の新しい仲裁法8条は，「仲裁地が日本国内となる可能性があり，かつ，申立人又は被申立人の普通裁判籍……の所在地が日本国内にあるとき」には，わが国が国際裁判管轄を持ち，わが国の手続法が適用されると特別に定めている。

③ 審問手続

仲裁人が選定されると，かかる仲裁人の指揮の下で，審問等の手続がなされることになる。仲裁は，既判力や執行力ある判断により紛争を解決しようとする手続であり，前述のように，その本質においては裁判所における訴訟手続と変わるものではない。し

たがって，例えば，契約の成否を巡って争いが生じているのであれば，その成立の時点に遡り，契約の成立のために実体法上定められている要件につき，充足する事実があったか否かを認定する必要が生じてくる。その結果，かかる認定のために証拠調べ等が行われるのは，訴訟手続と同様である。

問題は，国際商事仲裁が扱うような国際事案において，かかる実体法としていずれの国の法を適用すべきなのか，実体準拠法の選択において依るべき準拠法選択ルールは何かである。この点，訴訟については，訴訟手続が係属している裁判所が所在する国の国際私法が適用されることに異論はないが，仲裁においては，この問題に世界的なコンセンサスがない。そこで，国際商事仲裁で争われる事案のほとんどが契約事案であり，契約に関しては，ほとんどの国の国際私法において当事者自治が採用されていることに鑑み，モデル法は，第一次的には「当事者が紛争の実体に適用すべきものとして選択した法」に従い，かかる選択がない場合には，第二次的に仲裁人が「適当と認める抵触規則」によるとしている（モデル法28条1項・2項）。

他方，わが国の新しい仲裁法は，第一次的には当事者自治，第二次的には「紛争に最も密接な関係がある国の法令であって事案に直接適用されるべきもの」の適用を定めており（仲裁法36条1項・2項），仲裁地がわが国である限り，かかる準拠法選択ルールの適用があるとされている（仲裁法3条1項）。この規定が，多くの事案で争いのポイントとなる契約準拠法に関する規定と解されるのであればともかく，それ以外の問題，例えば，不法行為や物権といった問題の準拠法決定についても当事者自治を認める規定であると解されるとなると，そのこと自体の当否という点におい

て，さらには，わが国の国際私法の規律との整合性という点において，理論的には様々な問題を孕むように思われる。

　もっとも，後述するように，仲裁は一審限りで終了するのが通常であり，しかも，仲裁判断取消事由や仲裁判断執行拒絶事由の中に実体法の適用違背がないことから，よほどの場合でない限り（例えば，外国に所在する不動産につき，当事者自治を根拠に当該外国法以外の法を適用して担保物権の成立を認定した仲裁判断が，当該外国での当該仲裁判断の承認執行の際に拒絶されるというような場合），実体準拠法の適用を巡って現実に問題が発生することはないであろう。

　なお，仲裁には，古くは「衡平と善」によって紛争を解決してきたという沿革を持つという特徴もある。このため，現代においても，当事者双方が明示に求めた場合などに，かかる「衡平と善」による仲裁手続を認める余地が残されている（モデル法28条3号，仲裁法36条3項）。

　また，仲裁においては，裁判とは異なり憲法上の「裁判の公開」義務が課されないため，審問等の手続は非公開で行われることが通常である。

④　仲裁判断とその取消し

　審問等の手続を通じて実体法の定める要件に該当すべき事実の有無が明らかになってくると，ついに本案について仲裁判断が下されることになる（もっとも，最終的に，仲裁合意が無効であるというように手続的要件を欠くといった仲裁判断が下されることもある）。判決とは異なり判断内容の公開の義務づけといったものがないため，どのような内容の仲裁判断が下されたのかも非公開と

されることも少なくはない（もっとも，最近では，仲裁手続への信頼を高めるため，当事者の同意を得た上で，自らが管理した仲裁判断の一部を仲裁判断集といった形で公開する仲裁機関が増加しており，そのすべてを公開する仲裁機関も登場してきている）。

かかる仲裁判断は判決と同様に確定する限り既判力を有することになる。しかも，当事者が訴訟ではなく仲裁という紛争解決手続を選択する理由の1つに，迅速な紛争の解決という点があるため，ほとんど全ての仲裁においては上訴審が用意されておらず，一審のみで確定するものとされている。したがって，仲裁判断が下された後には，もはや当事者は本案につき争うことができなくなる。

ただし，既判力が与えられる実質的根拠となる前提に瑕疵がある場合には，別である。すなわち，仲裁合意の有効性，仲裁人の選任手続，仲裁手続の指揮等において，最低限必要とされるだけの手続保障が当事者に確保されていなかった場合には，仲裁判断の取消しを裁判所に申し立てることが可能とされている（最決平29・12・12民集71巻10号2106頁参照）。そして，いかなる事由をかかる意味における仲裁判断取消事由として掲げるかについても，各国の定めはそれほど異なるものではない（モデル法34条，仲裁法44条）。また，かかる仲裁判断取消しの申立てに関する国際裁判管轄が，仲裁地国に専属的に与えられていることについても，世界的に共通理解があることについては前述した。

なお，最低限必要な手続保障の確保という点以外においても，仲裁判断取消事由として世界的に認められている事由がある。すなわち，法廷地において仲裁による解決が不可能とされている事項に対して仲裁判断がなされた場合や，仲裁判断の内容が法廷地

の公序に違反するような場合である（モデル法34条2項(b), 仲裁法44条1項7号・8号）。仲裁判断取消しについての国際裁判管轄が仲裁地国に専属する以上，ここにおける「法廷地」とは仲裁地ということになる。その結果，仲裁判断を下す場合には，仲裁地において仲裁可能性が与えられている事項であるか，仲裁地の公序に反しないかを考慮する必要があるということになる。

5 仲裁判断の承認執行

仲裁判断が両当事者を既判力という形で拘束することについては前述したが，負けた当事者が仲裁判断の内容にどうしても従わないという事態も生じうる。こうした事態は，企業間でのビジネス紛争が中心である国際商事仲裁においては，そのことでむしろビジネス界における信用を損ねる可能性があるためそれほど発生しないが，皆無というわけでもない。その場合，仲裁判断を強制執行する必要が出てくる。

もっとも，仲裁判断そのものに直接に執行力を与えている例は少なく，多くの国では，強制執行が求められている地の裁判所に申し立て，裁判所による一定の審査を受けた上で，執行力が付与されるという方法をとっている（モデル法35条・36条，仲裁法45条・46条）。かかる審査の内容，すなわち，執行拒絶事由については，仲裁判断の取消しにおいて取消事由として掲げられる事由とほぼ同じ内容を定める国がほとんどであるが，仲裁可能性や公序の審査においては，（仲裁地ではなく）強制執行が求められている地における仲裁可能性や公序が問題とされることに注意が必要である。

なお，強制執行が求められている地と仲裁地が異なる場合に，

（強制執行が求められている国の目から）当該仲裁判断を外国仲裁判断と位置づけ，自国を仲裁地とする内国仲裁判断と区別して取り扱う例が少なくない。また，かかる外国仲裁判断については，仲裁判断書の形式や用いられている言語等の点において，内国仲裁判断とは異なる部分があることは否定できない。そこで，内国仲裁判断と同様に外国仲裁判断の円滑な執行が実現されるように，1958 年に国際連合の主導により「外国仲裁判断の承認及び執行に関する条約（ニューヨーク条約）」が作成されており，現在に至るまでに 100 ヵ国以上の締約国を集めるに至っている。かかる多国間条約のおかげで，外国仲裁判断については，外国判決よりも国際的な承認執行が容易であるという状況になっている。もっとも，わが国の新しい仲裁法も含め，内国仲裁判断と外国仲裁判断を区分しないままに，仲裁判断の承認執行の規定を有する国も少なくはない（モデル法 35 条・36 条，仲裁法 45 条・46 条）。

Column ㊿　外国仲裁判断の承認及び執行に関する条約（ニューヨーク条約）

外国仲裁判断の執行に関しては，1927 年の「外国仲裁判断の執行に関する条約（ジュネーブ条約）」がそれまでにも存在していたが，仲裁地国と強制執行が求められている国の双方で執行判決あるいは執行決定を取得しなければならないなど，様々な欠点が指摘されていた。そこで，ICC が作成した草案を基礎に，国連経済社会理事会が条約草案を作成し，国連本部で開催された国際商事仲裁に関する会議において 1958 年に採択されたのが，「外国仲裁判断の承認及び執行に関する条約（ニューヨーク条約）」であった。現在においては 100 ヵ国以上の締約国を集めており，この種の多国間条約の中でも最大の成功例の 1 つとも評価されている。

3 国際商事仲裁の利点と限界

> 利　点

以上のように，国際商事仲裁は，国際的な民商事紛争の解決において極めて有効性の高い紛争解決手続である。その利点を整理するとすれば，以下のようになろう。

まず，国際民事訴訟と比較すると，これまでにも述べてきたように，特定国の裁判所を用いないため，どちらかの当事者が，相手方の所在する国の裁判所に行かざるをえなくなるために，一方的に不利益を被るといった事態を避けることができるという利点がある。また，多国間条約の整備により，判決に比べて仲裁判断の方が，外国における執行が容易である。

他方で，以下については国内仲裁においても同様に存在する利点であるが，当事者が判断権者である仲裁人を選定できるため，例えば，専門性の高い特殊な取引を巡る紛争については当該取引の専門家を仲裁人にするなど，紛争の特性に応じて専門的な知見を有する者を判断権者にすることで，質の高い判断を得ることができる。また，一審限りで手続を終了するのが通常であり，しかも，（裁判所内の法廷も裁判官も用いないため）審問の期日を連続的・集中的に設定するといった柔軟な対応が可能であるため，迅速な紛争の解決を実現することが可能である。さらに，非公開で手続が進められるのが通常であり，しかも，仲裁判断の内容についても非公開にすることが可能であるため，紛争解決手続を通じて企業の重要な情報が第三者に流出してしまうといった問題を発

生させることもない。そして，当事者・仲裁人・その他の関係者に守秘義務を課すといった方策を併せて行えば，紛争が発生から解決に至るまでのすべてを秘密にすることも可能である（紛争に巻き込まれているという事実それ自体が，自らの信用を損なうと考える企業も少なくはない）。

限 界　もっとも，このように利点の多い仲裁ではあるが，前述のように，費用がかかるという点に問題があるとはいえる。しかし，控訴審，上告審というように訴訟が長引いた場合の弁護士費用や，紛争がなかなか解決しないことそれ自体から生ずる損失までをも考え合わせると，仲裁の方が高くつくとは必ずしもいえない部分もある。

　むしろ，仲裁の問題は，当事者間に仲裁合意がない限り手続を行うことができないという，その本質的な限界にある。契約締結時に仲裁条項が挿入されなかった場合には，後の紛争発生時に相手方が仲裁による紛争の解決に応じようとしない，あるいは，そもそも紛争解決そのものに応じようとしないという状況にある限り，結局のところ，紛争解決については訴訟に頼る以外はないのである。

第4編
国際私法をとりまく現代的問題

Summary

本編では,伝統的な(広義の)国際私法の規律に少なからぬ影響を与えている現代的な問題につき解説がなされることになる。より具体的には,グローバル化の急速な進展,インターネットに代表されるような科学技術の革新,実質法のレベルにおける私法と公法の区分の相対化といった現代的な問題が,既存の(広義の)国際私法の規律にどのような動揺を与えているのかについて,説明されることになる。

以上を通じて（広義の）国際私法につき説明してきた。しかし，現代におけるグローバル化の進展，科学技術の革新，私法の公法化といった現象は，かかる分野においても少なからぬ影響をもたらしている。以下では，そのような国際私法をとりまく現代的問題について説明を加えることとする。

1 法の統一や調和のための国際機関の活動

グローバル化の進展　近年におけるグローバル化の進展には目を瞠るものがある。迅速で廉価な国際的交通手段の発達によって国境を越えて人や物を移動することがはるかに容易になり，そのことが各国の経済の相互依存性をますます強めさせている。そしてそれは，国ごとに法（国際私法も含む）が異なるという現在の状況の問題性を強く意識させ，法の統一や調和のための様々な国際機関の活動を活発化させるに至っている。そして，現代の国際私法も，国際私法や実質法の統一や調和を促すためのかかる機関の活動の影響を受けざるを得ない。

ハーグ国際私法会議　そうした国際機関の中でも，国際私法という法分野に直接的な影響を有するものとして，ハーグ国際私法会議を挙げることができる。1893年以来，オランダのハーグに本拠を置いて，国際私法の世界的な統一のための条約の作成作業を続けており，60ヵ国以上の構成国を有し，今日に至るまでに（未発効のものを含め）40ほどの多国間条約を成立させている。もっとも，近年におけるその活動は，伝統的な国際私法の枠を超え，その周辺分野にも及んでいるといえ

る。

　わが国はその中でも，（狭義の）国際私法に関するものとして「子に対する扶養義務の準拠法に関する条約」，「遺言の方式に関する法律の抵触に関する条約」，「扶養義務の準拠法に関する条約」，国際民事手続法に関するものとして「民事訴訟手続に関する条約」，「外国公文書の認証を不要とする条約」，「民事又は商事に関する裁判上及び裁判外の文書の外国における送達及び告知に関する条約」といった条約を批准している。また，「国際的な子の奪取の民事上の側面に関する条約」も，批准している（⇒第2編第2章7⑦）。

| UNCITRAL（国連国際商取引法委員会） |

　また，国連の内部機関であるUNCITRAL（国連国際商取引法委員会）の存在も見逃せない。国際商取引法の統一や調和のために1966年に創設された機関であり，ウィーンに事務局を置き，これまでに様々な統一条約やモデル法，リーガル・ガイド，私的統一規則を作成している。実質法の統一や調和が主たる目的であるが，近時においては，かかる統一条約やリーガル・ガイドの中に，（狭義の）国際私法の規定が置かれるなど，国際私法の統一や調和にも影響力を持ち始めている（⇒*Column* ⑤）。

　それらのうち，わが国は，「UNCITRAL国際商事仲裁モデル法」に大きく依拠して「仲裁法」を制定し，「国際倒産に関するUNCITRALモデル法」に大きく依拠して「外国倒産処理手続の承認援助に関する法律」を制定している。また，「国及びその財産の裁判権からの免除に関する国際連合条約」を署名・受諾書寄託した上で（但し，同条約は未だ未発効である）「外国等に対する我が国の民事裁判権に関する法律」を制定し，「国際物品売買契

約に関する国際連合条約」も批准している（⇒245頁）。さらにUNCITRALの創設前に国連あるいは国際連盟の主導で作成された条約もあるが，その中では「仲裁条項ニ関スル議定書（ジュネーブ議定書）」，「外国仲裁判断の執行に関する条約（ジュネーブ条約）」，「為替手形及約束手形ニ関シ法律ノ或牴触ヲ解決スル為ノ条約」，「小切手ニ関シ法律ノ或牴触ヲ解決スル為ノ条約」，「難民の地位に関する条約」，「外国仲裁判断の承認及び執行に関する条約（ニューヨーク条約）」について，わが国は批准している。

UNIDROIT（私法統一国際協会） 　実質法の統一や調和のための国際機関としては，ローマに本拠を置くUNIDROIT（ユニドロワ。私法統一国際協会）の働きも重要である。国際商取引分野における多国間条約の作成を活動の中心としているが，近年においては，例えば「国際商事契約に関する一般原則」など，モデル法としても契約条項としても採用可能な法原則を提言することで法の調和を図るといった試みもなされており，その点でも注目されている。

その他の機関 　この他，法の統一や調和のために活動する公的な国際機関として，経済分野を中心に活動するOECD（経済協力開発機構），知的財産権の分野を中心に活動するWIPO（世界知的所有権機関），貿易に関する活動を中心とするWTO（世界貿易機関），法規制をも含めた様々な規格の統一化を進めるISO（国際標準化機構）など様々な存在があり，それらの近年の活動も無視しえないものになっている。

　他方，民間機関の存在も見逃せない。その最大のものは，ICC（国際商業会議所）であり，当事者が契約の一部として援用可能な私的規則，例えば，インコタームズ，荷為替信用状に関する統一

規則および慣例など，世界的に用いられる定型取引条件の作成をその活動の中心としている（⇒*Column* ⑤）。また，上記の国際機関における条約やモデル法の作成作業にもオブザーバーとして参加することが多く，そうした国際機関による統一法の作成作業にも一定の影響力を有しているといえよう。

また，新興のものとして，インターネット上のIPアドレスやドメイン名に関する統一ルールの作成や運用を行っているICANNの活動も，近時，注目されている。そこにおけるドメイン名紛争（あるドメイン名がどちらに帰属すべきかを巡って複数の主体が争うような紛争）の解決のためのドメイン名紛争処理ルールは，（わが国のドメイン管理団体をも含めた）多くの国のドメイン管理団体にも受け入れられ，1つの世界標準となっている。

これからの課題 問題は，近時においては，あまりにも多くの国際機関や団体が法の統一や調和のための作業をそれぞれ独自に行っているために，「統一法の抵触」とでもいうべき現象が，例えば，急速な発展が有望視されている電子商取引といった分野などにおいて，生じているという点である。

これに加え，近時は，EU（欧州連合）など，地域ごとに統一法を形成する動きも顕著であり，そのように複数の地域でそれぞれに統一法が確立していることが，地域を越えた普遍的な法の統一や調和の障害になっている面もある。もっとも，そうした問題意識は上記のような国際機関や団体においても共有されつつあり，類似のプロジェクトを進める国際機関や団体の間で情報交換を進める，さらには，複数の国際機関が共同でプロジェクトを進めることで，相矛盾するルールが構築されないように工夫するといっ

た動きもみられるようになってきている。

　また，多くの国々の利害が様々に対立する統一法の作成作業には，非常に時間がかかるという特徴もある。しかし，先端的な分野においては前提となる技術の変化が激しく，統一法の作成作業にあまりに時間がかかってしまうと，その間に各国それぞれに内容を異にする法の制定が進んでしまう，さらには，最終的に完成した統一法が既に時代遅れのものになっているという事態も生じている。そこで，近年においては，作成作業のスピードという点も重要視されており，例えば，電子メールや電話会議を多用するなど，作業の迅速化のために様々な工夫がなされるようになっている。

　また，これからの国際機関における統一法の作成作業においては，国際的な民間団体の働きをどのように取り込むかも重要であろう。すなわち，こうした民間団体の中には，当該分野における優れた専門家を揃えたものが少なくはなく，そうした団体と協力関係を保つことで，より実効的な統一法の作成が可能になるといえる。しかし，その際には，そうした民間団体が一定の産業の利益代表的な側面を有していることも忘れてはならないであろう。

2 科学技術の革新

| サイバースペースの拡大 |

　近時における情報技術（Information Technology）の革新，すなわち，インターネットやそれ以外の電子的通信手段によるサイバースペースの拡大には驚くべきものがある。それは，

従来の国際私法が前提としていた事項に変化をもたらし，一定の領域では，既存のルールの実効性に問題を突きつけている。

間接保有型証券の譲渡・担保提供

（狭義の）国際私法の領域では，例えば，物理的な書面が電子的なデータに変わるというサイバースペースの特質が，証券の譲渡や担保提供といった場面における既存のルールに変容を迫っている。すなわち，かつて株式や社債，コマーシャル・ペーパーといった「証券」が個々の物理的な券面という形でしか存在しえなかった時代において，それを国際的に譲渡あるいは担保提供するという場合にどの国の法律上の要件を具備しなければならないかについては，証券所在地の法に従うという原則が，わが国も含めて国際的に受け入れられていた（⇒ 224 頁）。しかし近年では，そうした個々の物理的な券面の代わりに「大券」なる一枚の券面だけを発行する，あるいは，そもそも全く券面を発行せずに，集中決済機関を頂点とするコンピュータ・ネットワークにより結ばれた証券会社や金融機関が電子帳簿上のデータとして投資家の権利を記録するという間接保有型の電子的な証券決済システムが世界的に発達し普及するに至っており，こうしたシステムを法的に裏づけるための実質法の整備もわが国も含めて世界各国で進められている。

問題は，そうした間接保有型の電子的な証券決済システムにおいては，準拠法に関する証券所在地法主義の原則が前提としていた個々の物理的な券面が存在しないということである。つまり，間接保有型の証券決済システムの下で国際的に証券の譲渡や担保提供が行われた場合に，どの国の法が準拠法となるのかが再び問い直されたのであり，また，その点が世界的に明確でないという

ことが，国際的な証券決済の実務において大きな懸念材料となったのであった。そしてその懸念は，ハーグ国際私法会議における「口座管理機関によって保有される証券についての権利の準拠法に関する条約」の作成プロジェクトの開始，そして，電子的な空間では権利の所在地が確定しえないという認識の下，権利の帰属という物権的な問題につき当事者自治を大幅に導入する同条約の完成へと繋がったのであった。

> インターネット取引と
> 国際裁判管轄

他方，国際民事手続法の領域では，例えば，物理的な接触がないままに連絡を取り合うことができるというサイバースペースの最大のメリットが，国際裁判管轄の決定という場面において，少なくとも一方の当事者は物理的な接点がないにもかかわらず外国での裁判へ巻き込まれてしまうというデメリットとして立ち現れている。

そして，そのデメリットは，一方当事者が一般消費者であったときにより深刻なものになる。すなわち，一般の消費者にとっては，見ず知らずの，しかも，いまだ行ったこともない遠い外国において裁判を行うなど，およそ考えられないことである。とすれば，消費者の居住する地で常に裁判ができるというルールが望ましいかというと，事業者側の立場に立てば，それも問題である。すなわち，事業者側にしてみれば，サイバースペース上での電子商取引とは，世界中のだれをも顧客にできるという特質を有するものなのであり，消費者の居住する地で常に裁判ができるということになれば，当該事業者は，理論的には全世界で訴訟に応じなければならないというリスクにさらされることになる。そのような状況は，現代においてはもはや電子商取引の振興が各国家の産

業政策の重要な一部となっているという点を重視する立場からは，望ましいものではない。

ただでさえ国際裁判管轄を巡る二当事者間の利害対立が先鋭化しているのに加え，消費者紛争という要素がそれをさらに深刻なものにしてしまう。この点，従来においては，消費者の住所地における事業者の誘引や広告の末に契約が締結されていたのであれば，当該契約紛争につき消費者は自らの住所地でも当該事業者を相手取って訴訟提起ができるといった形で，両者の利害関係の調整が図られることが少なくはなかった。しかし，事業者がインターネット上に宣伝用のウェブサイトを置くことが当たり前となった現代においては，かかる事業者は，全世界の消費者の住所地で「誘引や広告」を行っているとみなされる可能性が高く，かかる規律がもはや利害調整の機能を果たしえない可能性がある。そのため，欧州においてブラッセル条約の法形式をブラッセル規則に変更された際や，ハーグ国際私法会議における「民事及び商事に関する国際裁判管轄権及び外国判決に関する条約」の作成プロジェクトにおいても，かかる点が論議の的となり，(⇒*Column* ㊵)，近時のわが国の国際裁判管轄の新立法に至っては，民事訴訟法3条の4第1項にあるように，利害調整のための規律として採用されなかった。

もっとも，近年においては，かかる情報技術の革新・サーバースペースの拡大を国際民商事紛争の解決手続に大胆に導入し，当事者の少なくとも一方は紛争解決手続のために物理的な移動を強いられるという従来の前提を変革するための試みも始まっている。上述した ICANN のドメイン名紛争処理ルールの他，欧州における ECC-Net 等の国境を越えた苦情処理ネットワークやオンライ

2 科学技術の革新 341

ンADR，米国におけるネット決済機関によるオンラインADR等，様々な新たな紛争解決手法（Online Dispute Resolution）が既に実用化されている。そして，かかる状況を受け，UNCITRALは，Online Dispute Resolutionに関する国際統一規則の作成作業に乗り出すに至り，さらに，APEC（アジア太平洋経済協力）も同地域の統一規則の作成作業を始めている。

その他の技術革新 サイバースペースの拡大により新たに発生している問題は，もちろん，上記のものに止まるものではない。また，科学技術の進展により旧来の技術を前提とした既存の国際私法ルールの実効性が問題とされるといった現象は，情報技術の分野以外にも様々に見出されるようになっている。例えば，近年の生殖補助医療の進展は，卵子提供者と分娩者が異なるといった状況を生み出しているが，国際私法上，そのような場合にどのように母子関係を決する準拠法を選択すればよいのか，現在，世界的に大きな問題となっている（この点，わが国における状況については最決平19・3・23民集61巻2号619頁〈百選69〉を参照）。

3 公的規制の国際的適用関係

公法の国際的適用関係 これまで述べてきたように，わが国の国際私法の下での準拠法選択においては，ある私法的法律関係につきいかなる国の法律が適用されるかを決定するという手法が採用されている。そしてその際には，選択される実質法規自身が有している地理的適用範囲に関する意思は無

視される。すなわち，当該実質法規の地理的適用範囲については，国際私法自身により独自に再設定し直されるのである。したがって，例えば，日本における日本人とフランス人の間の契約関係を規律する準拠法をフランス法と指定した場合に，指定されたフランス法が，そもそもフランスの地以外で適用されることなど全く考えていなかったとしても，その点は無視され日本において当該法律関係に適用されるということになる。

　しかし，これに対して，憲法や刑法，行政法，独占禁止法，金融商品取引法といった公法の国際的な適用範囲の決定に際しては，そのような手法が採用されていない。例えば，独占禁止法の領域では，米国の独占禁止法は米国市場の公正のために適用され，日本の独占禁止法は日本市場の公正のために適用される（「公法の属地的適用」）。その適用範囲については，かつては，それぞれの国の地理的領域に制限されると考えられていたものの，近年に至っては，それでは市場の公正は守れないという観点から，双方ともその地理的領域を越えて適用を行うようになっている。その際に発生する法の抵触を極力回避するために講じられている方法は，例えば，「効果理論」と呼ばれる方法論に代表されるように，当該実質法規が有している地理的適用範囲の意思を考慮することを前提とするものである。そして，それがある一線を越えるようであれば，許されざる過剰な域外適用として糾弾されることとなる。つまり，公法の国際的な適用範囲の決定においては，当該実質法規が有している地理的適用範囲の意思そのものこそが重要なのであり，その手法と国際私法の手法との対照は明らかである。

> 私法の公法化と国際的な適用関係

ところで、現代においては、各国の実質法のレベルにおいて「私法の公法化」と呼ばれるような現象が生じている。すなわち、私人間の契約であったとしても、消費者保護法、借地借家法といった公的色彩を強く有する強行法規が介入し、私的自治の原則を大きく修正している。例えば、わが国においては、消費者保護の領域において、近年、「消費者契約法」、「特定商取引に関する法律」、「金融商品の販売等に関する法律」、「電子消費者契約及び電子承諾通知に関する民法の特例に関する法律」などが整備されている。こうした新しい法規の中の多くは、一方で、民法の特則として位置づけられながらも、他方で、消費者保護という公的な目的を達成するための極めて強行性の高いものとして整理されている（そのため、こうした法規は様々な行政制裁規定や刑事罰規定をも併有している）。

問題は、インターネットや電子商取引の爆発的な拡大に伴い、外国の業者と日本の消費者の間における取引（あるいは日本の業者と外国の消費者の間における取引）が増加する中で、そうしたわが国の公的な消費者保護のための規制が国際的にどのように適用されるのかが不明確であったという点である。その不明確さは、一方で、インターネットを通じた国際的な購買行動に出ようとする消費者を戸惑わせ、また同時に、インターネットを通じて国際的に商品を販売しようとする事業者をも困惑させていた。その意味において、少なくともわが国において、通則法11条により、消費者の常居所地の強行規定が（消費者が望む限りにおいて）契約準拠法に加えて適用される旨が定められたことは、かかる問題に対して一定の解を与えるものであったといえよう。

もっとも，こうした問題は，現代においては，消費者保護法の領域だけで発生しているものではない。むしろ，様々な領域で同様の問題が同時多発的に発生しているのである。

　例えば，近年においては，会社法の領域で，外国法人がわが国市場において社債を発行する場合（あるいは日本法人が外国市場で社債を発行する場合）において，わが国の会社法における社債管理者の設置強制の規定（会社法702条）や社債権者集会決議に関する規定（会社法716条）が適用されるか否かが問題となったことがあった。議論の中には，契約準拠法あるいは設立準拠法として送致されるべき規定として，選択される準拠法次第で適用の有無が変わるといった性質のものであるとの見解もあったが，他方で，準拠法選択のいかんにかかわらずわが国の市場で社債が発行される限りにおいては強行的に適用される性質を有する，金融商品取引法に類するような公的な規制であるという見解も有力に主張されていた（⇒*Column* ㉒）。

　また，倒産法の領域にも類似の議論が登場している。すなわち，国境を越えて活動する企業の国際的な倒産処理の必要性の高まりは，前述のように，近年における「外国倒産処理手続の承認援助に関する法律」のわが国における制定を促したが（⇒308頁），他方で，倒産実体法の分野において，否認の準拠法といった問題の議論を活性化させた。その際，否認の法的構造と詐害行為取消権の法的構造の同質性から，両者の連結点は一律に解されるべきであるとの見解も表明されたが，他方で，倒産処理手続の公的性質から，法廷地法の適用は自明であるといった見解も有力に主張されている。

　さらに，知的財産法の領域にも同様の議論が登場している。す

なわち，近年，外国特許権の侵害や外国著作権の侵害を理由にわが国に訴訟が提起されるような事件が登場しているが，その際，例えば，東京高判平成12年1月27日（判時1711号131頁）は，外国の特許権に基づいて差止めおよび廃棄請求を求めた原告の主張を，「外国特許権に基づく差止め及び廃棄の請求権については，法例で規定する準拠法決定の問題は生じる余地がない」として退けている。この判決に対しては，私法上の存在である特許権侵害の問題は準拠法選択の枠組みで規律されるべきであるとの立場から厳しい批判があるのに対し（例えば，同判決の上告審である最判平成14年9月26日（民集56巻7号1551頁〈百選51〉）は，そのような枠組みでの規律を行った），他方で，特許は国家の産業政策とも密接に関連する公的な存在であり，当該国の特許法の適用範囲はどこまで及ぶかといった公法の国際的適用範囲を決するための枠組みこそが相応しいという観点から同判決を評価しようとする見解も有力に主張されている（⇒219頁以下）。

加えて，直接に問題となったのは外国判決の承認執行の局面であるが，米国を代表とする英米法系諸国に存在する懲罰的損害賠償制度をどのように位置づけるかが，近年，大いに議論を呼んだのも記憶に新しい。これについては，その外形に着目して私法的な存在ととらえて外国判決承認執行制度の対象とする（法適用の局面では準拠法選択によって送致される範囲と考える）立場（その後は公序で処理）と，制裁というその目的に着目して公法的な存在ととらえて外国判決承認執行制度の対象には入らないとする（法適用の局面では準拠法選択によって送致される範囲には入らないと考える）立場が，大きく対立した。

| 「私法」と「公法」の境界線 | このような問題が発生するのは，かかる規制が「私法」「公法」といった従来の概念区分で必ずしも明確には割り切れない存在であるためである。すなわち，かつては私人間で発生する権利義務関係といった私的な事項に関しては損害賠償の有無や契約の有効性といった「私法」的解決方法が採用され，他方，国家や社会の利益が深くかかわる公的な事項に関しては行政制裁や刑事罰といった「公法」的解決方法が採用されてきた。しかし，現代においては，強行性の度合いが強い公的な事項の規律に関しても，私人が提起し私人が取得する損害賠償請求，あるいは，契約の無効化といった「私法」的な手法が多用されるようになり，他方で，私人間の権利義務関係の有無を判断する中で国家の産業政策や競争政策といった「公法」的要素を考慮せざるをえないような問題も増加している。

このように実質法の領域では，「私法」的な外形を有していても性質は「公法」的で強行性が極めて高い法規が登場しているにもかかわらず，法の国際的適用関係を規律する側の方では，これまで外形のみに着目して「私法」と「公法」を区分してきた。このため，例えば，消費者保護法のように，当事者が選択すればいかなる国の法を適用しても構わないとはいえない性格（すなわち「公法」的な性格）を有するものまで，「私法」の外形を有しているが故に自由な準拠法選択が可能であるということになり，その弊害を除去する（すなわち公的規制を介入させる）必要が出てくる。そして，その必要性は，例えば，国際私法の領域において，「強行法規の特別連結論」や「絶対的強行法規の介入」といった理論の展開を促した（⇒*Column* ㉖）。

しかし，かかる連結や介入を認める明文の規定がある場合には別段，そうした規定のないわが国の現行法下で，かかる理論を認めるのは解釈論上困難であろう。現行法の解釈論としては，むしろ直截に，法の国際的適用関係の規律においても，「私法」と「公法」の境界線を外形ではなく性質で判断する。そして，「公法」的な性質を有する法規については（「私法」的な外形を有していたとしても）「公法の属地的適用」の原則に従って，わが国のそれは適用されると導かれるべきであろう。裁判例の中にも，例えば，米国カリフォルニア州法を準拠法とする労働契約に対して，「属地的に限定された効力を有する公序としての労働法によつて制約を受ける」と示した上で，わが国の労働組合法を適用して解雇を無効とした東京地決昭和40年4月26日（労民集16巻2号308頁〈百選15〉）があったが，これについても，そのような整理の下で理解することが可能であると思われる（⇒*Column*②）。

もっとも，いかなる事項が「私法」的に取り扱われ，いかなる規定が「公法」的に取り扱われるかについては，不明確な場合が少なくはない。その意味において，消費者保護・労働者保護のための強行規定に関して，消費者・労働者が適用を望む場合には，消費者常居所地・労務提供地のそれが，当事者に選択された契約準拠法に介入する形で常に適用されると定める通則法11条・12条の存在は，実務的に有用な1つの明確化手法であるといえよう。

〔資　料〕

法の適用に関する通則法（平成 18・6・21 法 78）

施行　平成 19・1・1

第 1 章　総則

（趣旨）
第 1 条　この法律は，法の適用に関する通則について定めるものとする。

第 2 章　法律に関する通則　（略）

第 3 章　準拠法に関する通則

第 1 節　人

（人の行為能力）
第 4 条　人の行為能力は，その本国法によって定める。
②　法律行為をした者がその本国法によれば行為能力の制限を受けた者となるときであっても行為地法によれば行為能力者となるべきときは，当該法律行為の当時そのすべての当事者が法を同じくする地に在った場合に限り，当該法律行為をした者は，前項の規定にかかわらず，行為能力者とみなす。
③　前項の規定は，親族法又は相続法の規定によるべき法律行為及び行為地と法を異にする地に在る不動産に関する法律行為については，適用しない。

（後見開始の審判等）
第 5 条　裁判所は，成年被後見人，被保佐人又は被補助人となるべき者が日本に住所若しくは居所を有するとき又は日本の国籍を有するときは，日本法により，後見開始，保佐開始又は補助開始の審判（以下「後見開始の審判等」と総称する。）をすることができる。

（失踪の宣告）
第 6 条　裁判所は，不在者が生存していたと認められる最後の時点において，不在者が日本に住所を有していたとき又は日本の国籍を有していたときは，日本法により，失踪の宣告をすることができる。
②　前項に規定する場合に該当しないときであっても，裁判所は，不在者の財産が日本に在るときはその財産についてのみ，不在者に関する法律関係が日本法によるべきときその他法律関係の性質，当事者の住所又は国籍その他の事情に照らして日本に関係があるときはその法律関係についてのみ，日本法により，失踪の宣告をすることができる。

第 2 節　法律行為

(当事者による準拠法の選択)
第7条 法律行為の成立及び効力は，当事者が当該法律行為の当時に選択した地の法による。
(当事者による準拠法の選択がない場合)
第8条 前条の規定による選択がないときは，法律行為の成立及び効力は，当該法律行為の当時において当該法律行為に最も密接な関係がある地の法による。
② 前項の場合において，法律行為において特徴的な給付を当事者の一方のみが行うものであるときは，その給付を行う当事者の常居所地法（その当事者が当該法律行為に関係する事業所を有する場合にあっては当該事業所の所在地の法，その当事者が当該法律行為に関係する2以上の事業所で法を異にする地に所在するものを有する場合にあってはその主たる事業所の所在地の法）を当該法律行為に最も密接な関係がある地の法と推定する。
③ 第1項の場合において，不動産を目的物とする法律行為については，前項の規定にかかわらず，その不動産の所在地法を当該法律行為に最も密接な関係がある地の法と推定する。
(当事者による準拠法の変更)
第9条 当事者は，法律行為の成立及び効力について適用すべき法を変更することができる。ただし，第三者の権利を害することとなるときは，その変更をその第三者に対抗することができない。
(法律行為の方式)
第10条 法律行為の方式は，当該法律行為の成立について適用すべき法（当該法律行為の後に前条の規定による変更がされた場合にあっては，その変更前の法）による。
② 前項の規定にかかわらず，行為地法に適合する方式は，有効とする。
③ 法を異にする地に在る者に対してされた意思表示については，前項の規定の適用に当たっては，その通知を発した地を行為地とみなす。
④ 法を異にする地に在る者の間で締結された契約の方式については，前2項の規定は，適用しない。この場合においては，第1項の規定にかかわらず，申込みの通知を発した地の法又は承諾の通知を発した地の法のいずれかに適合する契約の方式は，有効とする。
⑤ 前3項の規定は，動産又は不動産に関する物権及びその他の登記をすべき権利を設定し又は処分する法律行為の方式については，適用しない。
(消費者契約の特例)
第11条 消費者（個人（事業として又は事業のために契約の当事者となる場合におけるものを除く。）をいう。以下この条において同じ。）と事業者（法人その他の社団又は財団及び事業として又は事業のために契約の当事者となる場合における個人をいう。以下この条において同じ。）との間で締結される契約（労働契約を除く。以下この条において「消費者契約」という。）の成立及び効力について第7条又は第9条の規定による選択又は変更により適用すべき法が消費者の常居所地法以外の法である場合であっても，消費者がその常居所地法中の特定の強行規定を適用すべき旨の意思を事業者に対し表示したときは，当該消費者契約の成立及び効力に関しその強行規定の定める事項については，その強行規定をも適用する。

② 消費者契約の成立及び効力について第7条の規定による選択がないときは，第8条の規定にかかわらず，当該消費者契約の成立及び効力は，消費者の常居所地法による。
③ 消費者契約の成立について第7条の規定により消費者の常居所地法以外の法が選択された場合であっても，当該消費者契約の方式について消費者がその常居所地法中の特定の強行規定を適用すべき旨の意思を事業者に対し表示したときは，前条第1項，第2項及び第4項の規定にかかわらず，当該消費者契約の方式に関しその強行規定の定める事項については，専らその強行規定を適用する。
④ 消費者契約の成立について第7条の規定により消費者の常居所地法が選択された場合において，当該消費者契約の方式について消費者が専らその常居所地法によるべき旨の意思を事業者に対し表示したときは，前条第2項及び第4項の規定にかかわらず，当該消費者契約の方式は，専ら消費者の常居所地法による。
⑤ 消費者契約の成立について第7条の規定による選択がないときは，前条第1項，第2項及び第4項の規定にかかわらず，当該消費者契約の方式は，消費者の常居所地法による。
⑥ 前各項の規定は，次のいずれかに該当する場合には，適用しない。
一 事業者の事業所で消費者契約に関係するものが消費者の常居所地と法を異にする地に所在した場合であって，消費者が当該事業所の所在地と法を同じくする地に赴いて当該消費者契約を締結したとき。ただし，消費者が，当該事業者から，当該事業所の所在地と法を同じくする地において消費者契約を締結することについての勧誘をその常居所地において受けていたときを除く。
二 事業者の事業所で消費者契約に関係するものが消費者の常居所地と法を異にする地に所在した場合であって，消費者が当該事業所の所在地と法を同じくする地において当該消費者契約に基づく債務の全部の履行を受けたとき，又は受けることとされていたとき。ただし，消費者が，当該事業者から，当該事業所の所在地と法を同じくする地において債務の全部の履行を受けることについての勧誘をその常居所地において受けていたときを除く。
三 消費者契約の締結の当時，事業者が，消費者の常居所を知らず，かつ，知らなかったことについて相当の理由があるとき。
四 消費者契約の締結の当時，事業者が，その相手方が消費者でないと誤認し，かつ，誤認したことについて相当の理由があるとき。

（労働契約の特例）
第12条 労働契約の成立及び効力について第7条又は第9条の規定による選択又は変更により適用すべき法が当該労働契約に最も密接な関係がある地の法以外の法である場合であっても，労働者が当該労働契約に最も密接な関係がある地の法中の特定の強行規定を適用すべき旨の意思を使用者に対し表示したときは，当該労働契約の成立及び効力に関しその強行規定の定める事項については，その強行規定をも適用する。
② 前項の規定の適用に当たっては，当該労働契約において労務を提供すべき地の法（その労務を提供すべき地を特定することができない場合にあっては，当該労働者を雇い入れた事業所の所在地の法。次項において同じ。）を当該労働契約に最も密

接な関係がある地の法と推定する。
③ 労働契約の成立及び効力について第7条の規定による選択がないときは、当該労働契約の成立及び効力については、第8条第2項の規定にかかわらず、当該労働契約において労務を提供すべき地の法を当該労働契約に最も密接な関係がある地の法と推定する。

第3節　物権等

（物権及びその他の登記をすべき権利）
第13条　動産又は不動産に関する物権及びその他の登記をすべき権利は、その目的物の所在地法による。
② 前項の規定にかかわらず、同項に規定する権利の得喪は、その原因となる事実が完成した当時におけるその目的物の所在地法による。

第4節　債権

（事務管理及び不当利得）
第14条　事務管理又は不当利得によって生ずる債権の成立及び効力は、その原因となる事実が発生した地の法による。

（明らかにより密接な関係がある地がある場合の例外）
第15条　前条の規定にかかわらず、事務管理又は不当利得によって生ずる債権の成立及び効力は、その原因となる事実が発生した当時において当事者が法を同じくする地に常居所を有していたこと、当事者間の契約に関連して事務管理が行われ又は不当利得が生じたことその他の事情に照らして、明らかに同条の規定により適用すべき法の属する地よりも密接な関係がある他の地があるときは、当該他の地の法による。

（当事者による準拠法の変更）
第16条　事務管理又は不当利得の当事者は、その原因となる事実が発生した後において、事務管理又は不当利得によって生ずる債権の成立及び効力について適用すべき法を変更することができる。ただし、第三者の権利を害することとなるときは、その変更をその第三者に対抗することができない。

（不法行為）
第17条　不法行為によって生ずる債権の成立及び効力は、加害行為の結果が発生した地の法による。ただし、その地における結果の発生が通常予見することのできないものであったときは、加害行為が行われた地の法による。

（生産物責任の特例）
第18条　前条の規定にかかわらず、生産物（生産され又は加工された物をいう。以下この条において同じ。）で引渡しがされたものの瑕疵により他人の生命、身体又は財産を侵害する不法行為によって生ずる生産業者（生産物を業として生産し、加工し、輸入し、輸出し、流通させ、又は販売した者をいう。以下この条において同じ。）又は生産物にその生産業者と認めることができる表示をした者（以下この条において「生産業者等」と総称する。）に対する債権の成立及び効力は、被害者が生産物の引渡しを受けた地の法による。ただし、その地における生産物の引渡しが通常予

見することのできないものであったときは，生産業者等の主たる事業所の所在地の法（生産業者等が事業所を有しない場合にあっては，その常居所地法）による。
（名誉又は信用の毀損の特例）
第19条　第17条の規定にかかわらず，他人の名誉又は信用を毀損する不法行為によって生ずる債権の成立及び効力は，被害者の常居所地法（被害者が法人その他の社団又は財団である場合にあっては，その主たる事業所の所在地の法）による。
（明らかにより密接な関係がある地がある場合の例外）
第20条　前3条の規定にかかわらず，不法行為によって生ずる債権の成立及び効力は，不法行為の当時において当事者が法を同じくする地に常居所を有していたこと，当事者間の契約に基づく義務に違反して不法行為が行われたことその他の事情に照らして，明らかに前3条の規定により適用すべき法の属する地よりも密接な関係がある他の地があるときは，当該他の地の法による。
（当事者による準拠法の変更）
第21条　不法行為の当事者は，不法行為の後において，不法行為によって生ずる債権の成立及び効力について適用すべき法を変更することができる。ただし，第三者の権利を害することとなるときは，その変更をその第三者に対抗することができない。
（不法行為についての公序による制限）
第22条　不法行為について外国法によるべき場合において，当該外国法を適用すべき事実が日本法によれば不法とならないときは，当該外国法に基づく損害賠償その他の処分の請求は，することができない。
②　不法行為について外国法によるべき場合において，当該外国法を適用すべき事実が当該外国法及び日本法により不法となるときであっても，被害者は，日本法により認められる損害賠償その他の処分でなければ請求することができない。
（債権の譲渡）
第23条　債権の譲渡の債務者その他の第三者に対する効力は，譲渡に係る債権について適用すべき法による。

　　　第5節　親族

（婚姻の成立及び方式）
第24条　婚姻の成立は，各当事者につき，その本国法による。
②　婚姻の方式は，婚姻挙行地の法による。
③　前項の規定にかかわらず，当事者の一方の本国法に適合する方式は，有効とする。ただし，日本において婚姻が挙行された場合において，当事者の一方が日本人であるときは，この限りでない。
（婚姻の効力）
第25条　婚姻の効力は，夫婦の本国法が同一であるときはその法により，その法がない場合において夫婦の常居所地法が同一であるときはその法により，そのいずれの法もないときは夫婦に最も密接な関係がある地の法による。
（夫婦財産制）
第26条　前条の規定は，夫婦財産制について準用する。
②　前項の規定にかかわらず，夫婦が，その署名した書面で日付を記載したものによ

り，次に掲げる法のうちいずれの法によるべきかを定めたときは，夫婦財産制は，その法による。この場合において，その定めは，将来に向かってのみその効力を生ずる。
一　夫婦の一方が国籍を有する国の法
二　夫婦の一方の常居所地法
三　不動産に関する夫婦財産制については，その不動産の所在地法
③　前2項の規定により外国法を適用すべき夫婦財産制は，日本においてされた法律行為及び日本に在る財産については，善意の第三者に対抗することができない。この場合において，その第三者との間の関係については，夫婦財産制は，日本法による。
④　前項の規定にかかわらず，第1項又は第2項の規定により適用すべき外国法に基づいてされた夫婦財産契約は，日本においてこれを登記したときは，第三者に対抗することができる。

（離婚）
第27条　第25条の規定は，離婚について準用する。ただし，夫婦の一方が日本に常居所を有する日本人であるときは，離婚は，日本法による。

（嫡出である子の親子関係の成立）
第28条　夫婦の一方の本国法で子の出生の当時におけるものにより子が嫡出となるべきときは，その子は，嫡出である子とする。
②　夫が子の出生前に死亡したときは，その死亡の当時における夫の本国法を前項の夫の本国法とみなす。

（嫡出でない子の親子関係の成立）
第29条　嫡出でない子の親子関係の成立は，父との間の親子関係については子の出生の当時における父の本国法により，母との間の親子関係についてはその当時における母の本国法による。この場合において，子の認知による親子関係の成立については，認知の当時における子の本国法によればその子又は第三者の承諾又は同意があることが認知の要件であるときは，その要件をも備えなければならない。
②　子の認知は，前項前段の規定により適用すべき法によるほか，認知の当時における認知する者又は子の本国法による。この場合において，認知する者の本国法によるときは，同項後段の規定を準用する。
③　父が子の出生前に死亡したときは，その死亡の当時における父の本国法を第1項の父の本国法とみなす。前項に規定する者が認知前に死亡したときは，その死亡の当時におけるその者の本国法を同項のその者の本国法とみなす。

（準正）
第30条　子は，準正の要件である事実が完成した当時における父若しくは母又は子の本国法により準正が成立するときは，嫡出子の身分を取得する。
②　前項に規定する者が準正の要件である事実の完成前に死亡したときは，その死亡の当時におけるその者の本国法を同項のその者の本国法とみなす。

（養子縁組）
第31条　養子縁組は，縁組の当時における養親となるべき者の本国法による。この場合において，養子となるべき者の本国法によればその者若しくは第三者の承諾若

しくは同意又は公的機関の許可その他の処分があることが養子縁組の成立の要件であるときは，その要件をも備えなければならない。
② 養子とその実方の血族との親族関係の終了及び離縁は，前項前段の規定により適用すべき法による。

（親子間の法律関係）
第32条 親子間の法律関係は，子の本国法が父又は母の本国法（父母の一方が死亡し，又は知れない場合にあっては，他の一方の本国法）と同一である場合には子の本国法により，その他の場合には子の常居所地法による。

（その他の親族関係等）
第33条 第24条から前条までに規定するもののほか，親族関係及びこれによって生ずる権利義務は，当事者の本国法によって定める。

（親族関係についての法律行為の方式）
第34条 第25条から前条までに規定する親族関係についての法律行為の方式は，当該法律行為の成立について適用すべき法による。
② 前項の規定にかかわらず，行為地法に適合する方式は，有効とする。

（後見等）
第35条 後見，保佐又は補助（以下「後見等」と総称する。）は，被後見人，被保佐人又は被補助人（次項において「被後見人等」と総称する。）の本国法による。
② 前項の規定にかかわらず，外国人が被後見人等である場合であって，次に掲げるときは，後見人，保佐人又は補助人の選任の審判その他の後見等に関する審判については，日本法による。
　一　当該外国人の本国法によればその者について後見等が開始する原因がある場合であって，日本における後見等の事務を行う者がないとき。
　二　日本において当該外国人について後見開始の審判等があったとき。

　　　　第6節　相続

（相続）
第36条 相続は，被相続人の本国法による。
（遺言）
第37条 遺言の成立及び効力は，その成立の当時における遺言者の本国法による。
② 遺言の取消しは，その当時における遺言者の本国法による。

　　　　第7節　補則

（本国法）
第38条 当事者が2以上の国籍を有する場合には，その国籍を有する国のうちに当事者が常居所を有する国があるときはその国の法を，その国籍を有する国のうちに当事者が常居所を有する国がないときは当事者に最も密接な関係がある国の法を当事者の本国法とする。ただし，その国籍のうちのいずれかが日本の国籍であるときは，日本法を当事者の本国法とする。
② 当事者の本国法によるべき場合において，当事者が国籍を有しないときは，その常居所地法による。ただし，第25条（第26条第1項及び第27条において準用す

る場合を含む。）及び第32条の規定の適用については，この限りでない。
③　当事者が地域により法を異にする国の国籍を有する場合には，その国の規則に従い指定される法（そのような規則がない場合にあっては，当事者に最も密接な関係がある地域の法）を当事者の本国法とする。

（常居所地法）
第39条　当事者の常居所地法によるべき場合において，その常居所が知れないときは，その居所地法による。ただし，第25条（第26条第1項及び第27条において準用する場合を含む。）の規定の適用については，この限りでない。

（人的に法を異にする国又は地の法）
第40条　当事者が人的に法を異にする国の国籍を有する場合には，その国の規則に従い指定される法（そのような規則がない場合にあっては，当事者に最も密接な関係がある法）を当事者の本国法とする。
②　前項の規定は，当事者の常居所地が人的に法を異にする場合における当事者の常居所地法で第25条（第26条第1項及び第27条において準用する場合を含む。），第26条第2項第2号，第32条又は第38条第2項の規定により適用されるもの及び夫婦に最も密接な関係がある地が人的に法を異にする場合における夫婦に最も密接な関係がある地の法について準用する。

（反致）
第41条　当事者の本国法によるべき場合において，その国の法に従えば日本法によるべきときは，日本法による。ただし，第25条（第26条第1項及び第27条において準用する場合を含む。）又は第32条の規定により当事者の本国法によるべき場合は，この限りでない。

（公序）
第42条　外国法によるべき場合において，その規定の適用が公の秩序又は善良の風俗に反するときは，これを適用しない。

（適用除外）
第43条　この章の規定は，夫婦，親子その他の親族関係から生ずる扶養の義務については，適用しない。ただし，第39条本文の規定の適用については，この限りでない。
②　この章の規定は，遺言の方式については，適用しない。ただし，第38条第2項本文，第39条本文及び第40条の規定の適用については，この限りでない。

扶養義務の準拠法に関する法律 (昭和61・6・12法84)

施行　昭和61・9・1
改正　平成18法78

（趣旨）
第1条　この法律は，夫婦，親子その他の親族関係から生ずる扶養の義務（以下「扶

養義務」という。）の準拠法に関し必要な事項を定めるものとする。
(準拠法)
第2条　扶養義務は，扶養権利者の常居所地法によつて定める。ただし，扶養権利者の常居所地法によればその者が扶養義務者から扶養を受けることができないときは，当事者の共通本国法によつて定める。
②　前項の規定により適用すべき法によれば扶養権利者が扶養義務者から扶養を受けることができないときは，扶養義務は，日本法によつて定める。
(傍系親族間及び姻族間の扶養義務の準拠法の特例)
第3条　傍系親族間又は姻族間の扶養義務は，扶養義務者が，当事者の共通本国法によれば扶養権利者に対して扶養をする義務を負わないことを理由として異議を述べたときは，前条の規定にかかわらず，その法によつて定める。当事者の共通本国法がない場合において，扶養義務者が，その者の常居所地法によれば扶養権利者に対して扶養をする義務を負わないことを理由として異議を述べたときも，同様とする。
②　前項の規定は，子に対する扶養義務の準拠法に関する条約（昭和52年条約第8号）が適用される場合には，適用しない。
(離婚をした当事者間等の扶養義務の準拠法についての特則)
第4条　離婚をした当事者間の扶養義務は，第2条の規定にかかわらず，その離婚について適用された法によつて定める。
②　前項の規定は，法律上の別居をした夫婦間及び婚姻が無効とされ，又は取り消された当事者間の扶養義務について準用する。
(公的機関の費用償還を受ける権利の準拠法)
第5条　公的機関が扶養権利者に対して行つた給付について扶養義務者からその費用の償還を受ける権利は，その機関が従う法による。
(扶養義務の準拠法の適用範囲)
第6条　扶養権利者のためにその者の扶養を受ける権利を行使することができる者の範囲及びその行使をすることができる期間並びに前条の扶養義務者の義務の限度は，扶養義務の準拠法による。
(常居所地法及び本国法)
第7条　当事者が，地域的に，若しくは人的に法を異にする国に常居所を有し，又はその国の国籍を有する場合には，第2条第1項及び第3条第1項の規定の適用については，その国の規則に従い指定される法を，そのような規則がないときは当事者に最も密接な関係がある法を，当事者の常居所地法又は本国法とする。
(公序)
第8条　外国法によるべき場合において，その規定の適用が明らかに公の秩序に反するときは，これを適用しない。
②　扶養の程度は，適用すべき外国法に別段の定めがある場合においても，扶養権利者の需要及び扶養義務者の資力を考慮して定める。

遺言の方式の準拠法に関する法律 (昭和39・6・10法100)

施行　昭和39・8・2
改正　平成18法78

(趣旨)
第1条　この法律は，遺言の方式の準拠法に関し必要な事項を定めるものとする。
(準拠法)
第2条　遺言は，その方式が次に掲げる法のいずれかに適合するときは，方式に関し有効とする。
一　行為地法
二　遺言者が遺言の成立又は死亡の当時国籍を有した国の法
三　遺言者が遺言の成立又は死亡の当時住所を有した地の法
四　遺言者が遺言の成立又は死亡の当時常居所を有した地の法
五　不動産に関する遺言について，その不動産の所在地法
第3条　遺言を取り消す遺言については，前条の規定によるほか，その方式が，従前の遺言を同条の規定により有効とする法のいずれかに適合するときも，方式に関し有効とする。
(共同遺言)
第4条　前2条の規定は，2人以上の者が同一の証書でした遺言の方式についても，適用する。
(方式の範囲)
第5条　遺言者の年齢，国籍その他の人的資格による遺言の方式の制限は，方式の範囲に属するものとする。遺言が有効であるために必要とされる証人が有すべき資格についても，同様とする。
(本国法)
第6条　遺言者が地域により法を異にする国の国籍を有した場合には，第2条第2号の規定の適用については，その国の規則に従い遺言者が属した地域の法を，そのような規則がないときは遺言者が最も密接な関係を有した地域の法を，遺言者が国籍を有した国の法とする。
(住所地法)
第7条　第2条第3号の規定の適用については，遺言者が特定の地に住所を有したかどうかは，その地の法によつて定める。
②　第2条第3号の規定の適用については，遺言の成立又は死亡の当時における遺言者の住所が知れないときは，遺言者がその当時居所を有した地の法を遺言者がその当時住所を有した地の法とする。
(公序)
第8条　外国法によるべき場合において，その規定の適用が明らかに公の秩序に反するときは，これを適用しない。

法　　例 (明治31・6・21法10)

施行　明治31・7・16
改正　昭和17法7，昭和22法223，昭和39法100，昭和61法84，平成1法27，平成11法151
全部改正　平成18法78

第1条及び第2条　（略）
第3条　人ノ能力ハ其本国法ニ依リテ之ヲ定ム
②外国人カ日本ニ於テ法律行為ヲ為シタル場合ニ於テ其外国人カ本国法ニ依レハ能力ノ制限ヲ受ケタル者タルヘキトキト雖モ日本ノ法律ニ依レハ能力者タルヘキトキハ前項ノ規定ニ拘ハラス之ヲ能力者ト看做ス
③前項ノ規定ハ親族法又ハ相続法ノ規定ニ依ルヘキ法律行為及ヒ外国ニ在ル不動産ニ関スル法律行為ニ付テハ之ヲ適用セス
第4条　後見開始ノ審判ノ原因ハ成年被後見人ノ本国法ニ依リ其審判ノ効力ハ審判ヲ為シタル国ノ法律ニ依ル
②日本ニ住所又ハ居所ヲ有スル外国人ニ付キ其本国法ニ依リ後見開始ノ審判ノ原因アルトキハ裁判所ハ其者ニ対シテ後見開始ノ審判ヲ為スコトヲ得但日本ノ法律カ其原因ヲ認メサルトキハ此限ニ在ラス
第5条　前条ノ規定ハ保佐開始ノ審判及ビ補助開始ノ審判ニ之ヲ準用ス
第6条　外国人ノ生死カ分明ナラサル場合ニ於テハ裁判所ハ日本ニ在ル財産及ヒ日本ノ法律ニ依ルヘキ法律関係ニ付テノミ日本ノ法律ニ依リテ失踪ノ宣告ヲ為スコトヲ得
第7条　法律行為ノ成立及ヒ効力ニ付テハ当事者ノ意思ニ従ヒ其何レノ国ノ法律ニ依ルヘキカヲ定ム
②当事者ノ意思カ分明ナラサルトキハ行為地法ニ依ル
第8条　法律行為ノ方式ハ其行為ノ効力ヲ定ムル法律ニ依ル
②行為地法ニ依リタル方式ハ前項ノ規定ニ拘ハラス之ヲ有効トス但物権其他登記スヘキ権利ヲ設定シ又ハ処分スル法律行為ニ付テハ此限ニ在ラス
第9条　法律カ異ニスル地ニ在ル者ニ対シテ為シタル意思表示ニ付テハ其通知ヲ発シタル地ヲ行為地ト看做ス
②契約ノ成立及ヒ効力ニ付テハ申込ノ通知ヲ発シタル地ヲ行為地ト看做ス若シ其申込ヲ受ケタル者カ承諾ヲ為シタル当時申込ノ発信地ヲ知ラサリシトキハ申込者ノ住所地ヲ行為地ト看做ス
第10条　動産及ヒ不動産ニ関スル物権其他登記スヘキ権利ハ其目的物ノ所在地法ニ依ル
②前項ニ掲ケタル権利ノ得喪ハ其原因タル事実ノ完成シタル当時ニ於ケル目的物ノ所在地法ニ依ル
第11条　事務管理，不当利得又ハ不法行為ニ因リテ生スル債権ノ成立及ヒ効力ハ其原因タル事実ノ発生シタル地ノ法律ニ依ル

②前項ノ規定ハ不法行為ニ付テハ外国ニ於テ発生シタル事実カ日本ノ法律ニ依レハ不法ナラサルトキハ之ヲ適用セス
③外国ニ於テ発生シタル事実カ日本ノ法律ニ依リテ不法ナルトキト雖モ被害者ハ日本ノ法律カ認メタル損害賠償其他ノ処分ニ非サレハ之ヲ請求スルコトヲ得ス
第12条　債権譲渡ノ第三者ニ対スル効力ハ債務者ノ住所地法ニ依ル
第13条　婚姻成立ノ要件ハ各当事者ニ付キ其本国法ニ依リテ之ヲ定ム
②婚姻ノ方式ハ婚姻挙行地ノ法律ニ依ル
③当事者ノ一方ノ本国法ニ依リタル方式ハ前項ノ規定ニ拘ハラズ之ヲ有効トス但日本ニ於テ婚姻ヲ挙行シタル場合ニ於テ当事者ノ一方ガ日本人ナルトキハ此限ニ在ラズ
第14条　婚姻ノ効力ハ夫婦ノ本国法ガ同一ナルトキハ其法律ニ依リ其法律ナキ場合ニ於テ夫婦ノ常居所地法ガ同一ナルトキハ其法律ニ依ル其何レノ法律モナキトキハ夫婦ニ最モ密接ナル関係アル地ノ法律ニ依ル
第15条　前条ノ規定ハ夫婦財産制ニ之ヲ準用ス但夫婦ガ其署名シタル書面ニシテ日附アルモノニ依リ左ニ掲ゲタル法律中其何レニ依ルベキカヲ定メタルトキハ夫婦財産制ハ其定メタル法律ニ依ル
　一　夫婦ノ一方ガ国籍ヲ有スル国ノ法律
　二　夫婦ノ一方ノ常居所地法
　三　不動産ニ関スル夫婦財産制ニ付テハ其不動産ノ所在地法
②外国法ニ依ル夫婦財産制ハ日本ニ於テ為シタル法律行為及ビ日本ニ在ル財産ニ付テハ之ヲ善意ノ第三者ニ対抗スルコトヲ得ズ此場合ニ於テ其夫婦財産制ニ依ルコトヲ得ザルトキハ其第三者トノ間ノ関係ニ付テハ夫婦財産制ハ日本ノ法律ニ依ル
③外国法ニ依リテ為シタル夫婦財産契約ハ日本ニ於テ之ヲ登記シタルトキハ前項ノ規定ニ拘ハラズ之ヲ第三者ニ対抗スルコトヲ得
第16条　第14条ノ規定ハ離婚ニ之ヲ準用ス但夫婦ノ一方ガ日本ニ常居所ヲ有スル日本人ナルトキハ離婚ハ日本ノ法律ニ依ル
第17条　夫婦ノ一方ノ本国法ニシテ子ノ出生ノ当時ニ於ケルモノニ依リ子ガ嫡出ナルトキハ其子ハ嫡出子トス
②夫ガ子ノ出生前ニ死亡シタルトキハ其死亡ノ当時ノ夫ノ本国法ヲ前項ノ夫ノ本国法ト看做ス
第18条　嫡出ニ非ザル子ノ親子関係ノ成立ハ父トノ間ノ親子関係ニ付テハ子ノ出生ノ当時ノ父ノ本国法ニ依リ母トノ間ノ親子関係ニ付テハ其当時ノ母ノ本国法ニ依ル子ノ認知ニ因ル親子関係ノ成立ニ付テハ認知ノ当時ノ子ノ本国法ガ其子又ハ第三者ノ承諾又ハ同意アルコトヲ認知ノ要件トスルトキハ其要件ヲモ備フルコトヲ要ス
②子ノ認知ハ前項前段ニ定ムル法律ノ外認知ノ当時ノ認知スル者又ハ子ノ本国法ニ依ル此場合ニ於テ認知スル者ノ本国法ニ依ルトキハ同項後段ノ規定ヲ準用ス
③父ガ子ノ出生前ニ死亡シタルトキハ其死亡ノ当時ノ父ノ本国法ヲ第1項ノ父ノ本国法ト看做シ前項ニ掲ゲタル者ガ認知前ニ死亡シタルトキハ其死亡ノ当時ノ其者ノ本国法ヲ同項ノ其者ノ本国法ト看做ス
第19条　子ノ準正ノ要件タル事実ノ完成ノ当時ノ父若クハ母又ハ子ノ本国法ニ依リ準正ガ成立スルトキハ嫡出子タル身分ヲ取得ス
②前項ニ掲ゲタル者ガ準正ノ要件タル事実ノ完成前ニ死亡シタルトキハ其死亡ノ当時

ノ其者ノ本国法ヲ同項ノ其者ノ本国法ト看做ス

第20条　養子縁組ハ縁組ノ当時ニ於ケル養親ノ本国法ニ依ル若シ養子ノ本国法ガ養子縁組ノ成立ニ付キ養子若クハ第三者ノ承諾若クハ同意又ハ公ノ機関ノ許可其他ノ処分アルコトヲ要件トスルトキハ其要件ヲモ備フルコトヲ要ス

②養子ト其実方ノ血族トノ親族関係ノ終了及ビ離縁ハ前項前段ニ定ムル法律ニ依ル

第21条　親子間ノ法律関係ハ子ノ本国法ガ父又ハ母ノ本国法若シ父母ノ一方アラザルトキハ他ノ一方ノ本国法ト同一ナル場合ニ於テハ子ノ本国法ニ依リ其他ノ場合ニ於テハ子ノ常居所地法ニ依ル

第22条　第14条乃至前条ニ掲ゲタル親族関係ニ付テノ法律行為ノ方式ハ其行為ノ成立ヲ定ムル法律ニ依ル但行為地法ニ依ルコトヲ妨ゲズ

第23条　第13条乃至第21条ニ掲ケタルモノノ外親族関係及ヒ之ニ因リテ生スル権利義務ハ当事者ノ本国法ニ依リテ之ヲ定ム

第24条　後見ハ被後見人ノ本国法ニ依ル

②日本ニ住所又ハ居所ヲ有スル外国人ノ後見ハ其本国法ニ依レハ後見開始ノ原因アルモ後見ノ事務ヲ行フ者ナキトキ及ヒ日本ニ於テ後見開始ノ審判アリタルトキニ限リ日本ノ法律ニ依ル

第25条　前条ノ規定ハ保佐及ビ補助ニ之ヲ準用ス

第26条　相続ハ被相続人ノ本国法ニ依ル

第27条　遺言ノ成立及ヒ効力ハ其成立ノ当時ニ於ケル遺言者ノ本国法ニ依ル

②遺言ノ取消ハ其当時ニ於ケル遺言者ノ本国法ニ依ル

第28条　当事者ガ2箇以上ノ国籍ヲ有スル場合ニ於テハ其国籍ヲ有スル国中当事者ガ常居所ヲ有スル国若シ其国ナキトキハ当事者ニ最モ密接ナル関係アル国ノ法律ヲ当事者ノ本国法トス但其一ガ日本ノ国籍ナルトキハ日本ノ法律ヲ其本国法トス

②当事者ノ本国法ニ依ルベキ場合ニ於テ当事者ガ国籍ヲ有セザルトキハ其常居所地法ニ依ル但第14条（第15条第1項及ビ第16条ニテ準用スル場合ヲ含ム）又ハ第21条ノ規定ヲ適用スル場合ハ此限ニ在ラズ

③当事者ガ地方ニ依リ法律ヲ異ニスル国ノ国籍ヲ有スルトキハ其国ノ規則ニ従ヒ指定セラルル法律若シ其規則ナキトキハ当事者ニ最モ密接ナル関係アル地方ノ法律ヲ当事者ノ本国法トス

第29条　当事者ノ住所地法ニ依ルヘキ場合ニ於テ其住所カ知レザルトキハ其居所地法ニ依ル

②当事者ガ2箇以上ノ住所ヲ有スルトキハ其住所地中当事者ニ最モ密接ナル関係アル地ノ法律ヲ其住所地法トス

第30条　当事者ノ常居所地法ニ依ルベキ場合ニ於テ其常居所ガ知レザルトキハ其居所地法ニ依ル但第14条（第15条第1項及ビ第16条ニ於テ準用スル場合ヲ含ム）ノ規定ヲ適用スル場合ハ此限ニ在ラズ

第31条　当事者ガ人的ニ法律ヲ異ニスル国ノ国籍ヲ有スル場合ニ於テハ其国ノ規則ニ従ヒ指定セラルル法律若シ其規則ナキトキハ当事者ニ最モ密接ナル関係アル法律ヲ当事者ノ本国法トス

②前項ノ規定ハ当事者ガ常居所ヲ有スル地ガ人的ニ法律ヲ異ニスル場合ニ於ケル当事者ノ常居所地法及ビ夫婦ニ最モ密接ナル関係アル地ガ人的ニ法律ヲ異ニスル場合ニ

於ケル夫婦ニ最モ密接ナル関係アル地ノ法律ニ之ヲ準用ス
第32条　当事者ノ本国法ニ依ルヘキ場合ニ於テ其国ノ法律ニ従ヒ日本ノ法律ニ依ルヘキトキハ日本ノ法律ニ依ル但第14条（第15条第1項及ビ第16条ニ於テ準用スル場合ヲ含ム）又ハ第21条ノ規定ニ依リ当事者ノ本国法ニ依ルベキ場合ハ此限ニ在ラズ
第33条　外国法ニ依ルヘキ場合ニ於テ其規定ノ適用カ公ノ秩序又ハ善良ノ風俗ニ反スルトキハ之ヲ適用セス
第34条　本法ハ夫婦，親子其他ノ親族関係ニ因リテ生ズル扶養ノ義務ニ付テハ之ヲ適用セズ但第30条本文ノ規定ハ此限ニ在ラズ
②本法ハ遺言ノ方式ニ付テハ之ヲ適用セズ但第28条第2項本文，第29条第1項，第30条本文及ビ第31条ノ規定ハ此限ニ在ラズ

民事訴訟法（平成8・6・26法109） ※一部抜粋

施行　平成10・1・1
改正　平成11法151，平成13法96・法139・法153，平成14法65・法100，平成15法108・法128，平成16法76・法88（平成17法87）・法120・法147・法152，平成17法50・法75・法102，平成18法78・法109，平成19法95，平成23法36，平成24法30，平成29法45

第1編　総則

第1章　通則（略）

第2章　裁判所

第1節　日本の裁判所の管轄権

（被告の住所等による管轄権）
第3条の2　裁判所は，人に対する訴えについて，その住所が日本国内にあるとき，住所がない場合又は住所が知れない場合にはその居所が日本国内にあるとき，居所がない場合又は居所が知れない場合には訴えの提起前に日本国内に住所を有していたとき（日本国内に最後に住所を有していた後に外国に住所を有していたときを除く。）は，管轄権を有する。
②　裁判所は，大使，公使その他外国に在ってその国の裁判権からの免除を享有する日本人に対する訴えについて，前項の規定にかかわらず，管轄権を有する。
③　裁判所は，法人その他の社団又は財団に対する訴えについて，その主たる事務所又は営業所が日本国内にあるとき，事務所若しくは営業所がない場合又はその所在地が知れない場合には代表者その他の主たる業務担当者の住所が日本国内にあるときは，管轄権を有する。

(契約上の債務に関する訴え等の管轄権)
第3条の3 次の各号に掲げる訴えは,それぞれ当該各号に定めるときは,日本の裁判所に提起することができる。

一 契約上の債務の履行の請求を目的とする訴え又は契約上の債務に関して行われた事務管理若しくは生じた不当利得に係る請求,契約上の債務の不履行による損害賠償の請求その他契約上の債務に関する請求を目的とする訴え	契約において定められた当該債務の履行地が日本国内にあるとき,又は契約において選択された地の法によれば当該債務の履行地が日本国内にあるとき。
二 手形又は小切手による金銭の支払の請求を目的とする訴え	手形又は小切手の支払地が日本国内にあるとき。
三 財産権上の訴え	請求の目的が日本国内にあるとき,又は当該訴えが金銭の支払を請求するものである場合には差し押さえることができる被告の財産が日本国内にあるとき(その財産の価額が著しく低いときを除く。)。
四 事務所又は営業所を有する者に対する訴えでその事務所又は営業所における業務に関するもの	当該事務所又は営業所が日本国内にあるとき。
五 日本において事業を行う者(日本において取引を継続してする外国会社(会社法(平成17年法律第86号)第2条第2号に規定する外国会社をいう。)を含む。)に対する訴え	当該訴えがその者の日本における業務に関するものであるとき。
六 船舶債権その他船舶を担保とする債権に基づく訴え	船舶が日本国内にあるとき。
七 会社その他の社団又は財団に関する訴えで次に掲げるもの 　イ 会社その他の社団からの社員若しくは社員であった者に対する訴え,社員からの社員若しくは社員であった者に対する訴え又は社員であった者からの社員に対する訴えで,社員としての資格に基づくもの 　ロ 社団又は財団からの役員又は役員であった者に対する訴えで役員としての資格に基づくもの 　ハ 会社からの発起人若しくは発起	社団又は財団が法人である場合にはそれが日本の法令により設立されたものであるとき,法人でない場合にはその主たる事務所又は営業所が日本国内にあるとき。

人であった者又は検査役若しくは検査役であった者に対する訴えで発起人又は検査役としての資格に基づくもの	
ニ　会社その他の社団の債権者からの社員又は社員であった者に対する訴えで社員としての資格に基づくもの	
八　不法行為に関する訴え	不法行為があった地が日本国内にあるとき（外国で行われた加害行為の結果が日本国内で発生した場合において，日本国内におけるその結果の発生が通常予見することのできないものであったときを除く。）。
九　船舶の衝突その他海上の事故に基づく損害賠償の訴え	損害を受けた船舶が最初に到達した地が日本国内にあるとき。
十　海難救助に関する訴え	海難救助があった地又は救助された船舶が最初に到達した地が日本国内にあるとき。
十一　不動産に関する訴え	不動産が日本国内にあるとき。
十二　相続権若しくは遺留分に関する訴え又は遺贈その他死亡によって効力を生ずべき行為に関する訴え	相続開始の時における被相続人の住所が日本国内にあるとき，住所がない場合又は住所が知れない場合には相続開始の時における被相続人の居所が日本国内にあるとき，居所がない場合又は居所が知れない場合には被相続人が相続開始の前に日本国内に住所を有していたとき（日本国内に最後に住所を有していた後に外国に住所を有していたときを除く。）。
十三　相続債権その他相続財産の負担に関する訴えで前号に掲げる訴えに該当しないもの	同号に定めるとき。

（消費者契約及び労働関係に関する訴えの管轄権）

第3条の4　消費者（個人（事業として又は事業のために契約の当事者となる場合におけるものを除く。）をいう。以下同じ。）と事業者（法人その他の社団又は財団及び事業として又は事業のために契約の当事者となる場合における個人をいう。以下同じ。）との間で締結される契約（労働契約を除く。以下「消費者契約」という。）に関する消費者からの事業者に対する訴えは，訴えの提起の時又は消費者契約の締結の時における消費者の住所が日本国内にあるときは，日本の裁判所に提起することができる。

② 労働契約の存否その他の労働関係に関する事項について個々の労働者と事業主との間に生じた民事に関する紛争(以下「個別労働関係民事紛争」という。)に関する労働者からの事業主に対する訴えは,個別労働関係民事紛争に係る労働契約における労務の提供の地(その地が定まっていない場合にあっては,労働者を雇い入れた事業所の所在地)が日本国内にあるときは,日本の裁判所に提起することができる。
③ 消費者契約に関する事業者からの消費者に対する訴え及び個別労働関係民事紛争に関する事業主からの労働者に対する訴えについては,前条の規定は,適用しない。

(管轄権の専属)
第3条の5 会社法第7編第2章に規定する訴え(同章第4節及び第6節に規定するものを除く。),一般社団法人及び一般財団法人に関する法律(平成18年法律第48号)第6章第2節に規定する訴えその他これらの法令以外の日本の法令により設立された社団又は財団に関する訴えでこれらに準ずるものの管轄権は,日本の裁判所に専属する。
② 登記又は登録に関する訴えの管轄権は,登記又は登録をすべき地が日本国内にあるときは,日本の裁判所に専属する。
③ 知的財産権(知的財産基本法(平成14年法律第122号)第2条第2項に規定する知的財産権をいう。)のうち設定の登録により発生するものの存否又は効力に関する訴えの管轄権は,その登録が日本においてされたものであるときは,日本の裁判所に専属する。

(併合請求における管轄権)
第3条の6 一の訴えで数個の請求をする場合において,日本の裁判所が一の請求について管轄権を有し,他の請求について管轄権を有しないときは,当該一の請求と他の請求との間に密接な関連があるときに限り,日本の裁判所にその訴えを提起することができる。ただし,数人からの又は数人に対する訴えについては,第38条前段に定める場合に限る。

(管轄権に関する合意)
第3条の7 当事者は,合意により,いずれの国の裁判所に訴えを提起することができるかについて定めることができる。
② 前項の合意は,一定の法律関係に基づく訴えに関し,かつ,書面でしなければ,その効力を生じない。
③ 第1項の合意がその内容を記録した電磁的記録(電子的方式,磁気的方式その他人の知覚によっては認識することができない方式で作られる記録であって,電子計算機による情報処理の用に供されるものをいう。以下同じ。)によってされたときは,その合意は,書面によってされたものとみなして,前項の規定を適用する。
④ 外国の裁判所にのみ訴えを提起することができる旨の合意は,その裁判所が法律上又は事実上裁判権を行うことができないときは,これを援用することができない。
⑤ 将来において生ずる消費者契約に関する紛争を対象とする第1項の合意は,次に掲げる場合に限り,その効力を有する。
一 消費者契約の締結の時において消費者が住所を有していた国の裁判所に訴えを提起することができる旨の合意(その国の裁判所にのみ訴えを提起することがで

きる旨の合意については，次号に掲げる場合を除き，その国以外の国の裁判所にも訴えを提起することを妨げない旨の合意とみなす。）であるとき。
　二　消費者が当該合意に基づき合意された国の裁判所に訴えを提起したとき，又は事業者が日本若しくは外国の裁判所に訴えを提起した場合において，消費者が当該合意を援用したとき。
⑥　将来において生ずる個別労働関係民事紛争を対象とする第1項の合意は，次に掲げる場合に限り，その効力を有する。
　一　労働契約の終了の時にされた合意であって，その時における労務の提供の地がある国の裁判所に訴えを提起することができる旨を定めたもの（その国の裁判所にのみ訴えを提起することができる旨の合意については，次号に掲げる場合を除き，その国以外の国の裁判所にも訴えを提起することを妨げない旨の合意とみなす。）であるとき。
　二　労働者が当該合意に基づき合意された国の裁判所に訴えを提起したとき，又は事業主が日本若しくは外国の裁判所に訴えを提起した場合において，労働者が当該合意を援用したとき。

（応訴による管轄権）
第3条の8　被告が日本の裁判所が管轄権を有しない旨の抗弁を提出しないで本案について弁論をし，又は弁論準備手続において申述をしたときは，裁判所は，管轄権を有する。

（特別の事情による訴えの却下）
第3条の9　裁判所は，訴えについて日本の裁判所が管轄権を有することとなる場合（日本の裁判所にのみ訴えを提起することができる旨の合意に基づき訴えが提起された場合を除く。）においても，事案の性質，応訴による被告の負担の程度，証拠の所在地その他の事情を考慮して，日本の裁判所が審理及び裁判をすることが当事者間の衡平を害し，又は適正かつ迅速な審理の実現を妨げることとなる特別の事情があると認めるときは，その訴えの全部又は一部を却下することができる。

（管轄権が専属する場合の適用除外）
第3条の10　第3条の2から第3条の4まで及び第3条の6から前条までの規定は，訴えについて法令に日本の裁判所の管轄権の専属に関する定めがある場合には，適用しない。

（職権証拠調べ）
第3条の11　裁判所は，日本の裁判所の管轄権に関する事項について，職権で証拠調べをすることができる。

（管轄権の標準時）
第3条の12　日本の裁判所の管轄権は，訴えの提起の時を標準として定める。

　　　第2節　管轄

（普通裁判籍による管轄）
第4条　訴えは，被告の普通裁判籍の所在地を管轄する裁判所の管轄に属する。
②　人の普通裁判籍は，住所により，日本国内に住所がないとき又は住所が知れないときは居所により，日本国内に居所がないとき又は居所が知れないときは最後の住

所により定まる。
③ 大使，公使その他外国に在ってその国の裁判権からの免除を享有する日本人が前項の規定により普通裁判籍を有しないときは，その者の普通裁判籍は，最高裁判所規則で定める地にあるものとする。
④ 法人その他の社団又は財団の普通裁判籍は，その主たる事務所又は営業所により，事務所又は営業所がないときは代表者その他の主たる業務担当者の住所により定まる。
⑤ 外国の社団又は財団の普通裁判籍は，前項の規定にかかわらず，日本における主たる事務所又は営業所により，日本国内に事務所又は営業所がないときは日本における代表者その他の主たる業務担当者の住所により定まる。
⑥ 国の普通裁判籍は，訴訟について国を代表する官庁の所在地により定まる。

（財産権上の訴え等についての管轄）
第5条 次の各号に掲げる訴えは，それぞれ当該各号に定める地を管轄する裁判所に提起することができる。

一 財産権上の訴え	義務履行地
二 手形又は小切手による金銭の支払の請求を目的とする訴え	手形又は小切手の支払地
三 船員に対する財産権上の訴え	船舶の船籍の所在地
四 日本国内に住所（法人にあっては，事務所又は営業所。以下この号において同じ。）がない者又は住所が知れない者に対する財産権上の訴え	請求若しくはその担保の目的又は差し押さえることができる被告の財産の所在地
五 事務所又は営業所を有する者に対する訴えでその事務所又は営業所における業務に関するもの	当該事務所又は営業所の所在地
六 船舶所有者その他船舶を利用する者に対する船舶又は航海に関する訴え	船舶の船籍の所在地
七 船舶債権その他船舶を担保とする債権に基づく訴え	船舶の所在地
八 会社その他の社団又は財団に関する訴えで次に掲げるもの　イ 会社その他の社団からの社員若しくは社員であった者に対する訴え，社員からの社員若しくは社員であった者に対する訴え又は社員であった者からの社員に対する訴えで，社員としての資格に基づくもの　ロ 社団又は財団からの役員又は役員であった者に対する訴えで役員	社団又は財団の普通裁判籍の所在地

としての資格に基づくもの
　ハ　会社からの発起人若しくは発起人であった者又は検査役若しくは検査役であった者に対する訴えで発起人又は検査役としての資格に基づくもの
　ニ　会社その他の社団の債権者からの社員又は社員であった者に対する訴えで社員としての資格に基づくもの

九　不法行為に関する訴え	不法行為があった地
十　船舶の衝突その他海上の事故に基づく損害賠償の訴え	損害を受けた船舶が最初に到達した地
十一　海難救助に関する訴え	海難救助があった地又は救助された船舶が最初に到達した地
十二　不動産に関する訴え	不動産の所在地
十三　登記又は登録に関する訴え	登記又は登録をすべき地
十四　相続権若しくは遺留分に関する訴え又は遺贈その他死亡によって効力を生ずべき行為に関する訴え	相続開始の時における被相続人の普通裁判籍の所在地
十五　相続債権その他相続財産の負担に関する訴えで前号に掲げる訴えに該当しないもの	同号に定める地

（中略）

第 3 章　当事者

第 1 節　当事者能力及び訴訟能力

（原則）
第 28 条　当事者能力，訴訟能力及び訴訟無能力者の法定代理は，この法律に特別の定めがある場合を除き，民法（明治 29 年法律第 89 号）その他の法令に従う。訴訟行為をするのに必要な授権についても，同様とする。
（法人でない社団等の当事者能力）
第 29 条　法人でない社団又は財団で代表者又は管理人の定めがあるものは，その名において訴え，又は訴えられることができる。
（中略）
（外国人の訴訟能力の特則）
第 33 条　外国人は，その本国法によれば訴訟能力を有しない場合であっても，日本法によれば訴訟能力を有すべきときは，訴訟能力者とみなす。
（中略）

第5章 訴訟手続

第1節～第3節 （略）

第4節 送達

(中略)

（外国における送達）
第108条 外国においてすべき送達は，裁判長がその国の管轄官庁又はその国に駐在する日本の大使，公使若しくは領事に嘱託してする。
(中略)

第5節 裁判

(中略)

（外国裁判所の確定判決の効力）
第118条 外国裁判所の確定判決は，次に掲げる要件のすべてを具備する場合に限り，その効力を有する。
一　法令又は条約により外国裁判所の裁判権が認められること。
二　敗訴の被告が訴訟の開始に必要な呼出し若しくは命令の送達（公示送達その他これに類する送達を除く。）を受けたこと又はこれを受けなかったが応訴したこと。
三　判決の内容及び訴訟手続が日本における公の秩序又は善良の風俗に反しないこと。
四　相互の保証があること。
(中略)

第2編　第1審の訴訟手続

第1章　訴え

（反訴）
第146条 （中略）
③　日本の裁判所が反訴の目的である請求について管轄権を有しない場合には，被告は，本訴の目的である請求又は防御の方法と密接に関連する請求を目的とする場合に限り，第1項の規定による反訴を提起することができる。ただし，日本の裁判所が管轄権の専属に関する規定により反訴の目的である請求について管轄権を有しないときは，この限りでない。
(中略)

第2章～第3章 （略）

第4章　証拠

(中略)

資　料

(外国における証拠調べ)
第184条　外国においてすべき証拠調べは,その国の管轄官庁又はその国に駐在する日本の大使,公使若しくは領事に嘱託してしなければならない。
② 　外国においてした証拠調べは,その国の法律に違反する場合であっても,この法律に違反しないときは,その効力を有する。
(中略)

第3編　上訴

第1章　控訴 (略)

第2章　上告

(中略)
(上告の理由)
第312条　上告は,判決に憲法の解釈の誤りがあることその他憲法の違反があることを理由とするときに,することができる。
② 　上告は,次に掲げる事由があることを理由とするときも,することができる。ただし,第4号に掲げる事由については,第34条第2項(第59条において準用する場合を含む。)の規定による追認があったときは,この限りでない。
　一　法律に従って判決裁判所を構成しなかったこと。
　二　法律により判決に関与することができない裁判官が判決に関与したこと。
　二の二　日本の裁判所の管轄権の専属に関する規定に違反したこと。
　三　専属管轄に関する規定に違反したこと(第6条第1項各号に定める裁判所が第1審の終局判決をした場合において当該訴訟が同項の規定により他の裁判所の専属管轄に属するときを除く。)。
　四　法定代理権,訴訟代理権又は代理人が訴訟行為をするのに必要な授権を欠いたこと。
　五　口頭弁論の公開の規定に違反したこと。
　六　判決に理由を付せず,又は理由に食違いがあること。
③ 　高等裁判所にする上告は,判決に影響を及ぼすことが明らかな法令の違反があることを理由とするときも,することができる。
(中略)
(破棄差戻し等)
第325条　第312条第1項又は第2項に規定する事由があるときは,上告裁判所は,原判決を破棄し,次条の場合を除き,事件を原裁判所に差し戻し,又はこれと同等の他の裁判所に移送しなければならない。高等裁判所が上告裁判所である場合において,判決に影響を及ぼすことが明らかな法令の違反があるときも,同様とする。
② 　上告裁判所である最高裁判所は,第312条第1項又は第2項に規定する事由がない場合であっても,判決に影響を及ぼすことが明らかな法令の違反があるときは,原判決を破棄し,次条の場合を除き,事件を原裁判所に差し戻し,又はこれと同等の他の裁判所に移送することができる。

③ 前2項の規定により差戻し又は移送を受けた裁判所は，新たな口頭弁論に基づき裁判をしなければならない。この場合において，上告裁判所が破棄の理由とした事実上及び法律上の判断は，差戻し又は移送を受けた裁判所を拘束する。
④ 原判決に関与した裁判官は，前項の裁判に関与することができない。

（破棄自判）
第326条 次に掲げる場合には，上告裁判所は，事件について裁判をしなければならない。
一 確定した事実について憲法その他の法令の適用を誤ったことを理由として判決を破棄する場合において，事件がその事実に基づき裁判をするのに熟するとき。
二 事件が裁判所の権限に属しないことを理由として判決を破棄するとき。

（以下，略）

人事訴訟法（平成15・7・16法109） ※一部抜粋

施行　平成16・4・1
改正　平成16法104・法130・法131・法132・法147，平成23法36・法53・法61，平成24法63，平成30法20

第1章　総則

第1節　通則（略）

第2節　裁判所

第1款　日本の裁判所の管轄権

（人事に関する訴えの管轄権）
第3条の2 人事に関する訴えは，次の各号のいずれかに該当するときは，日本の裁判所に提起することができる。
一 身分関係の当事者の一方に対する訴えであって，当該当事者の住所（住所がない場合又は住所が知れない場合には，居所）が日本国内にあるとき。
二 身分関係の当事者の双方に対する訴えであって，その一方又は双方の住所（住所がない場合又は住所が知れない場合には，居所）が日本国内にあるとき。
三 身分関係の当事者の一方からの訴えであって，他の一方がその死亡の時に日本国内に住所を有していたとき。
四 身分関係の当事者の双方が死亡し，その一方又は双方がその死亡の時に日本国内に住所を有していたとき。
五 身分関係の当事者の双方が日本の国籍を有するとき（その一方又は双方がその死亡の時に日本の国籍を有していたときを含む。）。
六 日本国内に住所がある身分関係の当事者の一方からの訴えであって，当該身分

関係の当事者が最後の共通の住所を日本国内に有していたとき。
七　日本国内に住所がある身分関係の当事者の一方からの訴えであって、他の一方が行方不明であるとき、他の一方の住所がある国においてされた当該訴えに係る身分関係と同一の身分関係についての訴えに係る確定した判決が日本国で効力を有しないときその他の日本の裁判所が審理及び裁判をすることが当事者間の衡平を図り、又は適正かつ迅速な審理の実現を確保することとなる特別の事情があると認められるとき。

（関連請求の併合による管轄権）

第3条の3　一の訴えで人事訴訟に係る請求と当該請求の原因である事実によって生じた損害の賠償に関する請求（当該人事訴訟における当事者の一方から他の一方に対するものに限る。）とをする場合においては、日本の裁判所が当該人事訴訟に係る請求について管轄権を有するときに限り、日本の裁判所にその訴えを提起することができる。

（子の監護に関する処分についての裁判に係る事件等の管轄権）

第3条の4　裁判所は、日本の裁判所が婚姻の取消し又は離婚の訴えについて管轄権を有するときは、第32条第1項の子の監護者の指定その他の子の監護に関する処分についての裁判及び同条第3項の親権者の指定についての裁判に係る事件について、管轄権を有する。

②　裁判所は、日本の裁判所が婚姻の取消し又は離婚の訴えについて管轄権を有する場合において、家事事件手続法（平成23年法律第52号）第3条の12各号のいずれかに該当するときは、第32条第1項の財産の分与に関する処分についての裁判に係る事件について、管轄権を有する。

（特別の事情による訴えの却下）

第3条の5　裁判所は、訴えについて日本の裁判所が管轄権を有することとなる場合においても、事案の性質、応訴による被告の負担の程度、証拠の所在地、当該訴えに係る身分関係の当事者間の成年に達しない子の利益その他の事情を考慮して、日本の裁判所が審理及び裁判をすることが当事者間の衡平を害し、又は適正かつ迅速な審理の実現を妨げることとなる特別の事情があると認めるときは、その訴えの全部又は一部を却下することができる。

（中略）

第5節　訴訟手続

第17条　（略）

（訴えの変更及び反訴）

第18条　（中略）

②　日本の裁判所が請求の変更による変更後の人事訴訟に係る請求について管轄権を有しない場合には、原告は、変更後の人事訴訟に係る請求が変更前の人事訴訟に係る請求と同一の身分関係についての形成又は存否の確認を目的とするときに限り、前項の規定により、請求を変更することができる。

③　日本の裁判所が反訴の目的である次の各号に掲げる請求について管轄権を有しない場合には、被告は、それぞれ当該各号に定める場合に限り、第1項の規定による

反訴を提起することができる。
一　人事訴訟に係る請求　本訴の目的である人事訴訟に係る請求と同一の身分関係についての形成又は存否の確認を目的とする請求を目的とする場合
二　人事訴訟に係る請求の原因である事実によって生じた損害の賠償に関する請求　既に日本の裁判所に当該人事訴訟が係属する場合

(以下，略)

家事事件手続法（平成 23・5・25 法 52）　　※一部抜粋

施行　平成 25・1・1
改正　平成 24 法 63，平成 25 法 47，平成 26 法 42，平成 28 法 27・法 63，平成 29 法 69，平成 30 法 20・法 72（平成 31・7・1 施行）

第 1 編　総則

第 1 章　通則（略）

第 1 章の 2　日本の裁判所の管轄権

（不在者の財産の管理に関する処分の審判事件の管轄権）
第 3 条の 2　裁判所は，不在者の財産の管理に関する処分の審判事件（別表第一の 55 の項の事項についての審判事件をいう。第 145 条において同じ。）について，不在者の財産が日本国内にあるときは，管轄権を有する。

（失踪の宣告の取消しの審判事件の管轄権）
第 3 条の 3　裁判所は，失踪の宣告の取消しの審判事件（別表第一の 57 の項の事項についての審判事件をいう。第 149 条第 1 項及び第 2 項において同じ。）について，次の各号のいずれかに該当するときは，管轄権を有する。
一　日本において失踪の宣告の審判があったとき。
二　失踪者の住所が日本国内にあるとき又は失踪者が日本の国籍を有するとき。
三　失踪者が生存していたと認められる最後の時点において，失踪者が日本国内に住所を有していたとき又は日本の国籍を有していたとき。

（嫡出否認の訴えの特別代理人の選任の審判事件の管轄権）
第 3 条の 4　裁判所は，嫡出否認の訴えについて日本の裁判所が管轄権を有するときは，嫡出否認の訴えの特別代理人の選任の審判事件（別表第一の 59 の項の事項についての審判事件をいう。第 159 条第 1 項及び第 2 項において同じ。）について，管轄権を有する。

（養子縁組をするについての許可の審判事件等の管轄権）
第 3 条の 5　裁判所は，養子縁組をするについての許可の審判事件（別表第一の 61 の項の事項についての審判事件をいう。第 161 条第 1 項及び第 2 項において同じ。）及び特別養子縁組の成立の審判事件（同表の 63 の項の事項についての審判事件を

いう。第164条第1項及び第2項において同じ。）について，養親となるべき者又は養子となるべき者の住所（住所がない場合又は住所が知れない場合には，居所）が日本国内にあるときは，管轄権を有する。
（死後離縁をするについての許可の審判事件の管轄権）
第3条の6 裁判所は，死後離縁をするについての許可の審判事件（別表第一の62の項の事項についての審判事件をいう。第162条第1項及び第2項において同じ。）について，次の各号のいずれかに該当するときは，管轄権を有する。
一　養親又は養子の住所（住所がない場合又は住所が知れない場合には，居所）が日本国内にあるとき。
二　養親又は養子がその死亡の時に日本国内に住所を有していたとき。
三　養親又は養子の一方が日本の国籍を有する場合であって，他の一方がその死亡の時に日本の国籍を有していたとき。
（特別養子縁組の離縁の審判事件の管轄権）
第3条の7 裁判所は，特別養子縁組の離縁の審判事件（別表第一の64の項の事項についての審判事件をいう。以下同じ。）について，次の各号のいずれかに該当するときは，管轄権を有する。
一　養親の住所（住所がない場合又は住所が知れない場合には，居所）が日本国内にあるとき。
二　養子の実父母又は検察官からの申立てであって，養子の住所（住所がない場合又は住所が知れない場合には，居所）が日本国内にあるとき。
三　養親及び養子が日本の国籍を有するとき。
四　日本国内に住所がある養子からの申立てであって，養親及び養子が最後の共通の住所を日本国内に有していたとき。
五　日本国内に住所がある養子からの申立てであって，養親が行方不明であるとき，養親の住所がある国においてされた離縁に係る確定した裁判が日本国で効力を有しないときその他の日本の裁判所が審理及び裁判をすることが養親と養子との間の衡平を図り，又は適正かつ迅速な審理の実現を確保することとなる特別の事情があると認められるとき。
（親権に関する審判事件等の管轄権）
第3条の8 裁判所は，親権に関する審判事件（別表第一の65の項から69の項まで並びに別表第二の7の項及び8の項の事項についての審判事件をいう。第167条において同じ。），子の監護に関する処分の審判事件（同表の3の項の事項についての審判事件をいう。第150条第4号及び第151条第2号において同じ。）（子の監護に要する費用の分担に関する処分の審判事件を除く。）及び親権を行う者につき破産手続が開始された場合における管理権喪失の審判事件（別表第一の132の項の事項についての審判事件をいう。第242条第1項第2号及び第3項において同じ。）について，子の住所（住所がない場合又は住所が知れない場合には，居所）が日本国内にあるときは，管轄権を有する。
（養子の離縁後に未成年後見人となるべき者の選任の審判事件等の管轄権）
第3条の9 裁判所は，養子の離縁後に未成年後見人となるべき者の選任の審判事件（別表第一の70の項の事項についての審判事件をいう。第176条及び第177条第1

号において同じ。）又は未成年後見人の選任の審判事件（同表の71の項の事項についての審判事件をいう。同条第2号において同じ。）について，未成年被後見人となるべき者若しくは未成年被後見人（以下この条において「未成年被後見人となるべき者等」という。）の住所若しくは居所が日本国内にあるとき又は未成年被後見人となるべき者等が日本の国籍を有するときは，管轄権を有する。

（夫婦，親子その他の親族関係から生ずる扶養の義務に関する審判事件の管轄権）
第3条の10 裁判所は，夫婦，親子その他の親族関係から生ずる扶養の義務に関する審判事件（別表第一の84の項及び85の項並びに別表第二の1の項から3の項まで，9の項及び10の項の事項についての審判事件（同表の3の項の事項についての審判事件にあっては，子の監護に要する費用の分担に関する処分の審判事件に限る。）をいう。）について，扶養義務者（別表第一の84の項の事項についての審判事件にあっては，扶養義務者となるべき者）であって申立人でないもの又は扶養権利者（子の監護に要する費用の分担に関する処分の審判事件にあっては，子の監護者又は子）の住所（住所がない場合又は住所が知れない場合には，居所）が日本国内にあるときは，管轄権を有する。

（相続に関する審判事件の管轄権）
第3条の11 裁判所は，相続に関する審判事件（別表第一の86の項から110の項まで及び133の項並びに別表第二の11の項から15の項までの事項についての審判事件をいう。）について，相続開始の時における被相続人の住所が日本国内にあるとき，住所がない場合又は住所が知れない場合には相続開始の時における被相続人の居所が日本国内にあるとき，居所がない場合又は居所が知れない場合には被相続人が相続開始の前に日本国内に住所を有していたとき（日本国内に最後に住所を有していた後に外国に住所を有していたときを除く。）は，管轄権を有する。

② 相続開始の前に推定相続人の廃除の審判事件（別表第一の86の項の事項についての審判事件をいう。以下同じ。），推定相続人の廃除の審判の取消しの審判事件（同表の87の項の事項についての審判事件をいう。第188条第1項及び第189条第1項において同じ。），遺言の確認の審判事件（同表の102の項の事項についての審判事件をいう。第209条第2項において同じ。）又は遺留分の放棄についての許可の審判事件（同表の110の項の事項についての審判事件をいう。第216条第1項第2号において同じ。）の申立てがあった場合における前項の規定の適用については，同項中「相続開始の時における被相続人」とあるのは「被相続人」と，「相続開始の前」とあるのは「申立て前」とする。

③ 裁判所は，第1項に規定する場合のほか，推定相続人の廃除の審判又はその取消しの審判の確定前の遺産の管理に関する処分の審判事件（別表第一の88の項の事項についての審判事件をいう。第189条第1項及び第2項において同じ。），相続財産の保存又は管理に関する処分の審判事件（同表の90の項の事項についての審判事件をいう。第201条第10項において同じ。），限定承認を受理した場合における相続財産の管理人の選任の審判事件（同表の94の項の事項についての審判事件をいう。），財産分離の請求後の相続財産の管理に関する処分の審判事件（同表の97の項の事項についての審判事件をいう。第202条第1項第2号及び第3項において同じ。）及び相続人の不存在の場合における相続財産の管理に関する処分の審判事

件(同表の99の項の事項についての審判事件をいう。以下同じ。)について，相続財産に属する財産が日本国内にあるときは，管轄権を有する。
④ 当事者は，合意により，いずれの国の裁判所に遺産の分割に関する審判事件(別表第二の12の項から14の項までの事項についての審判事件をいう。第3条の14及び第191条第1項において同じ。)及び特別の寄与に関する処分の審判事件(同表の15の項の事項についての審判事件をいう。第3条の14及び第216条の2において同じ。)の申立てをすることができるかについて定めることができる。
⑤ 民事訴訟法(平成8年法律第109号)第3条の7第2項から第4項までの規定は，前項の合意について準用する。

(財産の分与に関する処分の審判事件の管轄権)
第3条の12 裁判所は，財産の分与に関する処分の審判事件(別表第二の4の項の事項についての審判事件をいう。第150条第5号において同じ。)について，次の各号のいずれかに該当するときは，管轄権を有する。
一 夫又は妻であった者の一方からの申立てであって，他の一方の住所(住所がない場合又は住所が知れない場合には，居所)が日本国内にあるとき。
二 夫であった者及び妻であった者の双方が日本の国籍を有するとき。
三 日本国内に住所がある夫又は妻であった者の一方からの申立てであって，夫であった者及び妻であった者が最後の共通の住所を日本国内に有していたとき。
四 日本国内に住所がある夫又は妻であった者の一方からの申立てであって，他の一方が行方不明であるとき，他の一方の住所がある国においてされた財産の分与に関する処分に係る確定した裁判が日本国で効力を有しないときその他の日本の裁判所が審理及び裁判をすることが当事者間の衡平を図り，又は適正かつ迅速な審理の実現を確保することとなる特別の事情があると認められるとき。

(家事調停事件の管轄権)
第3条の13 裁判所は，家事調停事件について，次の各号のいずれかに該当するときは，管轄権を有する。
一 当該調停を求める事項についての訴訟事件又は家事審判事件について日本の裁判所が管轄権を有するとき。
二 相手方の住所(住所がない場合又は住所が知れない場合には，居所)が日本国内にあるとき。
三 当事者が日本の裁判所に家事調停の申立てをすることができる旨の合意をしたとき。
② 民事訴訟法第3条の7第2項及び第3項の規定は，前項第3号の合意について準用する。
③ 人事訴訟法(平成15年法律第109号)第2条に規定する人事に関する訴え(離婚及び離縁の訴えを除く。)を提起することができる事項についての調停事件については，第1項(第2号及び第3号に係る部分に限る。)の規定は，適用しない。

(特別の事情による申立ての却下)
第3条の14 裁判所は，第3条の2から前条までに規定する事件について日本の裁判所が管轄権を有することとなる場合(遺産の分割に関する審判事件又は特別の寄与に関する処分の審判事件について，日本の裁判所にのみ申立てをすることができ

る旨の合意に基づき申立てがされた場合を除く。）においても，事案の性質，申立人以外の事件の関係人の負担の程度，証拠の所在地，未成年者である子の利益その他の事情を考慮して，日本の裁判所が審理及び裁判をすることが適正かつ迅速な審理の実現を妨げ，又は相手方がある事件について申立人と相手方との間の衡平を害することとなる特別の事情があると認めるときは，その申立ての全部又は一部を却下することができる。

（管轄権の標準時）
第3条の15 日本の裁判所の管轄権は，家事審判若しくは家事調停の申立てがあった時又は裁判所が職権で家事事件の手続を開始した時を標準として定める。
（中略）

第2編　家事審判に関する手続

第1章　総則

（中略）

（外国裁判所の家事事件についての確定した裁判の効力）
第79条の2 外国裁判所の家事事件についての確定した裁判（これに準ずる公的機関の判断を含む。）については，その性質に反しない限り，民事訴訟法第118条の規定を準用する。

（以下，略）

民事執行法（昭和54・3・30法4）　　　※一部抜粋

施行　昭和55・10・1（附則）
改正　平成1法91，平成7法91，平成8法108・法110，平成10法128，平成12法130，平成14法65・法100，平成15法134・法138，平成16法45・法88（平成17法87）・法124・法147・法152・法154，平成19法95，平成23法53・法74，平成25法96，平成29法45，平成30法20・法29

第1章　総則（略）

第2章　強制執行

第1節　総則

（債務名義）
第22条 強制執行は，次に掲げるもの（以下「債務名義」という。）により行う。
一　確定判決
二　仮執行の宣言を付した判決
三　抗告によらなければ不服を申し立てることができない裁判（確定しなければその効力を生じない裁判にあつては，確定したものに限る。）

三の二　仮執行の宣言を付した損害賠償命令
三の三　仮執行の宣言を付した届出債権支払命令
四　仮執行の宣言を付した支払督促
四の二　訴訟費用，和解の費用若しくは非訟事件（他の法令の規定により非訟事件手続法（平成 23 年法律第 51 号）の規定を準用することとされる事件を含む。），家事事件若しくは国際的な子の奪取の民事上の側面に関する条約の実施に関する法律（平成 25 年法律第 48 号）第 29 条に規定する子の返還に関する事件の手続の費用の負担の額を定める裁判所書記官の処分又は第 42 条第 4 項に規定する執行費用及び返還すべき金銭の額を定める裁判所書記官の処分（後者の処分にあつては，確定したものに限る。）
五　金銭の一定の額の支払又はその他の代替物若しくは有価証券の一定の数量の給付を目的とする請求について公証人が作成した公正証書で，債務者が直ちに強制執行に服する旨の陳述が記載されているもの（以下「執行証書」という。）
六　確定した執行判決のある外国裁判所の判決（家事事件における裁判を含む。第 24 条において同じ。）
六の二　確定した執行決定のある仲裁判断
七　確定判決と同一の効力を有するもの（第 3 号に掲げる裁判を除く。）

第 23 条（略）

（外国裁判所の判決の執行判決）

第 24 条　外国裁判所の判決についての執行判決を求める訴えは，債務者の普通裁判籍の所在地を管轄する地方裁判所（家事事件における裁判に係るものにあつては，家庭裁判所。以下この項において同じ。）が管轄し，この普通裁判籍がないときは，請求の目的又は差し押さえることができる債務者の財産の所在地を管轄する地方裁判所が管轄する。

②　前項に規定する地方裁判所は，同項の訴えの全部又は一部が家庭裁判所の管轄に属する場合においても，相当と認めるときは，同項の規定にかかわらず，申立てにより又は職権で，当該訴えに係る訴訟の全部又は一部について自ら審理及び裁判をすることができる。

③　第 1 項に規定する家庭裁判所は，同項の訴えの全部又は一部が地方裁判所の管轄に属する場合においても，相当と認めるときは，同項の規定にかかわらず，申立てにより又は職権で，当該訴えに係る訴訟の全部又は一部について自ら審理及び裁判をすることができる。

④　執行判決は，裁判の当否を調査しないでしなければならない。

⑤　第 1 項の訴えは，外国裁判所の判決が，確定したことが証明されないとき，又は民事訴訟法第 118 条各号（家事事件手続法（平成 23 年法律第 52 号）第 79 条の 2 において準用する場合を含む。）に掲げる要件を具備しないときは，却下しなければならない。

⑥　執行判決においては，外国裁判所の判決による強制執行を許す旨を宣言しなければならない。

（以下，略）

判例索引

〈大審院・最高裁判所〉

大判大 6・3・17 民録 23 輯 378 頁············95
大決昭 3・12・28 民集 7 巻 1128 頁············244
最判昭 34・12・22 家月 12 巻 2 号 105 頁············79
最大判昭 36・4・5 民集 15 巻 4 号 657 頁············49
最判昭 36・12・27 家月 14 巻 4 号 177 頁〈百選 64〉············181
最判昭 37・4・27 民集 16 巻 7 号 1247 頁············41
最大判昭 39・3・25 民集 18 巻 3 号 486 頁〈百選 103〉············248
最判昭 39・4・9 家月 16 巻 8 号 78 頁············248
最判昭 49・12・24 民集 28 巻 10 号 2152 頁············83
最判昭 50・6・27 家月 28 巻 4 号 83 頁············94
最判昭 50・7・15 民集 29 巻 6 号 1061 頁············116
最判昭 50・11・28 民集 29 巻 10 号 1554 頁〈百選 99〉············248, 260
最判昭 52・3・31 民集 31 巻 2 巻 365 頁············94
最判昭 53・4・20 民集 32 巻 3 号 616 頁〈百選 30〉············34, 126, 213
最判昭 56・10・16 民集 35 巻 7 号 1224 頁〈百選 88〉············249, 250
最判昭 58・6・7 民集 37 巻 5 号 611 頁〈百選 113〉············298
最判昭 59・7・20 民集 38 巻 8 号 1051 頁〈百選 14〉············94, 178
最判昭 60・2・26 家月 37 巻 6 号 25 頁············197
最判平 6・3・8 民集 48 巻 3 号 835 頁〈百選 1〉············228
最判平 6・3・8 家月 46 巻 8 号 59 頁〈百選 5〉············69, 229
最判平 7・1・27 民集 49 巻 1 号 56 頁〈百選 123〉············40
最判平 8・6・24 民集 50 巻 7 号 1451 頁〈百選 104〉············253
最判平 9・1・28 民集 51 巻 1 号 78 頁〈百選 45〉············155
最判平 9・2・25 家月 49 巻 7 号 56 頁············294
最判平 9・7・1 民集 51 巻 6 号 2299 頁〈百選 50〉············222
最判平 9・7・11 民集 51 巻 6 号 2573 頁〈百選 111〉············302
最判平 9・9・4 民集 51 巻 8 号 3657 頁〈百選 119〉············320
最判平 9・10・17 民集 51 巻 9 号 3925 頁〈百選 121〉············40
最判平 9・11・11 民集 51 巻 10 号 4055 頁〈百選 89〉············252, 253, 260
最判平 10・4・28 民集 52 巻 3 号 853 頁〈百選 108〉············297
最判平 12・1・27 民集 54 巻 1 号 1 頁〈百選 2〉〈百選 65〉············33, 190
最判平 13・6・8 民集 55 巻 4 号 727 頁〈百選 94〉············258
最判平 14・4・12 民集 56 巻 4 号 729 頁············244
最判平 14・9・26 民集 56 巻 7 号 1551 頁〈百選 51〉············151, 219, 346
最判平 14・10・29 民集 56 巻 8 号 1964 頁〈百選 26〉············22, 207
最判平 14・11・22 判時 1808 号 55 頁············41

最判平 15・2・27 民集 57 巻 2 号 125 頁〈百選 53〉·················223
最判平 18・7・21 民集 60 巻 6 号 2542 頁·····················244
最判平 18・10・17 民集 60 巻 8 号 2853 頁〈百選 52〉··············222
最決平 19・3・23 民集 61 巻 2 号 619 頁〈百選 69〉··········183, 342
最大判平 20・6・4 民集 62 巻 6 号 1367 頁〈百選 122〉··············42
最判平 21・10・16 民集 63 巻 8 号 1799 頁〈百選 87〉···············245
最判平 26・4・24 民集 68 巻 4 号 329 頁······················297
最判平 27・3・10 民集 69 巻 2 号 265 頁·······················47
最決平 29・12・12 民集 71 巻 10 号 2106 頁····················327
最決平 29・12・21 判時 2372 号 16 頁························200
最判平 30・3・15 民集 72 巻 1 号 17 頁·······················200

〈控訴院・高等裁判所〉
長崎控決明 41・12・28 法律新聞 550 号 12 頁····················95
東京高判昭 33・7・9 家月 10 巻 7 号 29 頁〈百選 77〉··············303
東京高判昭 54・7・3 高民集 32 巻 2 号 126 頁····················63
東京高決昭 56・1・30 下民集 32 巻 1～4 号 10 頁·················272
名古屋高判平 4・1・29 家月 48 巻 10 号 151 頁··················166
東京高判平 5・6・28 判時 1471 号 89 頁······················302
東京高判平 5・11・15 判タ 835 号 132 頁〈百選 110〉··········197, 304
東京高判平 12・1・27 判時 1711 号 131 頁·····················346
大阪高判平 18・10・26 判タ 1262 号 311 頁〈百選 11〉···············94
大阪高判平 28・11・18 判時 2329 号 45 頁·····················166

〈地方裁判所〉
神戸地判大 6・9・16 法律新聞 1329 号 23 頁·····················95
京都地判昭 31・7・7 下民集 7 巻 7 号 1784 頁····················79
大阪地判昭 35・4・12 下民集 11 巻 4 号 817 頁··················290
東京地判昭 37・7・20 下民集 13 巻 7 号 1482 頁〈百選 47〉············272
東京地決昭 40・4・26 労民集 16 巻 2 号 308 頁〈百選 15〉·······221, 348
徳島地判昭 44・12・16 判タ 254 号 209 頁······················95
東京地判昭 47・3・4 判時 675 号 71 頁·······················94
東京地判昭 49・6・17 判時 748 号 77 頁·······················82
神戸地判昭 54・11・5 判時 948 号 91 頁·······················93
神戸地判昭 56・9・29 家月 34 巻 9 号 110 頁····················94
大阪地判昭 58・9・30 下民集 34 巻 9～12 号 960 頁···············272
横浜地判昭 58・11・30 判時 1117 号 154 頁·····················94
東京地判昭 63・4・27 判時 1275 号 52 頁······················43
東京地判昭 63・5・27 判タ 682 号 208 頁······················94
東京地判昭 63・11・11 判時 1315 号 96 頁·····················279
東京地判平 2・3・26 金融・商事判例 857 号 39 頁················279

東京地判平 2・11・28 判時 1384 号 71 頁	92
東京地判平 2・12・7 判時 1424 号 84 頁〈百選 8〉	70
東京地判平 3・2・18 判時 1376 号 79 頁	301, 302
東京地判平 3・3・29 家月 45 巻 3 号 67 頁〈百選 9〉	94
東京地判平 3・8・27 判時 1425 号 100 頁〈百選 107〉	272
東京地判平 3・9・26 判時 1422 号 128 頁	272
横浜地判平 3・10・31 家月 44 巻 12 号 105 頁	52
東京地判平 4・1・30 判時 1439 号 138 頁	304
東京地判平 5・1・29 判時 1444 号 41 頁〈百選 13〉	95
大阪地判平 7・5・23 判時 1554 号 91 頁	272
千葉地判平 9・7・24 判時 1639 号 86 頁	148
東京地八王子支判平 9・12・8 判タ 976 号 235 頁〈百選 109〉	279
横浜地判平 10・5・29 判タ 1002 号 249 頁〈百選 7〉	74
東京地判平 11・10・13 判時 1719 号 94 頁〈百選 18〉	17
東京地判平 12・11・30 判時 1740 号 54 頁	244
東京地判平 27・3・31 平成 24 年(ワ)第 30809 号	236

〈家庭裁判所〉

那覇家審昭 56・7・31 家月 34 巻 11 号 54 頁	95
盛岡家審平 3・12・16 家月 44 巻 9 号 89 頁〈百選 70〉	193
神戸家審平 7・5・10 家月 47 巻 12 号 58 頁	95
宇都宮家審平 19・7・20 家月 59 巻 12 号 106 頁〈百選 12〉	94
青森家十和田支審平 20・3・28 家月 60 巻 12 号 63 頁〈百選 6〉	69
熊本家判平 22・7・6 平成 21 年(家ホ)第 76 号〈百選 10〉	94

事 項 索 引

A - Z

ADR（Alternative Dispute Resolution) →裁判外紛争解決手続
ECC-Net ································341
guest statute →好意同乗者法
ICANN································337, 341
ICC →国際商業会議所
ISO →国際標準化機構
OECD →経済協力開発機構
Online Dispute Resolution ············342
UNCITRAL →国連国際商取引法委員会
UNCITRAL 国際商事仲裁モデル法
································315, 335
UNIDROIT →私法統一国際協会
WIPO →世界知的所有権機関
WTO →世界貿易機関

あ 行

域外適用 ·······························343
遺 言
　——の成立および効力 ············230
　——の方式 ···························231
遺言の方式に関する法律の抵触に関する条約 ···························231, 335
遺言の方式の準拠法に関する法律
································8, 11, 231
遺産管理 ·······························226
意思主義（認知主義）·················182
慰謝料 ·································155
逸失利益 ·······························155
一方的要件 ····························164
インコタームズ（Incoterms) ···16, 336
運送中の物 ····························206
応訴管轄 ·······························260

親子間の法律関係 ····················195

か 行

外交婚・領事婚 ························168
外国会社に対する規制 ···············119
外国裁判所の確定判決 ···············295
外国仲裁判断の承認及び執行に関する条約（ニューヨーク条約）······26, 329
外国倒産処理手続の承認援助に関する法律（外国倒産承認援助法)···308, 335
外国倒産手続の承認援助 ············311
外国等に対する我が国の民事裁判権に関する法律 ······················245, 335
外国判決の承認執行制度 ·······295, 301
外国判決の承認要件 ··················296
　——（実体法的要件)·················299
　——（手続法的要件)·················296
外国法 ·································285
　——事実説 ·························286
　——の解釈 ·························292
　——の主張・立証 ·················288
　——の適用違背と上告理由 ······294
　——の不存在 ·······················290
　——の不明···················78, 290
　——編入説 ·························286
　——法律説 ·························286
　——法律説（狭義の)···············286
外国法人の認許 ······················119
会社更生 ······························309
会社法 ·································345
海難救助 ·······················35, 157
加害行為地 ····························149
隠れた反致···························69
化石化条項 ····························129
為替手形及約束手形ニ関シ統一法ヲ制定スル条約·····························13
管 轄

親子関係訴訟の――	262
親子に関する審判の――	265
家事調停に関する――	268
関連請求の併合による――	264
後見に関する審判の――	266
婚姻関係訴訟の――	262
財産分与に関する審判の――	267
実親子関係の――	266
失踪宣告の――	265
失踪宣告の取消しの――	265
人事に関する訴えの――	262
成年後見の――	266
相続に関する審判の――	267
不在者に関する審判の――	264
扶養義務に関する審判の――	267
養子縁組関係訴訟の――	262
養親子関係の――	265
管轄配分説	250
間接規範	5
間接指定	53, 72
間接反致	62, 68
間接保有型証券	339
帰　化	42
棄権説	63
旗国法	82
擬似外国会社	120
機能的公序論	92
逆推知説	250
協議離婚	176
強制執行	241
共通本国法	51
業務関連管轄	257
居所地法	52
近似法	291
具体的妥当性	247
国及びその財産の裁判権からの免除に関する国際連合条約	245, 335
暗闇への跳躍	10, 85
経済協力開発機構（OECD）	336
契　約	122
契約債務履行地管轄	256
契約自由の原則	125
結果発生地	149
血統主義（事実主義）	40, 43, 182
原因事実発生地法	148, 156
欠缺否認説	91
限定的当事者自治	173
憲法上の条約遵守義務	17
権利能力	105
権利の客体	97, 203
権利の主体	96, 100
合意管轄	260
好意同乗者法（guest statute）	23
行為能力	18, 106
公海上での船舶衝突	81
効果理論	343
後　見	109
――開始の審判	104, 109
口座管理機関によって保有される証券についての権利の準拠法に関する条約	224, 340
公示送達	297
公　序	
――則の発動	85, 93
――の内容	88
国際私法上の――	30, 82
公序規範説	92
合同行為	114, 122
衡平と善	326
公　法	
――の国際的適用関係	4, 342
――の属地的適用	5, 343, 348
小切手ニ関シ統一法ヲ制定スル条約	13
国際海上運送契約	14
国際航空運送についてのある規則の統一に関する条約（モントリオール条約）	14
国際裁判管轄	240, 245, 254
インターネット取引と――	340
仲裁手続への介入の――	322
仲裁判断取消しの――	327
離婚事件の――	252

国際私法
　——の構造…………………………28
　狭義の——………………………2, 242
　広義の——……………………………24
国際私法の正義………………………2, 9, 28
国際私法独自説（法廷地国際私法説）
　………………………………………34
国際商業会議所（ICC）……15, 317, 336
国際商事仲裁………………………314, 330
　——の広範な当事者自治…………316
　——の費用負担……………………317
国際訴訟競合……………………………269
国際的テニス……………………………64
国際的な子の奪取の民事上の側面に関
　する条約（ハーグ条約）…………197
国際的な子の奪取の民事上の側面に関
　する条約の実施に関する法律……198
国際的法律関係説………………………3
国際的要素………………………………2
国際倒産…………………………………305
国際倒産モデル法………………308, 335
国際標準化機構（ISO）………………336
国際物品売買契約に関する国際連合条
　約……………………………………335
国際民事訴訟法……………………240, 242
国際民事手続法……………………24, 239
国　籍……………………………………39
国籍選択制度……………………………45
国籍の取得………………………………39
　——（血統主義）…………………40, 43
　——（生地主義）…………………40, 43
国籍の喪失………………………………46
国籍留保の意思表示……………………47
国連国際商取引法委員会（UNCIT-
　RAL）…………………………15, 335
戸　籍……………………………………111
国家管轄権理論…………………………242
子の奪取…………………………………197
子の保護条項………………67, 188, 194
個別財産の準拠法………………………227
個別的権利能力…………………………105

婚　姻……………………………………162
　——挙行地法………………………167
　——による行為能力の変動
　　………………………107, 111, 170
　——の一般的効力（身分的効力）…169
　——の財産的効力…………………171
　——の実質的成立要件……………163
　——の届出意思……………………166
　——の方式…………………………165
　——保護……………………………166
婚　約……………………………………180

さ　行

債　権
　——の対外的効力…………………97
　——の法律上の移転………………213
債権質……………………………………212
債権者代位権……………………………235
債権譲渡……………………………209, 224
　——の第三者に対する効力………210
財産権……………………………………97
　——の帰属……………203, 220, 224
財産所在地管轄…………………………257
最低限の関連（minimum contact）…246
裁判外紛争解決手続（ADR）…………24
裁判管轄権………………………………242
裁判離婚…………………………………176
最密接関係地法……56, 132, 171, 172, 179
　——の推定……………………133, 146
債務引受け………………………………217
詐害行為取消権……………………236, 345
差止め……………………………………150
事実主義（血統主義）……………40, 43, 182
自然人……………………………………100
　——の行為能力……………………104
実親との親族関係の終了………………193
執行管轄権………………243, 273, 278, 283
実効的国籍論……………………………50
執行判決…………………………………296
実質再審査禁止の原則…………………299

実質法（事項規定） …………………6
実質法的指定 ……………125, 130, 131
実質法的正義………………………11
失踪宣告 …………………………105
指定当局 …………………………281
私的統一規則 ………………15, 335
私的法律関係 ………………………4
司法共助 ……………………274, 284
私法統一国際協会（UNIDROIT）…336
私法の公法化 ………………4, 344
事務管理 ……………22, 35, 157, 233
仕向地法 …………………………207
氏　名 ……………………………111
氏名公法理論 ……………………111
社債管理者の設置強制 …………345
重国籍………………………………43
重国籍者の本国法 …………49, 51, 171
住所概念 …………………………104
住所地法主義………………52, 103
集中決済機関 ……………………339
主権免除の準拠法 ………………243
受働債権の準拠法 ………………217
ジュネーブ手形・小切手統一条約……13
準拠法
　——の事後的変更 ………134, 161
　——の適用 ………………30, 82
　——の特定 ………………30, 59
　個別財産の—— ………………227
　受働債権の—— ………………217
　被侵害権利の—— ……………150
　否認の—— ……………………345
準拠法指定の有効性 ……………127
準拠法選択 ………………………123
　——の限界 ……………………128
準国際私法…………………………74
準　正 ……………………………191
常居所概念…………………52, 104
承継主義 …………………………226
証券所在地法主義 ………………339
証言録取手続（deposition）………284
証拠開示手続（discovery）………283

証拠収集条約 →民事又は商事に関する
　外国における証拠の収集に関する条約
証拠調べ ……………241, 243, 280
証拠方法 …………………………280
承認対象の範囲 …………………302
消費者契約 ………………………139
　——の意義 ……………………140
　——の特則の適用除外 ………143
　——の方式 ……………………142
消費者契約・労働関係事件管轄 ……258
消費者紛争 ………………………341
消費者保護法 ……………………344
商標権侵害 ………………………223
条　理 ……………………………8, 31
　——（外国法不明の場合）……291
　——（国際裁判管轄についての）…249
職務著作 …………………………220
職務発明 …………………………220
親権・監護権 ……………………195
人際法 ……………………………77
人的不統一法国（法）………70, 76, 77
審　判
　後見開始の—— ……………104, 109
　保佐開始の—— ………………109
　補助開始の—— ………………109
審判離婚 …………………………177
人　法 ……………………………101
審問手続 …………………………324
請求権競合 ………………………160
制限免除主義 ……………………244
清算主義 …………………………226
生産物責任 ………………………151
性質決定 …………………………28, 32
生殖補助医療 ………………183, 342
生地主義 …………………………40, 43
セーフガード条項 →子の保護条項
世界知的所有権機関（WIPO）……336
世界貿易機関（WTO）……………336
世界法型統一法……………………12
絶対的強行法規
　……………5, 117, 129, 142, 221, 347

事項索引　385

絶対的挙行地法主義 …………………166
絶対免除主義 ……………………………244
設立準拠法主義 ………………………114
善意の第三者 ……………………………175
先決問題……………………………………32
先決問題否定説…………………………33
専属管轄 …………………………………259
選択的適用（選択的連結）
　……54, 68, 136, 166, 185, 187, 192, 231
船舶・航空機の登録地 ……………207
船舶先取特権 …………………………207
総括指定説 ………………………………64
相互の保証 ……………………………299
相　殺 ……………………………………215
相　続 ……………………23, 36, 97, 225
相続財産の構成 ………………………227
相続統一主義 …………………………229
相続人の不存在 ………………………226
相続分割主義 …………………………229
送　達 ………………241, 243, 273, 298
送達条約　→民事又は商事に関する裁判
　上及び裁判外の文書の外国における送
　達及び告知に関する条約
送致範囲…………………………37, 165
双方的要件 ……………………………164
贈　与………………………………………20
即時取得……………………………………21
属人法 ……………………………………101
属地主義 …………………………218, 308
訴訟担当 …………………………………272
訴訟能力 …………………………………270

た　行

第三国強行法規の特別連結 ………147
胎児認知……………………………41, 189
代　理 ……………………97, 116, 232
代理行為 ………………………………233
代理行為地法主義 ……………………234
択一的適用（択一的連結）…………55
タラーク …………………………………176

単位法律関係 ……………28, 30, 100
　——の欠缺……………………………99
段階的適用（段階的連結）
　………………56, 67, 170, 172, 179, 195
単独行為 …………………………………122
地域的不統一法国（法）…70, 72, 77, 171
知的財産権 ……………………………217
知的財産法 ……………………………345
嫡出親子関係の成立…………………11, 184
嫡出推定 …………………………………184
嫡出否認 …………………………………184
中央当局 …………………………………275
中華民国法………………………………78
仲裁可能性 ……………………………328
仲裁機関 …………………………………316
仲裁合意 …………………………………319
　——の有効性 ………………………319
仲裁地 ……………………………………323
　——の公序 …………………………328
仲裁廷 ……………………………………322
仲裁手続 …………………………315, 318
仲裁手続準拠法 ………………………323
仲裁人 ……………………………………314
　——の数 ……………………………322
　——の忌避 …………………………322
　——の選定 …………………………322
仲裁判断 …………………………315, 326
　——取消事由 ………………………327
　——の執行拒絶事由 ……………328
　——の承認執行 …………324, 328
仲裁法（2003年成立）…………316, 335
調整問題…………………………………36
朝鮮民主主義人民共和国法……………78
調停離婚 …………………………………177
懲罰的損害賠償 ………………………346
　——判決 ……………………………302
直接指定……………………………………72
直接郵便送達 …………………………277
抵触法 ………………………………………6
抵触法的指定 …………………………125
適応問題 ……………………………35, 66

適用結果の異常性	87
手続的公序	298
手続は法廷地法による	25, 241
手続保障の確保	298, 327
デラウェア会社	57
伝家の宝刀	85
転　致	61, 68
同一常居所地法	56, 171
統一法	
——と国際私法の関係	16
——の抵触	337
同一本国法	51, 56, 171
登記をすべき権利	137, 204
倒産法	345
当事者自治の原則	21, 123, 340
当事者適格	271
当事者の意思	20, 122, 125
当事者の意思表示の瑕疵（錯誤，詐欺）	127
当事者能力	270
当事者の選択	126
同性婚	181
特段の事情	251, 254, 270
特徴的給付の理論	133
特別縁故者	226
特別の事情	270
——による訴え（申立て）の却下	260, 268
特別養子縁組	193
特別連結	
強行法規の——	347
第三国強行法規の——	147
法廷地強行法規の——	5, 146
特許権侵害	222
特許権の効力	151, 219
ドミサイル	60, 74
取引保護	107

な　行

内　縁	180
内国関連性（内国牽連性）	86
内国取引保護	108, 174
内国法適用説	91
難民の地位に関する条約 12 条 1 項	76
荷為替信用状に関する統一規則および慣例	16, 336
逃げ帰り離婚	179
二重反致	62
日常家事債務	172
二当事者間の法律関係	98, 121, 147, 162, 182
日本国とアメリカ合衆国との間の領事条約（日米領事条約）	274, 275, 282
日本人条項	167, 179
日本の国籍法	39
ニューヨーク条約　→外国仲裁判断の承認及び執行に関する条約	
任意代理	232
認　知	187
認知主義（意思主義）	182

は　行

ハーグ国際私法会議	7, 52, 334
ハーグ条約　→国際的な子の奪取の民事上の側面に関する条約	
バイ・スタンダー	153
配分的適用（配分的連結）	55, 163
破　産	308
判決の国際的調和	64, 73
反　致	30, 60, 67, 186, 229
間接——	62, 68
狭義の——	61
広義の——	61
二重——	62
反致否認論	66
万民法型統一法	13
被告住所地管轄	255
被侵害権利の準拠法	150
非嫡出親子関係の成立	186
否認の準拠法	345

夫婦間の合意の方式 …………173	法　域 ………………………2
夫婦共同縁組 ………………192	妨害排除 ……………………151
夫婦財産契約 ………………172	法規分類説 …………………101
──の登記 ………………176	方　式 ………11, 135, 166, 230
夫婦財産制（婚姻の財産法的効力）	法　人 ………………100, 113
………………………36, 171	──の従属法 …………102, 113
物　権 …………………21, 204	妨訴抗弁 ……………………319
──の成立 ………………208	法定債権 …………………22, 147
──の得喪 ………………21	法定代理 ……………………232
──の内容 ………………208	法定担保物権 ………………205
物権変動 ……………………228	法廷地 ………………………9
物　法 ………………………101	法廷地強行法規の特別連結 ……5, 146
不統一法国法の指定 …………70	法廷地国際私法説（国際私法独自説）
不当利得 …………………22, 157	………………………………34
船荷証券に関するある規則の統一のた	法的安定性 ………………2, 8, 28
めの国際条約（ヘーグ・ルール）…14	法の衝突 …………………3, 12
不変更主義 …………………59	法の適用に関する通則法 ……7
普遍的公序説 ………………89	法律関係
不法行為 ……………22, 149, 233	親子間の── ……………195
南極大陸での── …………81	二当事者間の──
不法行為地管轄 ……………258	………………98, 121, 147, 162, 182
父母両系血統主義 ……………40	法律関係全般説 ……………3
扶　養 ………………………99	法律行為 …………………20, 121
扶養義務の準拠法に関する条約	──の成立および効力 ……130
……………………202, 335	──の方式（形式的成立要件）
扶養義務の準拠法に関する法律	………………………11, 135
……………………8, 11, 202	法律の回避 …………………57
ブラッセル規則 ……………341	法　例 ………………………7
ブラッセル条約 …………246, 341	保険代位 ……………………213
分解理論 ……………………193	保佐開始の審判 ……………109
分割指定 ……………126, 129, 131	補助開始の審判 ……………109
分裂国家法の指定 ……………79	補助準拠法 …………………130
併合管轄 ……………………259	ボッフルモン公爵夫人事件 ……57
並行倒産 ……………………309	本拠地法主義 ………………115
並行輸入 ……………………222	本国法主義 …………………52, 103
米国特許権の侵害 ……………151	本問題準拠法所属国国際私法説 ……32
ヘーグ・ルール　→船荷証券に関するあ	翻訳文の添付 ………………279
る規則の統一のための国際条約	
別　居 ………………………180	ま　行
便宜置籍船 …………………57	
弁済による代位 ……………213	マレーシア航空事件 …………249

未承認国法の指定……………………78
未成年者の行為能力……………5, 18, 107
民事訴訟手続に関する条約（民訴条約）……………………26, 274, 281
民事又は商事に関する外国における証拠の収集に関する条約（証拠収集条約）……………………………281
民事又は商事に関する裁判上及び裁判外の文書の外国における送達及び告知に関する条約（送達条約）
　………………26, 274, 275, 335
――10条(a)………………………278
民訴条約　→民事訴訟手続に関する条約
無国籍………………………………43
無国籍者……………………………50, 171
名誉・信用毀損……………………153
黙示の選択…………………………126
目的物所在地法……………………205
最も密接に関係する法………10, 28, 83
モデル法………………………15, 335
モントリオール条約　→国際航空運送についてのある規則の統一に関する条約

や　行

有価証券……………………………223
養親子関係の成立…………………192

予測可能性………………8, 32, 123, 246
――の喪失………………………254

ら　行

リーガル・ガイド………………15, 335
離縁…………………………………193
離婚…………………………………176
――に伴う子の親権……………195
――に伴う財産的給付…………177
立法管轄権…………………………242
累積的適用（累積的連結）……54, 154
ルガノ条約…………………………246
例外条項……………………………158
連結政策……………………………53
――としての国籍………………49
――としての住所………………53
――としての常居所……………52
連結点
――の確定………………………29, 37
――の詐欺的変更（法律の回避）…57
――の定め方（連結政策）……53
連結点概念…………………………38
連結点・連結素……………………29
労働契約……………………………144
――の最密接関係地法…………145
論理的反射鏡………………………64

国際私法（第4版）
Private International Law, 4th edition

有斐閣アルマ

2004年 2月29日	初　版第1刷発行
2006年12月25日	第2版第1刷発行
2012年 3月30日	第3版第1刷発行
2019年 4月10日	第4版第1刷発行
2025年 1月30日	第4版第2刷発行

著　者　　神　前　　　　禎
　　　　　早　川　吉　尚
　　　　　元　永　和　彦

発行者　　江　草　貞　治

発行所　　株式会社　有　斐　閣
　　　　　郵便番号 101-0051
　　　　　東京都千代田区神田神保町 2-17
　　　　　https://www.yuhikaku.co.jp/

印刷・株式会社精興社／製本・大口製本印刷株式会社
© 2019, T. Kanzaki, Y. Hayakawa, M. Motonaga. Printed in Japan
落丁・乱丁本はお取替えいたします。
★定価はカバーに表示してあります。
ISBN 978-4-641-22131-4

JCOPY　本書の無断複写（コピー）は，著作権法上での例外を除き，禁じられています。複写される場合は，そのつど事前に(一社)出版者著作権管理機構（電話03-5244-5088, FAX03-5244-5089, e-mail:info@jcopy.or.jp）の許諾を得てください。

本書のコピー，スキャン，デジタル化等の無断複製は著作権法上での例外を除き禁じられています。本書を代行業者等の第三者に依頼してスキャンやデジタル化することは，たとえ個人や家庭内での利用でも著作権法違反です。